新时代教育丛书
名校长系列

"精·和"文化
破解县域教育困境

孟楠 著

北京出版集团
北京教育出版社

图书在版编目（CIP）数据

"精·和"文化破解县域教育困境／孟楠著. -- 北京：北京教育出版社，2022.8
（新时代教育丛书．名校长系列）
ISBN 978-7-5704-4749-7

Ⅰ.①精… Ⅱ.①孟… Ⅲ.①县—地方教育—教育管理—研究—中国 Ⅳ.①G522.3

中国版本图书馆 CIP 数据核字（2022）第 162321 号

新时代教育丛书·名校长系列
"精·和"文化破解县域教育困境
孟 楠 著

*

北 京 出 版 集 团
北 京 教 育 出 版 社　出版

（北京北三环中路 6 号）
邮政编码：100120
网　　址：www.bph.com.cn
京版北教文化传媒股份有限公司总发行
全国各地书店经销
河北宝昌佳彩印刷有限公司印刷

*

720 mm×1 000 mm　16 开本　15.5 印张　222 千字
2022 年 8 月第 1 版　2022 年 8 月第 1 次印刷
ISBN 978-7-5704-4749-7
定价：68.00 元

版权所有　翻印必究
质量监督电话：(010)58572498　58572393
购书电话：13381217910　(010)58572911
北京教育出版社天猫旗舰店：https://bjjycbs.tmall.com

总 序

办好新时代教育

随着社会现代发展进程的推进，尤其是改革开放以来，中国教育事业加速发展，中国已建成世界最大规模的教育体系，教育总体发展水平进入世界中上行列，中国教育发展进入新时代，中国基础教育改革进入实质性的根本转型时期，处在一个走自主创新道路的关键转折点。

新时代呼唤新的教育。习近平总书记在全国教育大会上强调："立足基本国情，遵循教育规律，坚持改革创新。"面向未来的教育才有未来，新时代的教育，重在破解传统、旧有范式。基于此，面对新时代教育，与教育工作相关的所有主体都需要从思想和行动上做出努力和改变，并围绕主体价值、文化情境、智慧情怀、系统生态等关键词全面开展教育活动。

首先，新时代教育强调主体价值。

"教育同国家命运紧密相连"，点明了教育在国家建设和民族复兴中的地位和作用，强调了教育改革发展的价值取向，为我们今天准确把握办学的总体方向和人才培养的根本目标提供了思想遵循。

教育现代化的终极价值判断标准是人的发展，是人的解放和主体性的跃升。自古以来，中国的教育传统既强调教育的人文性，也强调教育的社会性，相应地，在人才培养目标上既强调完善自我，也强调服务社会和国家，更强调在服务社会和国家中达到自我的充分实现。新时代更要坚守教育本质，重视教育的价值观建设，坚持以社会主义核心价值观为引领，回答好"培养什么人、怎样培养人、为谁培养人"这些根本问题，从而培养有历史责任感、志存高远的时代新人。

其次，新时代教育强调文化情境。

学校不仅是传播知识、文化、智慧的地方，更是生产知识、文化、智慧的场所。学校无文化，则办学无活力。学校是文化传承的主阵地，学生文化、教师文化、课程文化、网络文化和制度文化等现代学校文化建设，引领了学校的发展，呈现了学校办学气质。

更重要的是，文化创设情境。"为学生一生发展奠基"，统整科学与人文，优化学生生存环境，借由"境中思""境中做""境中学"，实现学生主动学习与发展、个性化成长及德育渗透。

增进文化认同，是学校管理者的重要使命。政策制定者、执行者和教育管理者，一定要从为国家和民族培养优秀人才的角度关爱引导师生，让每位教育工作者深刻认识到"教育"二字蕴含的国家使命，真正将为国家和民族培养人才、培养爱国奉献的人才这一价值追求切实贯穿于办学育人全过程，一代一代坚持下去。

再次，新时代教育强调智慧情怀。

国之兴衰，系于教育。教育兴衰，系于教师。教育同国家的前途命运紧密相连。这当中，智慧型教师和教育家尤其为新时代教育所期待。他们目光远，不局限于学校和学生眼前的发展，而是着眼于未来；他们站位高，回归教育的本体，努力把握并尊重敬畏教育的共识、规律；他们姿态低，默默耕耘，淡泊明志，宁静致远；他们步伐实，总能紧紧围绕学生、教学、课程、教师发展等思考自己的职责和使命。

总而言之，教育家顺应时代潮流，立足现实，展望未来。在把握办学方向、把握时代脉搏的基础上，他们勇立潮头，担当时代先锋，他们对历史和未来负责，超越现实、超越时空、超越功利，用教育的力量塑造未来，解放学生的个性、想象力和创造力，共同推动和引领中国基础教育改革和创新，愿意为共同探索中国未来教育之道而做出巨大的努力。

最后，新时代教育强调系统生态。

观古今，知兴替，明得失。关于未来的认识是选择性的，未来"未"来，新时代的教育人需要根据某种线索去把握超出现在的想象并做出价值选择。这种价值选择的关键还在于，教育人真切明晰，未来学校是面向未来的学校，是为未来做准备的。教育中的新与旧、过去与未来，不是对立的，而是连续的，从而能够让教育者基于教育的本质和规律守正创新，坚守立德树人的初心。

各级各类学校之间是相互依赖的，单一的学校不能构建成一个完整教育系统，唯有每个学校都致力于体现自身的教育特性，努力实现自己所承担的教育任务，发挥出自己的教育作用，才能共同构成一个完整的教育系统。加强基础教育改革设计的整体性、系统性和长期性，把"办好每一所学校"作为基础教育改革发展的主要目标，是共同构建良性的教育生态，发挥整个教育系统功能的最优选择。

在这种情境下，"新时代教育丛书"的策划出版具备极强的现实意义。丛书通过考察和认识各地名校教育实践，寻找新时代教育的实践样本，清晰梳理了新时代教育中名校、名校长、名师、名班主任等的发展脉络，记录了新时代教育正在逐渐从被动依附性转向自主引导性，并在与现代技术的融合中彰显出其对于经济和社会生活的主导价值。

丛书提供了不同类型、不同地区的中小学名校、名校长及名师、名班主任在探索、构建新时代教育过程中鲜活的实践案例及创新理念。从中，可以看到有深厚历史积淀的传统名校，也可看到新时代教育发展浪潮中的新兴学校,其中有对外开放探索中国本土化教育的小学,也有站在教育改革潮头的中学;还可以看到开拓创新引领时代风气之先的名校校长、专注各自领域的优秀教师,以及新时代教育变革下的全国各地不同的班主任的德育之思。

更难能可贵的是,丛书不仅包括一般情境下的"案例",也包括了特殊情境下的思考,不同系列注重了从"现象"到"本质"的过程,进而升华到方法论。丛书的每一本著作既是独立完整、自成体系的,也是相互呼应的,剖析问题深入透彻,对策和建议切实可行,弥补了教育理论和学校实践之间的差距,搭起了一座供全国教育研究者、学校管理者了解新时代教育及未来学校落地实践的桥梁。

未来学校不是对今天学校的推倒重来,而是对今天学校的逐步变革。这不仅仅是对学生提出的挑战,更是对学校发展建设提出的挑战。我们始终强调,理论不能彼此代替、相互移植,中国基础教育的改革与发展,必须靠中国的教育学家和广大教育工作者来研究和解释,从而构建立于世界之林的新时代中国基础教育的改革和发展的当代形态,实现理论创新和方法创新。

期待丛书能给更多的中小学校以启发,给教育工作者以有益的思考,供他们参考借鉴,帮助他们寻找到新时代教育的钥匙,进而在新时代教育的理论指导和教育改革实践带动下,因地制宜、因校制宜地落实到新时代教育工作中,引领学校新样态发展,助力更多学校在新时代背景、新教育形势下落地生花,实现特色、优质与转型发展,快速提升基础教育水平,推动教育改革发展,实现立德树人的根本任务,办好人民满意的教育。

新时代教育丛书编委会
2021 年 1 月

目 录

·第一章 "精·和"文化·

第一节 "精·和"：县域中学的破局 / 002

第二节 班墨文化是"精·和"文化的根 / 012

第三节 "精·和"文化之一：和是精的灵魂 / 017

第四节 "精·和"文化之二：精是和的工具 / 026

·第二章 做"精·和"好校长·

第一节 "四个一"就是我的教育梦 / 032

第二节 强大的领导力 / 043

第三节 团队是核心竞争力 / 047

第四节 "精·和"文化是软制度 / 053

·第三章 教师是第一资源·

第一节 爱是好教师的第一素质 / 062

第二节 用"心"留住老师的"心" / 066

第三节 激活老师的潜力 / 073

第四节 教师专业发展 / 082

·第四章 "精·和"管理·

第一节 制度的力量 / 112

第二节　细节要到位　　　　　　　　　　　　　／ 117

第三节　流程要科学　　　　　　　　　　　　　／ 121

第四节　执行最重要　　　　　　　　　　　　　／ 124

·第五章　"精·和"育人创新·

第一节　德育就是育德　　　　　　　　　　　　／ 128

第二节　创新科学评价体系　　　　　　　　　　／ 136

第三节　"361"课程个性化教育　　　　　　　　／ 149

第四节　阅读与写作　　　　　　　　　　　　　／ 163

·第六章　"精·和"课堂建设三部曲·

第一节　1.0版本的"结构课堂"：一案三环节　／ 170

第二节　2.0版本的"内涵课堂"：问题导学　当堂训练　／ 176

第三节　3.0版本的"文化课堂"：教学评一致性与小组竞优

　　　　　　　　　　　　　　　　　　　　　／ 181

第四节　培养学生高阶思维的课堂创新　　　　　／ 202

第五节　全员全方位育人模式的创新　　　　　　／ 205

·第七章　建设"精·和"校园·

第一节　现代化校园　　　　　　　　　　　　　／ 214

第二节　建设文化校园　　　　　　　　　　　　／ 221

第三节　建设平安和谐校园　　　　　　　　　　／ 227

第四节　实施"强校扩优"行动　　　　　　　　／ 233

第一章
"精·和"文化

　　山东滕州是春秋战国时期墨家创始人墨子与中国工匠祖师鲁班的故乡。自古以来，滕州文化灿烂，人才辈出，班墨文化被一代一代地传承并不断发扬光大。班墨文化所蕴含的"精·和"思想深深地启发了我，近三十年的教育实践，我凝练了"精·和"文化。三流学校靠校长，二流学校靠制度，一流学校靠文化。在"精·和"文化的引领下，我扎根滕州大地，探索一条县域教育的突围之路，引领西岗中学、滕南中学等学校一步步走向辉煌。

　　"和"是"精"的灵魂，精湛的技术只有在"和"的引领下，才能行正道，不会走邪路。"精"是"和"的工具，美好的初心指明正确的方向，精湛的技术让我们走得快，走得远。

第一节 "精·和"：县域中学的破局

"我家祖祖辈辈都是农民，考大学，我想都不敢想。"

"家里太穷了，读不起书，不想读书，不如早点儿打工挣钱养家娶媳妇！"

"学校条件太差，吃不好住不好，钱又少，生源差，上课他们听不懂啊，能在这里毕业就不错了，真的看不到一点儿希望。"

"学生基础差，能够认字就不错，考大学简直白日做梦。"

1991年7月，我从枣庄师专英语系毕业，满怀憧憬，被分配到滕州市滕西中学，如愿成为一名英语老师，自此开启了我的教育生涯。20世纪90年代滕西中学是一所普通的初级中学，地处城乡接合部，条件差，生源差，考上高中的学生少，考上大学的更是凤毛麟角。每当我听到老师与学生抱怨的时候，心情十分沉重。可是活泼可爱的孩子那"老师，早上好"的问候，又给我带来了欢乐与希望。这些孩子淳朴可爱，对老师有很深的感情。孩子纯洁的笑脸，纯洁的心，浓浓的情，深深的意，净化了我的心灵，激起了我的责任感，我的担当，我的情怀。我深深地认识到，只有培养好孩子，让他们升入高一级学校继续接受教育，以后谋一份体面的工作，他们才能走出贫困。虽然出路千千万万，但对于寒门子弟来说，读书依然是一条最好的出路。

怎么拯救县域教育？怎样救救县域的孩子？这些问题总是萦绕在我的

心头。"路曼曼其修远兮，吾将上下而求索"，要走好这条路，首先就要深刻地了解县域教育的情况。

县域中学的第一个问题是生源。一个学校即使硬件条件差，如果生源不错，依然有可能创造奇迹，抗战时期的西南联大就是好例子。农村学生的家庭背景比较复杂，学生整体素养有待提升。父母文化水平低，没有能力教育孩子养成良好的学习习惯。由于只有几亩薄田，不能养家，家长长期外出谋生，没有时间管教孩子，不少学生是留守儿童，由年迈的祖父母或外祖父母管教，老人的管教大多苍白无力。很多老人对孙辈溺爱，舍不得管，许多孩子养成了恶习：懒散、打架、逃学、上网成瘾，甚至赌博、小偷小摸。父母不敢管，认为自己外出打工亏欠孩子，总是无限地满足孩子的欲望，给孩子配上智能手机，纵容孩子玩游戏。有的孩子是单亲家庭，几乎放养，不少人溜出学校去网吧，有的跟社会青年混在一起，欺负同学。与城市孩子比起来，无论是生活资源还是教育资源，农村孩子都很贫乏。在最需要教育的时候，缺失教育，这是生源差的主要原因。

最糟糕的是，不少农村家长不重视教育，终日劳作，顾不上孩子读书。上完小学，很少有人上初中，上高中的人更少，大多数人认为读书无用，不如干活养家，干一天挣一天钱，比什么都实在。"读书无用论"的市场很大，家长不舍得给孩子花钱读书。所以农村的成才率很低，逆向激励很多人不读书。现在九年义务教育，升学不用考，"鸭蛋"照样读，学不学一个样，学习无压力，一些初中生甚至不懂乘除计算。

县域学校师资力量不足也是一个大问题。西南联大除了优质的学生，还有优质的老师，当时的老师多是大师级的，他们共同在最困难的时期创造中国的教育奇迹。县域留不住好老师，因为县域中学条件差，工资低，住宿办公条件不行，老师宿舍不够，甚至租住民房，交通不方便，进城要一两个小时。由于条件艰苦，很多老师不肯来，即使来了也留不住，有些课没有人教，或者一个人教很多课，根本忙不过来，平时还要照料学生的生活，扮演父母的角色，县域老师很难。老师少，课程配不齐，主课学不好，怎么考出好成绩？怎么会有升学率？更谈不上个性发展，音乐美术教育更是天方夜谭。不少老师年纪大，观念老化，跟不上时代发展。评选考评不合理，职称晋级很难，教师看不到希望，严重影响士气。由于经费不足，老师没有培训学习机会，年轻老师远走高飞，进城考研是他们的"出路"。没有老师，怎么谈得上教育？

硬件设施投入不足。县域学校与城市学校相比，比较落后。城市学校配置了多媒体，老师用多媒体授课，还配备了钢琴、运动场等。县域学校环境差，房屋破旧，设施简陋，桌椅破破烂烂，操场甚至杂草丛生，栏杆生锈，存在安全隐患。好点儿的学校有几台录音机、收音机，上英语课放放录音，早上放放广播，没有像样的教学设备，没有实验仪器。学生宿舍差，十几个人一间小房间，上下铺，过道狭小，连卫生间都没有，没有洗澡的地方，没有热水，饮用水都无法保障，生活条件艰苦。

县域中学教学管理水平不高，荒废教学的情况不少。县域学校不断沦陷，"城镇学校挤破头，县域学校无人读"，有经济实力的农民让孩子进城上学，县域学校好生源不断减少，城乡教育差距越来越大。

县域中学这么多困难，怎么突围？我相信办法总比困难多。30多年来，我一直在努力，一直在困境中思考，在实践中突围，一步一步改变县域中学的现状，为实现县域教育振兴贡献微薄的力量。

"我是祖国一块砖，哪里需要哪里搬。"30多年的教育生涯中，从滕西中学、北辛中学（旧称滕北中学）、西岗中学、至善中学到如今的滕南中学，我先后走过五所学校，当过三次校长。滕州市城区的"四滕"（滕东中学、滕西中学、滕南中学、滕北中学）中，我走过"三滕"。从普通教师、班主任、教研组长、教导主任、副校长到校长、书记，三十年如一日，面对各种困难，我始终秉持着自己的教育初心：上好每一节课，教好每一个学生，让每个学生都绽放生命的精彩。改变的是履历，不变的是初心。

初到滕西中学，我从一名普通的英语老师干起，虽然学校条件差，但是我兢兢业业，跟着校长，跟着老师们，靠实干成为教导主任。我大胆尝试课堂改革，创建小组学习"虚拟班"。2000年获得首届全国中学英语教师技能大赛二等奖，成为滕州市教学能手、枣庄市骨干教师，多篇论文在省级以上刊物发表，参编教材《黑马英语》在全国发行。现在的滕西中学，从一所城区薄弱学校变成了在全市有一定影响力的品牌名校。

2005年8月，我开始担任滕北中学副校长，分管教学工作。滕北中学原来是城区的龙头学校，名气很大，依托滕北中学的名气，校内办了"公办民助"的尚贤中学，滕北中学逐渐弱化。当时，正赶上尚贤中学从滕北中学迁出，独立办学。滕北中学与滕州北郊中学合并，北郊中学又是一所农村中学，合并后的新滕北中学，于2010年迁入枣庄工业学校原址，后改名为北辛中学。

滕北中学是滕州的名校。1982年9月，学校领导班子组建完成，刘晋贤任校长，教职员工配齐。11月份校舍落成，校名定为滕北中学，师生欣喜乔迁。生源以原书院小学毕业生和北关小学的初中班为主。

当时，学校的周边还是大片农田，砖石砌成的围墙之内，仅有一座二十四个教学班规模的三层教学楼。教学楼西侧是一座小小的二层办公楼，东侧是一所简易的教工食堂。校园内土路土地。操场上的一副篮球架是最值钱的体育器材。图书、仪器几乎空白。面对现在看来那么简陋的办学条件，全校师生不仅没有半点儿畏难和气馁情绪，反而满怀着告别小学步入正式中学的喜悦和对美好未来的憧憬，洋溢着崭新事业开拓者、建设者的豪情。课余时间，老师们自觉自愿、争先恐后地参加义务劳动，整修道路、平整场地、建园修圃、栽花植树……不取分毫报酬，真诚无私奉献，欢天喜地，热情洋溢地用自己的双手创建、美化自己的校园。

那时的教育界尚无量化管理，也无金钱激励，教师人均月薪不过三四十元，社会地位更无法与今天相比。但北中人却有着"忠诚党的教育事业"的赤胆忠心，有着为国育人的拳拳之心，有着为学生、为家长、为事业、为社会高度负责的责任之心，有着为学校争光添彩的集体荣誉之心，有着誓争全县第一的壮志雄心和冲天干劲。

我在北辛中学主持教学工作8年，我知道农村学校处在中国教育链的最底层，只有创新，才能开辟一条道路。推动改革学生评价制度，通过"品德创优、学业创A、校园创星"三创活动，多把尺子评价学生；推行"导练循环教学案"，组建高质量的校本化的教学电子资源库；开展全员录像赛课活动，打造高效课堂；主持省级重点课题"构建多元化学生评价体系研究"，获枣庄市社会科学优秀成果评选二等奖；学校成功入选山东省教学示范学校。

2012年12月底，我调任西岗中学校长。西岗镇经济发达，煤矿多，但教育相对薄弱，基础差，老百姓对教育的期望值很高。我一到西岗中学，就和新班子一起，研究制订了《西岗中学宣言》"努力创办与西岗镇经济社会地位相匹配的中学教育，把'高质量、有特色、信得过'作为办学追求"，践行"四让"理念"让党和政府放心、让广大家长满意、让全体教工自豪、让所有学生成才"，办好百姓家门口的学校，把孩子高高托起，让西岗镇的孩子在家门口享受和城市一样的优质教育！

当时虽然面临很多问题，但是西岗中学多年形成的优良传统也为学校的进一步发展提供了保证：教师队伍爱岗敬业、团结协作、吃苦耐劳、师德高尚，风气正、教风好，学生思想单纯、朴实率真。

西岗是煤矿区，离城区20多千米，我每天坐2个多小时的公交车来回上下班，确实不是一件轻松的事。每天不到五点，步行20多分钟赶到公交站点，经常赶第一班公交，有时公交车上只有三个人——司机、售票员和我，我经常自嘲说："公交成了我个人的专车。"我总是告诉自己，一定对自己严格，凡是要求其他人做到的，我首先要做到。我每天工作12个小时以上，成为学校"来得最早，走得最晚的人"。我着力将学校打造成教师们生活上的"心安之所"，工作上的"用武之地"，心灵上的"诗意般栖居之地"，想教师之所想，急教师之所急。每天我都要到所有办公室去转几圈，与教师们聊上几句，一句贴心的问候，一个赞赏的目光，一次会意的点头，甚至一个笑脸，一个手势都会使老师们感到一个既是指挥员、教练员，又是战斗员、服务员的校长的悉心关怀。天热了，经常有绿豆汤、西瓜送到老师们面前。每天坚持"走课"，到课堂严查"三闲四无"学生，即说闲话、做闲事、闲思考，无课本、无文具、无练习簿、无精神的学生，从行动上落实"从最后一名学生抓起，不让一名学生掉队"的理念，促进学生学业合格率的提升。

高点定位，大力改善办学条件。现在的西岗中学硬件建设还是很先进的，各种设施水平全部达到省级规范化学校标准。在政府的大力支持下，优先解决土地指标问题，高标准的新建学校拔地而起，高标准餐厅、厕所以及图书、电教仪器、校车等一应俱全，还建有标准塑胶操场。精细管理、科学施教。优化课程实施，推行全员、全程、全方位育人。实施"每年提升合格率10%"计划，通过抓巩固率，提高合格率，助推优秀率，减少低分率，大幅度提高了教学质量。现在西岗中学的师资力量与城镇学校的教师相比，客观地说是基本相同的。有的老师虽然年龄偏大，但对一些新的教育理念还是能够很快领会的，对新的教育改革方向也是能够把握的，老师们学习新事物的能力是没有问题的。老教师精力可能差一些，但教学能力和经验更胜一筹。

西岗中学率先在全市教育系统彻底打破了干部"终身制"，形成了"能上能下"的用人机制。锻造师德，树立师表。学校每年开展"学习师德榜样，提高师德修养"等师德专项教育活动。重视专业引领，增强师能。学校为每位教师建立《专业发展成长档案》，引导教师制订专业成长规划，随时记录教师的专业成长历程，为各级名师和明星班主任设立工作室，引导他们上示范课、做业务讲座，发挥示范带头作用。

每学期开展班主任论坛、现代教育技术培训、理论考试、教学反思撰写、优秀教案评选等活动。在专业引领下，一批优秀教师脱颖而出，在全市第九届"十百千"评选中，西岗中学有4位教师被评为教学能手，有14位教师被评为骨干教师。枣庄市教研室进行优秀教案评选，西岗中学有74

篇获奖，是全市获奖率最高的学校。2013年西岗中学被评为"山东省中小学远程研修工作先进单位"。

2015年中考，西岗中学学生学业合格率达到了97.09%，连续三年位居枣庄市初中同类学校第一名，西岗中学所有毕业生均升入高中段学校学习，没有一位学生流向社会，短期内创造了枣庄农村学校教育的奇迹。高质量的教育赢得了西岗群众的信任，小学毕业生纷纷选择在家门口上初中，创造了镇域内学生"小升初"基本不流失的奇迹。"关注每一个，提升每一个"全员育人机制入选枣庄市初中创新项目。三年内承办滕州市级以上现场会9次，接待省内外参观考察团127个，办学经验在省内外推广交流。被山东教育社总编辑陶继新称为"一个没有'差生'的学校"，被《中国教育报》称为"一个农村义务教育均衡发展典范学校"。

2015年10月，我又调到至善中学任党支部书记，2018年2月，滕州教育局委任我为滕南中学校长。滕南中学地处滕州市中心城区，美丽的荆河南畔，周围有"威尼斯"和"大同天下"两个高端住宅小区，居民近10万人。学校距滕州火车站仅500米，距离滕州高铁东站9千米。地理位置优越，交通方便。滕南中学建于1982年，现占地110余亩，建筑面积达4.2万平方米，有114个教学班，在校生6300余人，教职工400余人。2012年，市委、市政府、市教育局和荆河街道在实施"大同天下""威尼斯"棚户区改造的同时，高瞻远瞩，投资1.5亿元对滕南中学进行了规模巨大的改扩建。目前，学校一、二期改扩建工程全面完工，硬化、绿化、美化等配套工程日臻完善，建有高标准的400米塑胶环形跑道、真草皮足球场、硅PU篮球场、大型报告厅、阶梯教室、录播室，所有教室均配有智慧黑板，各类功能室配套齐全。近年来学校又新建了高标准的文化长廊、校园书吧和主题花园，建成了学生餐厅和教职工单身公寓。一座"壮观大气、布局规范、设施完善、管理一流、质量上乘"的现代化滕南中学呈现在全市人民面前，是目前我市单体校区规模最大的公立初中学校。

学生在校园书吧读书

近年来，在市委、市政府和市教体局的领导下，在社会各界的大力支持下，滕南中学践行"从最后一名学生抓起，不让一个学生掉队，关注每一个，激励每一个，提升每一个，成就每一个"的育人理念，以创办一所"环境优雅、人文和谐、书香浓郁、特色鲜明的新时代齐鲁名校"为办学目标，着力打造洁净校园、生态校园、法治校园、书香校园、文化校园、平安校园，不断加强党风政风行风建设。学校各项工作有序开展，取得了显著成绩。

学校先后被评为全国青少年文明礼仪教育示范基地、全国学校体育工作示范学校、全国青少年校园足球特色学校、全国青少年法治知识网络大赛杰出组织奖、全国零犯罪学校、国家级国防教育特色学校、全国新教育实验学校、山东省第二批信息化示范单位、山东省地震科普示范学校、山东省消防科普教育基地、2020年枣庄市教学工作先进单位、枣庄市首批未成年人关爱教育基地、枣庄市青年文明号、枣庄市第十批"优秀青少年维权岗"，连续12年荣获枣庄市初中教学质量优秀奖，连续16年荣获滕州市教学工作先进集体一等奖，连续9年被滕州市委、市政府授予滕州市素质教育先进单位荣誉称号。

2021年2月25日，全市教育体育工作会议隆重召开，我校荣获"综合考核评价先进单位""德育工作先进单位""综合素质检测工作先进单位""体育艺术工作先进单位""信息技术工作先进单位""学校发展共同体工作先进单位"六大奖项，囊括了所有为中小学校设置的奖项，为全市获奖最多的学校。先后有36个省内外考察团到滕南中学考察学习"361"特色课程建设、语文英语阅读教学、基层党建、法治校园建设、学校精致化管理等先进经验，《中国教育报》、山东教育电视台、《山东教育报》对学校的成功办学经验进行专题报道，学校整体社会影响力不断增强。滕南中学因办学规模大、教育质量高、社会影响好而成为山东省枣庄市初中教育的窗口学校。

滕南中学作为滕州的龙头初中，培养的不少学生升入重点高中，后考入名校。学校历年中考，考取重点高中的人数均居全市前列。2017年中考，谢润琦、仇艺菲两位同学以642分的高分并列全市第一名，2018年中考录取比例和特尖生比例稳居全市第一。2018年高考，我校毕业生马思源以706分的好成绩位居全省第三名，成为枣庄市高考状元。在2019年高考中，我校毕业生李升平、田瀚升位居全省前50名，被清华大学录取；2019年在滕州一中自主招生考试中，我校仅文化课就有38位同学被提前录取，全市前十名3人，张政同学考取全市第一名，全市前80名（腾云班）19人；全校报考滕州一中共397人，被滕州一中录取368人，录取人数再创历史新高。2021年九年级管理团队和教师团队，精诚团结，全力以赴，又实现了中考的新突破：50人被滕州一中自主招生录取，491人超过滕州一中录取分数线，3人进入全市前十名；滕州一中共招收艺体生65人，我校11人，其中5人被破格录取；二中众志班过线37人，普通班录取337人；"3+4"初中直升本科院校，枣庄市共录取8人，其中滕州市2人均来自我校。录取比例和特尖生比例连续5年位居全市所有初中学校第一名。2022年寒假，在滕州一中"冬令营"选拔活动中，我校九年级学子再创佳绩，本次活动全市共选拔50人，我校考录11人，录取比例全市第一，其中28班杨楠同学位居全市第一，29班董隆佩、10班王成烨同学并列全市第二名，我校包揽了全市前三名。近几年，我校毕业生任杰、秦肯、李修颉、孙浩然、孔冠桥、自云鹏、石智超等40余人被清华大学、北京大学等知名高校录取。

我一直苦苦破解"拯救县域中学"这道难题，如今提交了自己的答案，我把多年的学校管理经验浓缩为两个字：精·和。

30多年前，我在滕西中学开始了我的教师生涯，一直到滕南中学，30多年来，我一直践行"从最后一名学生抓起，不让一个学生掉队，关注每一个，激励每一个，提升每一个，成就每一个"的育人理念，提出并实现了"让农村的孩子在家门口享受和城市一样的优质教育"的办学承诺，为全面提高教学质量做出了重要贡献。多年来我先后获得"滕州市十大杰出青年""全国科教先进校长""一级校长""滕州市十佳优秀校长""枣庄市第三期名校长""全省青少年毒品预防教育'6.27'工程优秀校长"等称号，2014年、2015年分别被枣庄、滕州市委市政府记三等功，2019年5月获滕州市五一劳动奖章，8月被确定为第三期齐鲁名校长建设工程人选。2021年1月，我成为山东省教育学会第七届理事会理事，被济宁市教育局聘为"教育后备培养工程"特聘专家，2020年4月，入选《枣庄社会科学专家辞典》。我所撰写的论文《搭建学生多元发展的育人平台》发表在《中国教育学刊》2012年第10期上，《高瞻远瞩谋课程　自主发展选课程　科学评价促课程》发表在2019年1月28日（总第1507期）《德育报》上，《"361"课程创新育人体系的实践与思考》获得枣庄市第二十九次社会科学成果奖评选优秀奖，论文《聚焦内涵发展　书写崭新篇章》发表在2021年9月1日第1478期《语言文字报》上。

我相信，只要遵循"精·和"文化，即使是一所落后的县域中学，也能变成一所名校，即使是寒门子弟，也能接受优质教育，走上一条光明的康庄大道。只要遵循"精·和"文化，县域中学的难题将被破解，县域中学将实现完美逆袭，中国的县域教育将迎来黄金时代。

第二节　班墨文化是"精·和"文化的根

两千多年前的春秋战国时期,赵国想进攻势均力敌的燕国,就必须先攻取梁国的一个小城梁城,梁城位于赵燕之间。十万赵军浩浩荡荡包围了只有四千人的梁城,却久攻不下,无奈退兵。创造奇迹的人叫革离,懂得利用阳光、硫磺粉与油火等进攻敌人,善于打造各种防御武器,硬生生把十万大军挡在城外。这就是电影《墨攻》讲的故事。

电影中的革离是墨家弟子。墨家的创始人就是墨子。墨家是春秋战国时期的显学,风行一时。山东滕州就是墨子的故乡。

滕州,一座古老的城市,她是中华文明发祥地之一。

滕州是"北辛文化"发祥地,早在新石器时代,在古薛河中游的北辛村,就有人类活动的足迹,考古发掘出的距今7300年的"北辛文化"遗址,孕育了最早的农耕文明,成为东方文明的源头,是迄今为止黄淮地区考古发现的新石器时代最古老的文化,比大汶口文化早1000多年,这里是最早的人类文明发祥地之一。北辛文化代表了海岱地区(指《禹贡》中的徐、兖、青三州之域,今苏北、皖北、豫东、山东地区)历史的先进文化,创造了16个文化之最:最早的部族部落、最早的农耕文明、最早的家庭养殖、最早的渔业生产、最早的制陶工艺、最早的文字符号、最早的厨房革命、最早的酿酒技术、最早的穿衣文明、最早的丧葬礼仪、最早的房屋建筑、最早的母系氏族、最早的共产主义萌芽、最早的古薛文化、最早的城邦文化、最早的大汶口文化。北辛文化以其鲜明的地域性、标志性、先进性，使滕州成为中华文化发展的高地之一。

滕州被誉为"鲁南明珠"，地处鲁中南山区的西南麓延伸地带。"滕"之名，相传最早始于黄帝，黄帝有二十四子，《滕县志》记载："黄帝有第十子封于滕。"西周初被分封为滕国，滕州古为"三国五邑之地、文化昌明之邦"，先秦时期，滕州境内存在三个小国——滕国、薛国、小邾国，有五座著名城邑——灵丘、昌虑、欢城、戚城、湖陵，因此有"三国五邑"之称。有2200多年的建县史，是当之无愧的千年古县。

2000多年前，滕文公礼聘孟子，寻求治国安邦之道，采取以"善"治国的仁政方略，名家名人纷纷奔"滕"而来，滕国因此名声大振，各诸侯无不刮目相看，称其为"善国"。

善国泱泱，荆水荡漾。古滕州因境内泉水"腾涌"而得名，这腾涌之水，就是荆河。荆河从枣庄市山亭区岩马水库流出，穿滕州城流向西南，最终流入微山湖，绵长42千米，被誉为滕州的母亲河。

"善国"美誉流芳，荆河源远流长，滕州大地可谓人杰地灵。在数千年的历史积淀中，这片人杰地灵的土地上，人才辈出，如"科圣"墨子、"工匠祖师"鲁班、招贤纳士的孟尝君、勇于自荐的毛遂、汉家儒宗叔孙通等。"文公问政""奚仲造车""毛遂自荐"等，这些历史典故中的人物都出于滕州。这块土地孕育出具有深厚底蕴和博大内涵的班墨文化。

墨子，名翟，出生在战国时期小邾国（今山东省滕州市）。墨子集思想家、教育家、科学家、军事家和社会活动家于一身。

墨子原是儒家弟子，感觉儒家学说不能救世，创立了墨家学说，墨子自称"贱人"，生活简朴，一生行走民间。墨家弟子都是苦行僧，十分清苦，很受老百姓欢迎。墨家学派曾经十分兴盛，甚至比儒家还要受欢迎。墨子提出的"兼爱、非攻、尚贤、尚同、节用、节葬、非乐、非命、天志、明鬼"等十大主张，集中反映了他所处时代最底层民众的最强音。

他创立的墨学在春秋战国时代，曾与孔子创立的儒学并驾齐驱，是那个时代博爱众生、救世济困、制暴扶贫、重建道德的重要力量。毛泽东同志极为推崇，认为墨子"是比孔子高明的圣人"。墨家弟子爱百姓，爱社会，为百姓和社会可以牺牲自己的生命。《墨子·救宋》塑造了墨子爱人的智者形象。为了阻止楚王攻宋，为了救无辜的百姓，墨子穿着破鞋，不顾脚烂，十日内赶到楚国，用各种方法与鲁班斗法，最后说服楚王放弃攻宋。

丰厚的思想、广博的知识、多方面的建树、熟练的手工技艺，让墨子成为他那个时代绝无仅有的思想巨人、实干大家。墨子及其弟子"学者加工匠"的特殊身份，成就了他们在先秦时代科学领域的最高地位和足以与西方古代自然科学相媲美的科学建树。一部《墨经》涵盖了光学、力学、数学、几何学、逻辑学等多门学科，"其科学成就超过了整个古希腊"（著名史学家、经学家、教育家杨向奎语）。

"班墨文化"是原北京大学哲学系教授、国家图书馆馆长、国学大师任继愈先生提出来的。任继愈先生曾提出"班墨不分"，说到墨子，不可能不涉及鲁班。《墨子·公输》《墨子·鲁问》《墨子·经上》等，都把墨子、鲁班融合起来介绍。墨子和鲁班同时同辈，专业基本相同，因此两人相辅相成，不可分离。

鲁班以手工操作为职业，钻研技术，精益求精，积极进取，善于创新。他集工匠、经验家、技术家、大匠师和发明家于一身，把工匠技艺发挥到极致，在中华科技史上做出了重大贡献。鲁班故里虽在滕州，但他的足迹却遍及中华大地。鲁班生活的年代正值春秋末期战国初期，人们思想活跃。先哲圣贤们周游列国，阐明自家政治主张。作为匠师的鲁班，自然四处传艺，惠及四方，所到之处，留下杰作，传下美名。

墨子、鲁班生活在春秋战国时期，他们的思想学说都深深地打上了那个时期的烙印。墨子崇尚科学，以人为本，兼通工匠技巧，是著名的思想家和理论家。鲁班积极进取，勇于创新，是古代手工业技艺和发明创造的大匠师。班墨二人，一个善于实践，一个善于总结。他们同在墨家集团，志同道合，互为补充。

圣人留言，大匠留物。墨子靠思想学说传世，鲁班靠技术发明传承。至今人们还享用着他们科学精神和发明创造的恩泽，他们是中华民族创新和科学精神的典范。班墨二人智慧关系的特质，是技术家和哲学家的结盟，是当代经验和理论、技术和哲学的结合。

滕州大地孕育出的墨子、鲁班是中华民族勤劳智慧、科学创新的典范，他们"胸怀天下、心系百姓、崇尚科学、造福人类"的博大情怀和善行义举，千古传扬不息，植根于人们心中。

班墨文化不仅是滕州地域文化的杰出代表，更是中国优秀传统文化的瑰宝。几千年来，班墨文化滋养着滕州儿女，孕育出独具滕州特色的班墨精神，激励着一代又一代的滕州儿女崇尚科学、寻求真知、大胆创新、勇于实践。

班墨文化深深地影响了我。我传承班墨精神，汲取班墨文化精髓，以鲁班"精益求精"的工匠精神之"精"、墨子"兼爱尚同"致和思想之"和"，取"荆河"之谐音，融合数十年的教育经验、育人理念、办学愿景，凝练总结出独具特色的"精·和"文化。

我们以鲁班"精益求精"的工匠精神不断提升工作标准，以墨子"兼爱创新"的担当精神不断激发工作热情，努力丰富和实践"精·和"文化。滕南中学以"业精人和"为校训，做事要精，为人求和。以精心造就精致，以精致成就精品，以精品成就精彩；和合相长促和谐，和而不同促创新。以"精无止境　和而不同"为校风，以"精心育人　和合相长"为教风，以"精以为学　和以为人"为学风。滕南中学干部教师时刻有"想干事"的激情，有"要做就做最好"的追求，扎实认真，将精益求精、追求极致的工匠精神品格贯彻到每一项工作、每一个细节中。在"精·和"文化的引领下，我与同事们一步步实现"办好老百姓家门口的每一所学校，把老百姓的孩子高高托起，让老百姓的孩子享受最优质的教育"的办学理想，一步步实现"关注每一个，激励每一个，提升每一个，成就每一个"的办学理念，实现"不放弃最后一名学生"，让每个学生都成才。

"精·和"文化的真谛就是工作精心，过程精细，措施精准，结果精致。在"精·和"文化的指导下，学校开展了激情早读、激情宣誓、激情跑操、阳光运动会等系列活动，激发了学生全面竞优的内驱力，上课无"三闲四无"现象，课间无追逐打闹、随地扔垃圾的现象，真正地做到了课间"两清"，校园处处文明用语，学生争当绅士、淑女，精神面貌焕然一新，实现了核心素养的全面提升。在"精·和"文化的引领下，我们勇于担当、勤于创新，创造了一个又一个辉煌。

班墨文化给了我丰富的乳汁，哺育了我，班墨文化是"精·和"文化的根。

第三节 "精·和"文化之一：和是精的灵魂

2021年6月7日，张桂梅第11次送学生参加高考。张桂梅是云南省丽江市华坪女子高级中学的校长，2021年2月被评为"感动中国2020年度人物"，6月29日被党中央授予"七一勋章"，在颁授仪式上发言。为什么张桂梅能得此殊荣？

张桂梅，黑龙江牡丹江人，17岁跟随姐姐到云南支边，被分配到林业部门，后来偶然成为一名光荣的老师。1996年，丈夫去世后，她被调到丽江华坪县当语文老师。华坪县是山区县，学生多是山区贫困家庭的孩子，张老师发现，贫困家庭的女孩子尤其悲惨，有的初中女孩突然不见了，小小年纪就被家人嫁出去了，有的被家里抛弃，有的家庭重男轻女，不让女孩读书。这里的孩子苦，女孩尤其苦。张桂梅认为，不读书带来贫穷，贫穷的母亲更加可怕，母亲贫，贫三代，所以改变母亲的素质显得格外重要。2002年，张桂梅筹建免费女子高中，要让女孩免费读书，形成"高素质的女孩—高素质的母亲—高素质的下一代"的良性循环。

1997年，张桂梅被查出子宫肌瘤、肺气肿。她身患绝症，生活清苦，没有财产，甚至没有自己的宿舍，与学生一起住。每天早上五点多起床，晚上十二点后休息。每天工作不停，检查水电，催促学生起床，外出到处筹款。11年来，对1300多名学生进行了家访，走过11万公里，大山深处山路崎岖，经常一走就是几个小时。张桂梅对学生一视同仁，不搞尖子班，山里的女孩子只要愿意都可以读书。张桂梅说："如果说我有追求，那就是教育事业；如果说我有动力，那就是党和人民！"近2000名女孩因为张桂梅改变命运，考上大学，走出大山。

可以说，张桂梅就是现代的墨家弟子，大爱献给别人，贫苦留给自己，彻底地践行了墨子的兼爱思想。兼爱的思想与实践归根到底都是为了和，国家社会家庭的和。和是人性的光辉，人间最温暖的太阳。可以说，和就是班墨文化的灵魂。

"和"是天人合一兼济天下的命运共同性文化，是大爱。大爱就是把真诚的爱心献给别人。

墨子的兼爱，是一种大爱，不分高低贵贱，一律平等。墨子爱天下到什么程度？班固说："孔席不暖，墨突不黔。"即孔子、墨子终日为了天下人操劳，忙得席子都坐不暖，忙得炉灶的烟囱都没有工夫烧火熏黑，又匆匆到别处去了。墨家弟子都是苦行僧，《庄子·天下》说："使后世之墨者，多以裘褐为衣，以跂蹻为服。"墨子与孔子、孟子出行不同，孔孟出行，弟子众多，墨子农民出身，四处游学，布衣草鞋，忧天下之忧，苦百姓之苦。墨子为什么要倡导"兼爱"呢？春秋战国时代，天下大乱，战争频繁，诸侯国恃强凌弱，民不聊生，土地荒芜，饿殍遍野，"弑君三十六，亡国五十二"。天下不和，百姓遭殃。墨子认为，天下"以相爱生"，只有爱是黏合剂，能让不同的人凝聚成一体，也就是组成人类共同体。"藏于心者无以竭爱。"人只有内心有爱，爱不停歇，社会必然美好。爱家人爱社会爱国家，君王爱百姓，百姓爱君王，富人爱穷人，穷人爱富人，人人相爱，天下必然和谐。作为一个老师，就要爱学生、爱同事、爱学校。爱学生，学生必然健康快乐地成长；爱同事，同事之间必然和谐互助友爱；爱学校，学校必然蓬勃向上发展。我在滕州的五个学校工作过，特别是农村中学，许多学生的家庭背景不好，更加需要额外的关爱，不能有一点儿歧视，兼爱显得尤为可贵。要实现县域教育的振兴，就要爱学校、爱同事、爱学生，没有这种爱，就难以有收获。

张桂梅为什么敢于为贫寒的女子付出？因为她心有大爱，尊重生命。大爱就是对生命的尊重，不论贫富贵贱。穷人的生命与富人的生命都一样高贵。高个子与矮个子、"白天鹅"与"丑小鸭"、优生与后进生都要爱。1767年，法国哲学家爱尔维修写了《论人的理智能力和教育》，认为人的天赋智慧平等，人人都有接受教育的权利。爱尔维修认为教育万能，可以改变人的一生。

"和"是认同差异和谐合作的包容发展性文化。

先秦时代，社会等级制度森严，贫富差距悬殊。孔子的学生有贵族也有"贱人"，孔子的学生子路就是一位野人，野人十分贫穷，社会地位低贱，受人歧视。贵族们瞧不起野人，当时是十分正常的现象。墨子是儒家弟子，继承孔子有教无类的优良传统。墨子自称"贱人"，他度量极大，包容一切人，不卑不亢，上包容帝王，出入宫廷，下包容穷人，深入民间，从不骄傲，节衣缩食，粗茶淡饭。

我们也需要这种包容。学校人多，学生多，老师多，如果富侮贫，诈欺愚，强打弱，学历高的看不起学历低的，年轻人看不起老年人，学校必然不和谐。特别是学校管理者，更要包容、宽待各种人。

我提出"从最后一名学生抓起，不让一个学生掉队，关注每一个，激励每一个，提升每一个，成就每一个，努力让滕南中学的每一个学生在校园里都能找到做好学生的感觉，都能享受公平而有质量的教育"，就是基于包容精神。教育就是给予学生不论长相、家境、智商等无差别的包容。

包容就是和而不同。如何理解"不同"？著名学者王中江先生曾引用《庄子·则阳》中关于"同异关系"的讨论，指出事物的多样性具有创造力，差异性和多样性就是造就整体性和共同性的力量。同时提出，融合多样性的东西能够产出新的东西；将不同的东西加以调和并使之平衡，就叫做"和"。在这里似乎可将调和平衡理解为"中"，持中或求中。如果说将不同和有差异的东西统合起来就是"共同"，那么"共同"与"同"的内涵就是有区别的，即"共同"是多因素的"和"，而"同"只是单一性质的事物，于是就有了"和而不同"这个深刻的哲学概念。

"君子和而不同，小人同而不和。"君子可以与其周围的人保持和谐融洽的关系，绝不这边搭台、那边拆台，而是相互补台、好戏连台；"小人"则没有自己独立的见解，只求与别人完全一致，不讲求原则，并不能与别人保持融洽友好的关系。"小人比而不周"意为，"小人"只跟与自己要好的人做朋友，什么事都以"我"为中心、为标准。这就是典型的"小人"，不是君子。中华文化是君子文化，提倡"君子坦荡荡""天行健，君子以自强不息；地势坤，君子以厚德载物"。

现在呼唤的时代精神要在传统文化的深厚积淀中重铸。这种重铸既应该突出主导、主流，也应该强调和谐、合作，即应该"和而不同"，避免"同则不继"，应该"去粗取精、去伪存真"，但孰去孰留不能简单化。现实往往是"江南三月，杂花生树"，并非谁最美，谁就居于"至善至美"之不二法门；谁最"精"，其他的就皆在"去粗"之列；谁要存，就必争夺主位、排斥异端；谁有影响，就不断膨胀，甚至走向极端。因此，我们既要有对中华文化根的尊重和扬弃、对中华文化魂的坚守和创新，也要有对外国文化的包容和借鉴。

"和而不同"意在求"和"。《国语·郑语》提出"夫和实生物，同则不继"，认为"声一无听，物一无文，味一无果，物一不讲"。意思是：和谐确实能够产生新事物，但一味求同并不能够持续发展。只是一种声音就谈不上动听，只是一种颜色就谈不上美丽，只是一种味道就不能成为美味，只是一种事物就无法进行衡量。因而，只有"和而不同"，才能最广泛地凝聚和发挥一切智慧和力量，调动一切可以调动的积极因素，使劳动、知识、技术、管理和资本的活力竞相迸发，让一切创造社会财富的源泉充分涌流，为经济、社会又好又快地发展凝聚用之不竭的巨大活力，提供取之不尽的强大动力。

何为"和而不同"之"和"？"和"的精神是一种承认、一种尊重、一种感恩、一种圆融。"和"的特质是和而不同、互相包容、求同存异、共生共长。"和"的途径是：以对话求理解，和睦相处；以共识求团结，和衷共济；以包容求和谐，和谐发展。"和"的方式是在一分为二基础上的合二为一，是在和而不同基础上的求同存异，是在良性竞争基础上的奋进创新，是在"我为人人"基础上的"人人为我"。"和"的哲学是"会通"，既有包容，更有择优；既有融合，更有贯通；既有继承，更有创新；是一以贯之、食而化之、从善如流、美而趋之。"和"的佳境是各美其美，美人之美，美美与共，天下大同。

"和而不同"难在如何在"不同"中求"和"。对此，中华文化有长期的实践和多方面的积淀。例如，儒、释、道三家思想就蕴含着丰富的和谐思想。道家认为，道的属性是"和"。天地日月森罗万象，芸芸众生千差万别，无不蕴含着两重性，"万物负阴而抱阳，冲气以为和"。当产生利益冲突、矛盾纠纷时，不妨彼此体谅、开阔胸襟、以德报怨，"挫其锐，解其纷，和其光，同其尘"。而释家的根本原理是缘起论。所谓"缘起"，就是互相依存，和合共生。道家以"道"为最高信仰，认为"道"最根本的属性就是容纳万物、自然平和无私、无为柔弱不争。道家提出"道法自然""知和曰常"，强调用心去体会世间万物相互依存的统一性，维护其和谐。道家在促进人内心和谐方面，主张少私寡欲，知足常乐；在促进人际和谐方面，主张齐同慈爱，异骨成亲；在促进人与自然和谐方面，主张物我共生，其乐融融。释家讲"理事圆融，事事无碍"，即教人克服贪嗔痴的欲念，达到和谐的境界。释家在人与自然的关系上主张"缘起共生""依正不二"；在人与人的关系上主张"无缘大慈，同体大悲"；在自我的和谐上强调内心平和，"若无闲事挂心头，便是人间好时节"。儒家认为，"君子和而不同，小人同而不和""君子周而不比，小人比而不周"。以"和而不同"为主线追求"和"，以"和"对"多"集散成大，以"和"制"合"平衡互补，是和而不同、美美与共。"和也者，天下之达道也。致中和，天地位焉，万物育焉。"儒家强调以和为贵、和而不同，尊重事物的多样性、和谐性，主张多样共生、协调平衡。由此可见，儒、释、道三家确以一个"和"字相通。万流归宗,和而不同。可以说,"和"既是中华传统文化的特征向量,也是古代先哲的生命信仰和思维基础。

总之,"和而不同"是中华民族的文化基因,能够支撑住、构建出一个人类和平相处、命运休戚与共的新境界。英国哲学家罗素说过,"中国至高无上的伦理品质中的一些东西,现代世界极为需要。这些品质中我认为和气是第一位的"。可以说,优秀而朴素的中华传统文化基因,随着中华民族自立、自强于世界民族之林,随着中华民族的伟大复兴,正逐渐扩展成构建人类命运共同体的文化底蕴。

"和"是刚健尚正价值取向的价值自信性文化,自信的背后是实干与自律。

这种"和"不能着眼于空洞说教,不能吹牛。墨子说,"义,利也"。墨子是实干家,为了和,不辞劳苦,实实在在为苦难的人带来利益。墨子阻止楚王攻打宋国,革离阻止赵国进攻梁城,实现"饥者得食,寒者得衣,劳者得息",做到"为万民兴利除害",舍己为人。"有力者疾以助人,有财者勉以分人,有道者劝以教人。"即有力出力,有钱出钱,有学问出学问,全心全意为人民服务。

墨子学识渊博,读书治学,广收弟子,吕不韦说"孔、墨徒属弥众,弟子弥丰,充满天下"(《吕氏春秋·尊师》)。墨家弟子精通防御之法,帮助小国抵御大国,"墨守成规"就是这么来的。孙中山称赞:"古时最讲'爱'字的莫过于墨子。"英国著名历史学家阿诺尔德·汤因比高度评价:"墨子关于舍去利己、树立爱他的兼爱学说,是反对侵略战争的理论先导,墨子主张的兼爱,过去只指中国,而现在应作为世界性的去理解。"

班墨文化最重要的特征就是自信实干,要苦干也要巧干。墨子是伟大的科学家,鲁班是伟大的发明家,他们着眼实际问题,而不是夸夸其谈,坐而论道。作为一个教育工作者,就要实干,要为每一个学生负责,为学生的前途负责,一定要出成绩,这是班墨文化的启示。

"和"是律己。墨家对自己要求很严格,个个都是苦行僧。梁启超在

《先秦政治思想史》中评论墨子"同情心之厚，义务观念之强，牺牲精神之富……墨子而已"。与同时代的哲人相比，墨子的日子真的很苦，说墨子苦不是因为他没钱，凭着自己的本事，墨子完全可以锦衣玉食，可是墨子认为，苦可以磨炼品德，增长见识，苦是一条修行之路。所以，墨子的苦是自律。

墨家的自律值得每个人学习。作为老师，要自律，成为学生的榜样；作为校长，更要自律，做全校的榜样。特别在钱财面前，要学习墨家的自律，"公生明，廉生威"。只有自身廉洁，才能有凝聚力。现在的学校不是象牙塔，诱惑很多，所以老师更要学习墨子的自律，要有墨子的吃苦精神。

"和"是相生相长的创新成长性文化。和谐的背后是共同成长。

中国有句老话叫"家和万事兴"，表达了人们对和谐美满生活的向往，表达了和文化在中国源远流长。当然，人们盼望的不止是"家和"，中国的建筑名称里有太和殿、中和殿、保和殿……中国的琴道讲究中正平和，中国的茶艺推崇和静怡真，中国的医学要求五脏调和、七情调和、气血调和，就连进行博弈对决的中国围棋都在寻求中和平衡之道——一个"和"字，渗透着中国人几千年来待人接物的原则与智慧。

"和"字演绎至今，已有两千多年的历史。

"和"作"和谐"等义项使用时，也可以写作"龢"，右边"禾"表音，左边"龠"指的是一种笙或排箫之类的乐器。从"龠"的组字符号"人、一、口、口、口、册"来看，"人"是乐手，三"口"表示三孔或多孔的笙，也可表示多种管乐，"册"便是乐谱，"一"代表一个人按照乐谱吹三孔的小笙或代表多个人按着乐谱演奏统一的乐曲。

《说文解字》中说："和，相应也。""相应"的意思就是相互呼应、应和，无论是一个人吹三孔的笙，还是由多人分别演奏多种乐器，只有乐音"相应"，才能形成美妙的旋律。

不过，现在提到"和"字，相信很多人很难在第一时间想起它作为音乐的本义，这是因为"和"已经成为中国传统文化中极具代表性的理念，成为中国人从古至今源远流长的文化心理、政治信条、艺术准则。

无论是《尚书》的"协和万邦"、《国语》的"和实生物"，还是有子的"和为贵"、子思的"致中和"，都十分重视天地万物的整体统一、和谐共生。"和"是天地的法则，也是做人的道理，是浸润在中华文明历史洪流中，承前启后、一脉传承的思维方式，可以说，"和"是社会学和美学，特别是中国哲学的重要范畴，是自然社会不同事物的矛盾统一，是辩证法的适宜度量和最高境界，是中国古人在长期社会实践中逐渐意识到的人与自然、人与社会、人与人之间相互依存的一种理想状态，是万物生生不息、繁荣发展的内在依据。中国文化中，以"和"为本的宇宙观，以"和"为善的伦理观，以"和"为美的艺术观，共同构成了中国文化核心价值观的重要内容。

中华文明历来有尚"和"的传统。"礼之用，和为贵。先王之道斯为美。"在中华民族几千年的文明史上，少有文明的互相蔑视、彼此践踏，多是互相尊重、彼此欣赏；少有文明的以大欺小、弱肉强食，多是有容乃大、海纳百川；少有文明的高低优劣、生存竞争，多是相互平等、和合共生；少有文明的孤芳自赏、一枝独秀，多是互补共荣、百花齐放。集中到一点，就是和而不同、美美与共。

英国著名历史学家汤因比说过，"避免人类自杀之路，在这点上现在各民族中具有最充分准备的，是两千年来培育了独特思维方法的中华民族"。"独特思维方法"指的是什么？便是天人合一，允执厥中，仁者爱人，以和为贵，和而不同，众缘和合。"自强不息生和气，厚德载物送和风。""和"应该是中华民族贡献于世界民族之林的理念与智慧。天下为公的大同理念，是中国建构同心圆的共识基础；民族复兴的家国情怀，是中国调动积极性的情感纽带；不偏不倚的中道精神，是中国包容各种力量的方法原则；和而不同的多元一体，是中国处理五大社会关系的智慧体现；得道多助的政治理念，是中国汇聚人心力量的精神底色。儒家传统讲"内圣外王"，今天的中国，对内努力构建和谐社会、积极推进祖国和平统一大业，对外坚持奉行与邻为善、和平共处的和平外交政策。《庄子·天下》有云："是故内圣外王之道，暗而不明，郁而不发，天下之人各为其所欲焉以自为方。"崇尚和平、以和为贵，既是中国现实的政治承诺，也是中华文明的传统使然，更是对构建人类命运共同体的重大贡献。

党的十八大以来，习近平总书记围绕"弘扬中华优秀传统文化"的文化战略，发表了系列重要讲话。他提出，中华文化崇尚和谐，中国"和"文化源远流长，蕴含着天人合一的宇宙观、协和万邦的国际观、和而不同的社会观、人心和善的道德观。在社会主义核心价值观中，"和谐"思想也蕴含其中。因此，"和"文化研究在国内引起了学界的关注。实际上，"和"文化是中国崛起，面临各种国际复杂关系，向世界宣示和平发展的中国智慧；是实现中华民族伟大复兴必不可少的精神养料。"精·和"校本文化来源于我国优秀传统文化，"精"是做事的追求，"和"是做人的境界，既符合新时代"立德树人"的教育追求，又能解决教育环节中"教师"发展的关键问题。本研究以"精·和"校本文化为引领，坚持把促进教师专业化发展作为重要任务，培养新时代合格教师，培养更多名师，打造一个个名学科团队，发挥团队优势，实现整体创优，促进共同成长，为学生的发展奠定基础。以"和"为灵魂，构筑师生的幸福家园。

为什么说"和"是"精"的灵魂？二战时期，希特勒的毒气室是工程师制造的，毒气是化学家制造的，这些工程师与化学家都知识丰富、技术精湛，却用知识技术作恶。所以"精"湛的技术需要"和"来统领，以"和"做灵魂，技术才不会迷路，才会走上正道，才能为人类服务。

第四节　"精·和"文化之二：精是和的工具

$E = mc^2$，这是爱因斯坦提出的质能方程。这个方程开启了人类的核时代。

1905年9月26日，爱因斯坦发表了一篇《论运动物体的电动力学》，被称为狭义相对论的著名论文。9月27日，发表《物体的惯性同它所含的能量有关吗?》，这篇被称为质能方程的论文，论证了方程$E = mc^2$。1941年12月6日，美国制订了绝密的"曼哈顿计划"，根据质能方程的原理研发原子弹。1945年7月16日，世界上第一颗原子弹在新墨西哥州阿拉莫戈多的一片沙漠中试爆成功，8月6日和9日，美国在日本的广岛和长崎分别投下了代号为"小男孩"和"胖子"的两颗原子弹，几十万人失去生命，不少人因为核辐射终身残疾。爱因斯坦听到这个消息后，极为震惊地说，质能方程是自己一生中最大的错误。

这就是科学与伦理的问题，人性与工具的问题。和是精的灵魂，精是和的工具，没有人性的光辉，工具就要黯然失色。

墨子是"精""和"统一的伟大科学家，既有伟大的情怀关心人类，也有精湛的技术服务人类。作为一个科学家，墨子坚持人道主义，坚持技术造福人类的原则，如果没有人性的光辉，工具可能沦为作恶的魔鬼，所以，墨子坚决反对技术用于杀人，支持技术用于救人。

墨子不仅是一位科学家，还在物理、数学等领域有巨大的贡献。在光学方面，墨子最早发现小孔成像原理，"足蔽下光，故成景于上；首蔽上光，故成景于下。"墨子研究光与影、光的传播。墨子最早发现惯性定律。"力，形之所以奋也。""止，以久也。""衡，加重于其一旁，必捶，权重相若也。相衡，则本短标长。两加焉重则若，则标必下，标得权也。"这是杠杆原理。墨子是杰出的数学家，《墨经》对几何的点、面、圆、方等给出了定义："倍，为二也；平，同高也；同长，以正相尽也。中，同长也；圜，一中同长也。"墨子是逻辑学家，阐述了辩、类、故等逻辑推理概念。墨子是发明家，设计了城门的的吊桥、探测敌兵军情的听瓮，制造舟、车等。著名西方汉学家、中国科技史学者李约瑟曾赞叹："墨家的科学水平，超过了整个古希腊！"墨子在众多领域创下了一个个"历史第一"，被世人尊称为"科圣"，是中国乃至世界最早的科学家之一。墨子还是哲学家，提出十大主张。

明朝著名文学家梅之焕的代表作品《题李太白墓》：

采石江边一堆土，李白之名高千古。

来来往往一首诗，鲁班门前弄大斧。

鲁班与墨子是同时代的人，都推崇墨家学说，都是滕州人。《墨子救宋》的故事详细记载了墨子与鲁班的较量，两者稍有区别。鲁班和墨子二人代表着墨家学派的思想、科学技术和实践应用的最高水平。鲁班作为工匠是"技、艺"的代表，表现为工匠精益求精的实践创新精神；墨子作为哲学家则将工匠技艺上升为"道"，表现为以道为学、以术为用的科学人文精神。班墨文化作为中国传统文化中的重要部分，对中国传统文化的传承与发展产生了深刻的、阶梯式的意义，也是实现中华民族复兴的理论价值体现与精神动力之一。哲学家任继愈先生认为"班墨不分"，只有把两者结合起来，才是完美的。

《墨子·公输》《墨子·鲁问》《墨子·经上》等作品中记载了墨子和鲁班的故事。鲁班，姓公输，名般，"般"和"班"同音，常称为鲁班，出身世代工匠家庭，出生地在滕州市辖区东南漷水流域一带，发明了许多工具，如钻、刨子、铲子、曲尺、墨斗、锯子，制作了砻、磨、碾子等粮食加工机械。鲁班是建筑、民用等行业的奠基者，被后人尊称为"百工祖师"。

"精·和"文化之"精"主要表现在哪些方面呢？

首先，要修炼自己的心性，虚静纯粹，平易恬淡，唤醒心内的灵气，忘掉世俗的偏见、私欲、胜负、成败，抛却名利诱惑，忘记利害得失，以虚静的心与事物融为一体，心神手合一，天人合一，当老师也是如此。《庄子》记载了许多伟大的匠人，其中就有木匠梓庆的故事。

梓庆削刻木头做鐻，鐻做成以后，大家无不惊叹他好似神鬼般的功夫。鲁侯见到他问："你用什么方法做成这么精美的鐻呢？"梓庆道："我是做工的人，没有什么高明的技术！虽说如此，我还是有一点点本事。我做鐻之前，从不敢耗费精神，必定斋戒，静养心思。斋戒三天，不再有庆贺、赏赐、爵位和俸禄的思想；斋戒五天，不心存非议、夸誉、技巧或笨拙的杂念；斋戒七天，不为外物所动，仿佛忘掉了自己的四肢和形体。这个时候，我眼里已不存在公室和朝廷，智巧专一，外界的扰乱全部消失。然后我进入山林，观察各种木料的质地，选择与鐻最相合的外形与体态，这时鐻的形象呈现我的眼前，然后动手加工，这就是纯真本性融合木料的自然天性。制成的器物疑为神鬼功夫的原因，恐怕就出于这点吧！"

不管利益多大，不管名气多大，不管危险多大，我心岿然不动，心与天和，寂静无声，这是真正的工匠。

其次，就是专注一生。用一生做一件事，沉浸在手工艺的世界里，慢慢打磨自己的技艺。不会乱换职业，东一下西一下。

中国有很多老字号，做了几百年，几百年都是做一件事。时间是最好的工匠，产品是一定要时间的积淀的。日本、德国有很多家族企业，几代人做一个小产品做到世界第一，这就是专注的力量。

教育是需要时间的，不能追求短平快，不能投机取巧，所以，没有信念，耐不住寂寞，不用心，就不可能有结果。特别是现在，社会有点儿浮躁，更需要专注的精神。

不管多么微小，多么烦琐，多么辛苦，都能不改初心，专注工作，把毫末之功做到极致，这就是伟大的工匠。

专注于完美。

秦陵兵马俑身上的盔甲，手握的长枪，奔跑的战马，埋了两千年，依然栩栩如生。六百年的故宫，千年的长城，千年的赵州桥，古老的青铜器，精美的瓷器，背后无一不是无数先辈匠人的完美手艺。一砖一瓦，一榫一卯，一针一线，无不倾注无数匠人的灵魂。

无论是宁静还是专注，都是为了一个结果：完美的产品。西周时期的《考工记》记载了六大类、三十个工种的匠人，中国之所以能够领先世界，拥有先进的生产工具，先进的武器，便利的生活，美轮美奂的艺术品，都离不开工匠的汗水。

专注于创新。

"创新"是鲁班思想的精髓，是人类社会进步的源泉，是一个民族进步的灵魂，也是一个国家兴旺发达的不竭动力。鲁班看见叶子发明了锯子，看见荷叶发明了雨伞。只有像鲁班一样不断总结经验，发明创造，扬弃固有，突破已有，超越实有，创造未有，在扬弃、突破、超越、创造中不断追求卓越，才能进步。鲁班的创新精神已经深入当今人们的骨髓，融进了我们的血脉和性格中，激励着我们战胜前进路上的艰难险阻。作为一个教育工作者，把创新精神融入教育，在管理、教学、课程、课堂等方面不断创新。

党的十八大以来，以习近平同志为核心的党中央高度重视传承发展中华优秀传统文化。习近平总书记发表一系列重要论述，深刻阐述了传承弘扬中华优秀传统文化的重大意义，鲜明地体现了共产党人的历史观、文化观，彰显了高度的文化自觉和文化担当。

实践证明，工匠精神在我国有深厚的传统基因，回到中华民族的伟大传统当中，挖掘和提炼属于我们自己的工匠精神，并将之传承和发展下去，让鲁班、墨子的工匠精神焕发出勃勃的生机，绽放出耀眼的时代光芒。

自从2016年国务院《政府工作报告》中提出要"培育精益求精的工匠精神"后，工匠精神就成了社会讨论的热点。黄蕉风认为，政府工作报告中所谈论的"工匠精神",之所以谓"再提出",是因为国史并非缺乏"工匠精神",距今 2000 多年的战国时代,就曾诞生鲁班和墨子两位世界级工匠,因此工匠精神实为古老的"班墨精神",新时代的工匠,自应兼具鲁班的精湛技艺和审美志趣,以及墨子讲求效用的实践精神与充满光热的人道主义关怀。

十九大报告中提出,"建设知识型、技能型、创新型劳动者大军,弘扬劳模精神和工匠精神,营造劳动光荣的社会风尚和精益求精的敬业风气"。新时代工匠精神的基本内涵,主要包括爱岗敬业的职业精神、精益求精的品质精神、协作共进的团队精神、追求卓越的创新精神这四个方面的内容。其中,爱岗敬业的职业精神是根本,精益求精的品质精神是核心,协作共进的团队精神是要义,追求卓越的创新精神是灵魂。

在"精·和"文化的指引下,作为教育工作者,不但要在"和"上下功夫,提高自己的修为,更要在"精"上下功夫,在教育管理、教学研究等专业领域精益求精,破解县域教育的难题,交出完美的答卷。

第二章
做"精·和"好校长

什么是"精·和"校长？所谓"精"，就是具有鲁班精益求精的工匠精神，有较高的管理水平，有强大的领导力，有向上向善的团队精神，善于用文化领导学校。所谓"和"就是有情怀有大爱，具有墨子的牺牲精神、创新精神。

好校长，真做教育，做真教育，办好每一个学校，教好每一个学生。

第一节 "四个一"就是我的教育梦

从登上讲台那天起,我就立下誓言:许身孺子,在讲台上实现自己的人生价值,用心血和汗水浇灌莘莘学子。为了对得起教师这个称号,本着对学生负责的态度,在工作上,我不断钻研,努力探索,兢兢业业,每天工作 16 小时以上,这种习惯一直保持到现在,我成了学校"来得最早,走得最晚的人"。

任教伊始,我把全校所有英语老师的课听了一遍,坚持先听后讲,堂堂不落,这使我受益匪浅。为了上好第二天的课,我经常在前一天晚上对着墙壁下功夫,试讲、猛练,不把教案、讲稿背下来决不罢休。自己个头不大,为了使学生信服,我定下规矩:别人下一分力气,我要下十分,要做就做最好。"初生牛犊不怕虎",参加工作不久,我就大胆尝试教学改革。经过不断的实践、探索,针对班额大、老师平时只注意少数尖子生而忽略大多数,造成学生越来越分化的现象,我开始了"虚拟班"的试点实践,试探着把一个大班分成平行的 8 个学习竞赛小班,建立了整体创优机制,每个小班设一名班长,小班同学互相支持和配合,让每个学生树立"为小班荣誉而战"的意识。每周对各小班的情况进行点评,每月评出优秀竞赛小班并进行表彰。这样每个小班都是一个竞争实体,同学们不甘落后,你追我赶,班内形成了比、学、赶、帮、超的氛围。1997 年,在"虚拟班"的基础上,我创建了"自主、互助学习型"课堂教学模式,大大提高了整体教学成绩，每次考试均以较大优势居同级同科第一。2001年山东省教改现场会在烟台召开，我在大会上做了交流发言，受到与会领导、专家的好评。

我的付出终于结出了累累硕果：1999年被枣庄市人事局破格晋升中学一级教师；2000年荣获全国优质课一等奖；2001年1月获首届全国中学英语教师技能大赛二等奖，11月获滕州市教改优质课一等奖；2002年获枣庄市优质课一等奖，6月论文《宽待学生》荣获省教科研成果二等奖，9月被评为滕州骨干教师；2003年3月被评为枣庄市第三批骨干教师；2004年被评为滕州市第四批教师能手，被市委、市政府授予"滕州市优秀教师"光荣称号；2005年被评为中学高级教师；2009年5月4日，被滕州市委、市政府授予滕州市第五届"十大杰出青年"光荣称号。年度考核连续数年被评为优秀，实绩考核年年为A级；先后有9篇论文在国家、省级刊物上发表，承担国家、省级课题3项，已有2项顺利结题；辅导的学生先后有11人在全国奥赛中获一等奖，参与编写的教材《黑马英语》已在全国出版发行。

我的优异成绩和出色表现赢得了领导的信任：1994年被选为年级组长，一干就是6年，2001年任教导处副主任，2003年任教导处主任，多年分管毕业年级，使滕西中学无论是在重点中学升学人数还是升入高中段比率方面均居于全市前列。

2005年，我调入滕北中学。滕北中学是我市的一所名校，底蕴深厚，教育教学成绩突出，社会声誉好。恰逢滕北中学发展史上的关键时期——与北辛路中学（北郊中学）合并，成为我市规模最大的公办初中，我深感责任重大。来滕北报到的那天，我向领导们表态："努力工作，擦亮滕北中学这块牌子！"我是这样说的，也是这样做的。

无论是当教师、班主任，还是当教导主任，最难以割舍的还是课堂，我始终站在教学前沿，既当指导员、教练员，又当战斗员。"一枝独秀不是春，百花齐放春满园。"以一朵云推动另一朵云，以一棵树摇动另一棵树。我坚持用自己的人格魅力、工作热情、精湛的专业知识影响和带动青年教师，鼓励他们参加各种业务活动，渐渐地一大批青年骨干教师脱颖而出：有5位教师荣获全国、省级优秀奖、一等奖，18位教师荣获滕州市级以上"课堂标兵"称号，3位老师荣获首届"滕州名师""十佳班主任"称号，7位教师获"明星教师"称号。

不断地学习和培训，使我的业务能力得到全面提升。2002年7月，我参加跨世纪园丁工程骨干教师市级培训，2005年11月，赴南京晓庄学院培训，2006年7月，在国家教育行政学院参加基础教育改革动态专题研修班，2007年10月，又被滕州教育局党委选派至寿光市挂职锻炼，这是我人生中一个又一个加油站。挂职归来，结合自己对寿光和滕州教育的实践和思考，我撰写了专题报告，先后在北辛、荆河、西岗等6个镇街和学校做了演讲。

山东省枣庄市素称"鲁南煤城"，西岗镇位于枣庄市滕州市西南部，是枣庄市的龙头镇，以煤矿为支柱产业，经济发达，连年荣膺"全国重点镇""全国小城镇综合改革试点镇""全国创先争优先进基层党组织""全国千强镇"，名噪齐鲁，蜚声全国。

2012年的西岗，经济发展成效初显。伴随着经济收入和生活水平的普遍提高，西岗老百姓对教育的期望也很高。比起经济发展，教育是个"慢活儿"，彼时的西岗，教育发展速度明显跟不上经济腾飞的速度，教育基础薄弱，优质教育资源欠缺，明显撑不起家长的期望。为了让孩子接受更好的教育，很多有能力、有条件的家长，纷纷选择把孩子送到"城里的学校"。

西岗中学位于荆河与郭河交汇之处，九龙湾荡漾之滨，团结河垂柳之畔。她自1958年建校，时为滕县六中，后易名为滕州六中、西岗中心中学。

2012年，我调任西岗中学校长。对于家长的选择，我一方面十分理解，另一方面决心改变。在我看来，生源流失的根源在于：优质教育资源短缺。来西岗中学报到的当天，我就在全体教职工大会上表态：自己将努力工作，擦亮西岗中学这块牌子！

我首先深入调研，深深地感受到自己的使命和责任。山东省委、省政府把西岗镇列为全省100个新型城镇化示范镇之一，滕州市委、市政府把西岗镇作为滕西南临港新城副中心城市重点打造。西岗镇党委、政府高度重视教育，树立教育工作怎么重视都不为过，怎么投入都不为过，怎么加强都不为过的理念，把教育作为民生之首、转型之基全力推进，加大教育投入，改善教育设施，强力实施新一轮学校布局调整和校舍安全工程。当地群众对优质教育的渴求尤其强烈，渴望西岗的孩子在家门口就能就能接受城区一样的教育。我深深地感到肩头的重任、使命的重大和责任的神圣。

我同校领导班子共同制定了融办学理念、办学目标为一体的《西岗中学宣言》：努力创办与西岗镇经济社会地位相匹配的中学教育，让西岗镇的孩子在家门口就能接受和城市一样的优质教育，让西岗中学每一位学子都拥有人生出彩的机会，把西岗中学打造成滕州教育、西岗镇对外展示的窗口和名片。

在管理理念上提出了"注重细微，把简单的事做彻底；拒绝平庸，把平凡的事做经典"。在人才培养模式上提出由"水落石出"转变为"水涨船高"，追求"水到渠成"的效果。"水落石出"是指原来那种只关注一小部分尖子生，忽略大多数学生的做法；"水涨船高"是指在促进全体学生发展的基础上，"水到渠成"地全面提高教育教学质量。此即"从最后一名学生抓起，不让一个学生掉队"，大面积提高教学质量，全方位提升学生素养，绝不能因每年多几个升入重点高中的学生而沾沾自喜，引导教师树立旨在关注师生关系、学生课业负担和幸福指数前提下的学业成绩提升的"绿色教学质量观"，摒弃那种成就小部分、忽略大多数的"水落石出"式优生培养模式，追求让更多的学生合格和全员提高的"水涨船高"式教学效果。在全体教师中开展关注后三排学生和不人为制造后进生行动,在全体学生中进行"合格即优秀、进步即优秀、特长即优秀、优秀更优秀"的宣传教育,真正实现了老师教育理念的转变和学生自信力的提升,激发了教师的工作积极性,点燃了学生学习的热情。经过这两年的实践,我们真正实现了"水涨船高",正向"水到渠成"迈进。

这个目标,对于农村中学来说,不可谓不大。但事实证明,我们成功了。在这个目标的引领下,我进行了一系列大刀阔斧的教育教学改革,践行"从最后一名抓起,把百姓孩子高高托起"的办学理念,强化管理,创新方法,上好每一节课,教好每一个学生,最终成功逆袭,实现弯道超车。

西岗中学是一所矿区学校,矿上高素质职工的孩子都进了城,学校招收的学生多来自乡村家庭,而且有许多学生父母在外务工。这些学生是乡村里的"留守儿童",学生的文化素养、卫生习惯、行为习惯、心理健康状况等一系列问题都亟待解决,未成年人思想道德建设工作面临着严峻的挑战。

实践出真知,实干出成绩。短短三年的时间,西岗中学焕然一新,成为西岗人民家门口的好学校,一举扭转了西岗家长们长期以来"用脚投票"的趋势。2014年,西岗中学学业合格率达到90.98%,2015年中考,西岗中学学生学业合格率达到了97.09%。学生学业合格率连续三年位居枣庄市110所初中学校第一名,教育教学综合量化连续三年位居滕州市同类学校第一名,成为枣庄市学业合格率提升的典范学校,分别被枣庄市、滕州两级市教育局授予"初中素质教育质量优秀奖"和"教学工作先进集体一等奖",被滕州市委、市政府授予素质教育先进单位称号。在其后的招生季,西岗镇小学六年级学生镇外就读率仅为0.5%,创造了"小升初"生源基本不流失的奇迹,走出了一条农村学校内涵发展的新路。

西岗中学一路走来,蓄数年文韵,树数代荣光;她虽历史悠长,然老树新枝,生机勃发,无论是办学设施、育人理念,还是内部管理、学风校风,均处于全市同类中学前列。学校先后获得"全国青少年励志教育示范基地""山东省规范化学校""山东省远程研修先进单位""枣庄市教学示范学校""滕州市办学水平督导评估一等奖"等56项滕州市级以上荣誉，承办枣庄市中小学"春苗营养"厨房建设、滕州市促进教师专业发展、滕州市美丽校园建设、推进中学实验教学、中小学安全特色工作等9次现场会。西岗中学办学层次跨越式发展和教学质量的稳定提高赢得社会的广泛关注。2014年12月9日，西岗中学作为枣庄市教育教学特色经验创新唯一一所农村学校接受了市教研室的调研验收。2014年3月31日，《枣庄日报》做了"西岗中学学业合格率跃居全市初中学校前茅探秘"的专题报道。学校学查纠活动、优案评选活动、学业合格率提升等经验在全市推广交流。"关注每一个，提升每一个"理念在全国第四届"新学校论坛"上传播。学校立足教科研，追求高质量，教育教学质量有了长足发展，初步把"办好百姓家门口的每一所学校"变成现实。

置身西岗中学校园，无论站在哪里，眼前都呈现出一幅完美和谐的图画。西岗中学被誉为"鲁南地区最美丽、最规范、最生态的乡镇中学"，成为全市校园建设的样板学校。

西岗中学校园风景

西岗中学之所以创造出奇迹,是因为我与我的同事都具有深深的教育情怀,一起努力。因为有情怀,大家才不怕苦,才会全力工作,才会有奇迹般的结果。

学校发展、教师成长、学生出彩的同时,我也收获了"滕州市十大杰出青年""全国科教先进校长""一级校长""滕州市十佳优秀校长""枣庄市中小学骨干校长"等荣誉,2019 年 5 月还被确定为第三届齐鲁名校长建设工程培养人选。

调任滕南中学后,我继续追求我的梦想:

制定了奋斗目标:

质量兴校,实现学校的内涵式发展,注重学校工作的规范化、精致化和常态化,追求教育教学工作的高质量,全面提升办学水平。

科研助校,提高教育教学工作的效率,加强教师的科研意识,继续完善"问题导学当堂训练"智慧课堂模式,深入推进"361"课程体系,打造高效课堂。

特色强校,在规范办学的前提下努力形成学校的特色("精·和"校本文化),使教师博学儒雅,使学生知书达理,形成富有自己特色的教育景观。

三年内,将在"关注每一个,激励每一个,提升每一个,成就每一个"办学理念的指导下,在现有的基础上,通过各种有效措施全力提升学校的办学水平,形成可持续发展的办学机制,全力打造洁净校园、秩序校园、生态校园、平安校园。硬件建设以"创建山东省规范化学校"为目标,软件建设以"创建山东省教学示范学校"为目标,力争通过三年的不懈努力,把滕南中学建设成学生喜欢、教师幸福、家长满意、社会认可、特色鲜明、省内一流的现代化初级中学。推动滕南中学峄庄校区与滕南中学本部协同发展,振兴县域教育,提升县域薄弱学校办学质量,推进城乡教育优质均衡发展。

制定了阶段目标：

第一年全面完成校园建设工程，不断充实内部设施，科学合理地布局教学、运动、生活区域，按省级规范化学校标准配置各种内部设施和器材，高起点、高标准地硬化、绿化、美化校园，规范设计校园文化，打造洁净校园、秩序校园、生态校园、平安校园。

深入开展"不忘初心　牢记使命"专题教育，全面启动师德师风建设工程，认真贯彻落实市教体局会议精神，进一步规范学校管理，改进工作作风，提高教育质量。着重解决学校管理中存在的突出问题和薄弱环节：修订完善规章制度，建立学校规范管理长效机制；加强学校班子建设，强化责任担当；优化教师队伍，强化履职意识；狠抓作风建设，力促形象提升。

在满足教师自主发展需求的基础上，大力推动教学研究活动，贯彻终生学习观念，引导教师喜爱读书，喜爱教研，逐步转变教师的价值追求和教育行为，让教师初步感知幸福教育的真谛。继续推动"'精·和'校本文化引领下的教师专业化发展路径研究"课题研究，推动全体教师走高效课堂研究之路，让一线教师都能参与到学校的课题研究中来。教师专业发展进步明显，教师的课堂教学方式有较明显改进，相应的教育教学能力有明显提高；学生的自主发展意识和能力有一定的提高，多数学生具有良好的礼仪修养，教育教学秩序规范，学生行为习惯良好。

根据校情，完善各类适应教育新形势发展的制度条例，经教代会通过，建立长效机制，最大限度调动教师积极性。

第二年，硬件建设以创建"山东省规范化学校"为目标。

教育质量进入枣庄市初中第一方阵。挖掘"南中"精神，培育"精·和"校本文化，弘扬教育文明。学生形成"自我教育、自我发展、自我完善"的良好意识和行为习惯。教师普遍具有"讲团结、比奉献、干实事、重实效"的"南中"精神，形成热爱学习的好习惯，有主动研究的科研意识,有积极创新的工作氛围,校园文化富有特色,校容校貌整洁儒雅。严格执行教育部印发的《义务教育学校管理标准》,全面改进和加强义务教育学校管理工作,促进学校规范办学、科学管理,整体提高教育质量和办学水平,加快推进教育治理能力和治理水平现代化。

第三年,软件建设以创建"山东省教学示范学校"为目标。

"南中"精神、"精·和"校本文化、教育文明成为滕南中学特色。努力打造一个师生幸福和谐、人文素养高、社会满意度好、教育质量优良、管理富有特色、文化氛围浓厚的可持续发展的学习型学校。

同时,进一步细化学校管理子目标:

进一步完善现有的学校管理制度体系(学校管理"三线三制",年级管理"一级二部制",组建执行校长牵头的级部管理团队),形成人性化管理的现代学校管理运行机制,形成并逐步完善人人有权、人人有责、人人做主的现代化管理模式。

加强队伍建设目标,进一步完善教师评价体系;建立科学有序的教师交流机制,优化资源配置,提升教师队伍活力和创造力,促进学校本部与峄庄校区教师同步发展;搭建起有效的教师发展平台,以有理想信念、有道德情操、有扎实学识、有仁爱之心的"四有"好老师为标准,教师群体的综合素养明显提升,干部队伍的管理能力明显增强,涌现出一批优秀的管理干部和教师,培养出一部分在省市有着较高知名度的"教学名师"。

形成较完善的德育工作制度、工作流程和良好的德育工作激励机制;有一套相对完善的班主任培训方式和方法,基本上建设起一支教育理念新、工作责任心强、管理水平高的学校德育骨干队伍;形成完善的学生德育评价体系,德育工作形成系列并有本校特色。建立全员育人机制,广大教师要做学生锤炼品格的引路人,做学生学习知识的引路人,做学生创新思维的引路人,做学生奉献祖国的引路人。

教学改革稳步持续推进,形成较稳定的高效课堂教学模式;搭建适宜的教师发展平台，形成特色化的校本培训机制；教育质量进入全市初中第一方阵，成为全市初中教育教学名副其实的排头兵。毕业生综合素质被家庭、社会和高一级学校充分认可。

进一步完善学校后勤管理制度，学校各种教育教学资源达到最佳配置，能为教师、学生提供优质的教育教学条件；创设出优美、生态、绿色、洁净、秩序、文明、平安的校园环境。

办教育不容易，校长苦当，教师苦教，学生苦学，没有信仰，没有梦想，没有情怀，怎么支撑？没有理想信念支撑，理解的人说我爱岗敬业，不理解的说我有点儿发疯，还有人说我为了名，自己苦就算了，还让别人苦。踩在这片土地，每天看着淳朴的孩子，我内心感到惭愧，家长把孩子送到学校，哪个不想让孩子出人头地，可是寒门子弟何其难啊！我愿做孩子的垫脚石，为了孩子的未来，我不怕苦，不怕累，挫不馁，胜不骄。如果说我有什么追求，孩子读好书就是我的追求，如果说我有什么动力，共产党员的责任与人民的渴求就是我的动力。

从一名普通教师一步步成长为齐鲁名校长，30多年来，我矢志不渝，用教育理念和教育情怀灌溉无数滕州蓓蕾，向社会输送了一批批高素质人才，用自己的教育信仰点燃了更多老师的教育激情和教育梦想。正是那份对教育事业的热爱，支撑我一路走来，让我事事敢为人先，件件身先士卒。在教育界摸爬滚打30余载，岁月苍老了容颜，却冲淡不了我对教育的热情。

弹指一挥，从滕西中学、北辛中学、至善中学、西岗中学到滕南中学，30多年的理论学习、教育探索，引发我对学生培养模式的思考。2013年，习近平总书记在十二届全国人大一次会议上指出让中国人民"共同享有人生出彩的机会"，更坚定了我践行"人人发展"理念的信心。在此背景下，我明确了"办一所让人尊敬的理想学校"的目标，凝练出了"让每个学生绽放生命的精彩"的核心办学理念，确立了"关注每一个，激励每一个（有教无类），提升每一个，成就每一个（因材施教）"的教育教学策略。"四个一"就是我的梦想，我一直在努力追逐梦想。一个校长一旦有梦想，就一定会带领全体师生为梦想而奋斗。

一个校长应该有点儿理想主义精神，要用教育的理想办理想的教育。唯有如此，我们才能走上我们想走的路，才能在这个最好的时代书写我们这一代人的教育人生。

大家常说，一个好校长就是一所好学校。确实如此，一个好校长不仅是学校的灵魂、地方的名片，更是一个时代的骄傲。历史上的教育家，不少都是校长，如蔡元培、吴玉章、裴斯泰洛齐、福禄贝尔、福泽谕吉等。校长的道路，也正是走向教育家的道路。

只要有梦，就能克服恶劣的环境，就能有数十年的坚持，就能不计代价地付出，就有坚韧不拔的意志，就有永不言败的决心。

一直努力在奔跑，永做教育追梦人。

第二节　强大的领导力

陶行知说："校长是一个学校的灵魂。"

一个校长的领导力可以决定学校的好坏。我深刻认识到：校长特有的办学理念、思维方式、行为方式往往决定了学校的特色发展，即校长的领导特质和办学风格在很大程度上影响着学校文化的形成和发展，校长的领导力是特色学校发展的内驱力。一个好校长是办好学校的关键，校长对外是学校的法人代表，对学校工作全面负责；对内是学校的最高领导，是学校一切工作的领导者、指挥者和组织者，处于学校管理系统的核心地位、主导地位、决策地位。

我做过中层管理人员，做过校长。做一个校长不容易，需要很多的素质，比如很高的政治素质、人格能力、优秀的业务素质、身体素质、心理素质等，但是最重要的还是领导力，要能组织、影响大家为一个梦想而奋斗。一个老师一生可以教几千个学生，校长可能影响数万的学生，责任何其大。

什么是领导力？

假如校长任人唯亲，只用自己喜欢的人，用自己的亲信，其他人不管多么有才能，坚决不用……

假如校长只会钻营，唯上是从，对师生不闻不问，只做表面工作，让师生吃不好住不好……

假如校长是一个"土皇帝",什么都自己说了算,鼓励打小报告,学校鸡飞狗跳,搞"一言堂",正直的人混不好,小人得志……

假如校长业务不行,不备课不改作业,课上得不行,不听课不评课……

假如校长不公平,想方设法不让教师评职称,歧视临聘老师,压榨年轻人……

这样的校长会有威信吗?不会。领导力是人格魅力,只有一个人有道德,才会得到别人的尊重,一个道德恶劣的人,谁也不会对他信服。领导要用人格魅力影响别人做事。

原清华大学校长梅贻琦先生,从美国留学回来,1931年任清华大学校长,很多人都说梅贻琦当不久。民国时期,学生经常闹学潮,清华大学也是这样,动不动就赶走校长,可是,梅贻琦校长是个例外,大家都很尊重他,他也当了一辈子清华校长。1937年11月1日,清华、北大、南开三所大学在长沙临时合并为西南联大,梅贻琦是总负责人。有一次,云南省国民政府主席龙云的女儿想考西南联大,龙云叫秘书去找梅贻琦,秘书却告诉龙云:"梅贻琦先生的女儿考西南联大,差几分没有录取。"龙云听后一愣,继而笑道:"那就算了,梅校长公正廉明,就不打扰他了。"梅贻琦录取学生十分严格,就是差0.01分也不行,说情没用。

抗战时期,学校经费十分紧张。西南联大为校长配了一辆汽车,为了给学校省钱,梅校长从来没用过。梅校长总是说:"让我管家,就得精打细算。"西南联大是三校联合,大知识分子多,梅贻琦尽量一碗水端平,民主决策。当时,北大校长蒋梦麟、南开校长张伯苓都十分尊重梅贻琦。西南联大当时物资匮乏,吃饭都成问题,师生随时面临危险,但却创造了中国教育奇迹,培养了174位院士、2位诺贝尔奖得主。林语堂评价说:"西南联大,物质上不得了,精神上了不得。"蒋梦麟在梅贻琦的碑文中写道:"一生尽瘁学术,垂五十年,对于国家服务之久,贡献之多,于此可见。其学养毅力尤足为后生学习楷模。"

可以说，梅贻琦校长是校长的楷模。我一生敬仰梅校长，总是以梅校长为自己的榜样，严格要求自己。校长的身份很特殊，人们不自觉地把校长作为衡量社会道德水平的尺子，大家都很关注一个校长的德行，对校长的要求更严苛，校长对社会有很大的影响力，所以，作为一名校长，更要注重自己的一言一行。蔡元培成就了北京大学，梅贻琦成就了清华大学，竺可桢成就了浙江大学，可见校长的人格魅力多么重要。

领导力是战略眼光，战略是大方向，方向错了，全部都错，如同领头羊走向悬崖，所有的羊都有危险。所以校长要有眼光，带领学校走正确的路。

校长要对未来的事情有预见力，这是战略的能力。为什么有的企业能够做百年甚至千年？因为这些企业有自己的战略。北京大学传承百年，是因为蔡元培"思想自由，兼容并包"的战略。清华大学成为中国的顶尖大学，是因为梅贻琦校长"自强不息，厚德载物"的战略。"修合无人见，存心有天知"，我的战略就是教好每一个学生，让每一个学生成才。战略是一种使命感，是一种担当，是一种长远的目标。校长必须看向未来三十年、五十年，甚至数百年，因为培养的人才都是面向未来的。急功近利，只会耽误孩子的未来。

培养战略眼光就是不停学习。

山东省从2008年开始强力推进素质教育，要求学校尽快从"时间＋汗水"转变到"科学＋规范"上来。我意识到，素质教育的时代来临了。2010年11月26日至12月4日，我有幸参加了枣庄市第六期初中校长提高培训班。本届校长培训班是由滕州市教育局和枣庄学院委托华东师范大学举办的。在上海，我们聆听了季国强、李政涛、金忠明、郅庭瑾、席居哲等教授对教育法规、教学理念的解读，也聆听了刘国华、徐阿根等身居教育教学一线、具有丰富实践经验的名校长的办学策略，还实地参观了上海市两所素质教育特色学校——上海市长征中学和上海市进才实验中学，这让我大开眼界，深受启发。

我在北辛中学工作期间，在赵联普校长的带领下全面贯彻落实国家教育方针及省素质教育精神，坚持以教学为中心，全力推进素质教育，成功创建了省教学工作示范学校，实现了办学层次的跨越式发展和教学质量的稳步提高。学校先后获得了全国科普教育示范基地、全国青少年文明礼仪教育示范基地、十一届全运会志愿者服务先进单位、中国教育学会"十一五"规划课题研究先进单位、山东省艺术教育示范学校、山东省艺术教育工作先进单位、山东省首批校本培训实验学校、山东省校本培训示范学校、山东省教师远程研修组织工作先进单位等170多项市级以上荣誉称号，连续6年获滕州市办学水平督导评估初中学校第一名。

梅贻琦说，没人会佩服一个不懂教育的校长。领导力就是按照规律办事，不能蛮干。

教育有自己的规律。其中一条就是围绕教学，围绕老师，围绕学生。如果忽略这个中心，就可能出问题。西南联大所处的环境恶劣，不论多么困难，梅贻琦都是把教学当作中心，保持教学的连续。不能过分强调上级布置的工作，忽略教学，尽量减少老师的行政事务，尽量减少临时工作，尽量不打断正常教学。北京师范大学原校长王梓坤定的一条规矩：行政部门找任何教师开会，必须在下午4点后，不能占过多的时间。科研是大学的核心，教师是科研的核心，没有教师的努力科研，哪有什么大学。学校的教学永远是核心，不能随意耽误教学。

要懂学生，爱学生，孩子的事都是大事，宿舍、食堂、课外活动，事事关心。梅贻琦就是爱学生的模范。抗战时期，学校经费紧张，梅贻琦把校长补贴取消了，日子艰难，他夫人在校门口摆摊卖糕点补贴家用，梅贻琦给糕点取名为定胜糕，坚信抗战必胜，甚至自己站摊卖糕。

领导力就是学校争取资源的能力。南开大学的第一任校长张伯苓，也是南开创办人，南开大学是私立学校，经费要自己找。张伯苓一辈子就做一件事：筹钱。校长能够向外界争取，帮助学校，帮助老师，争取经费，争取荣誉，争取各种培训，肯定是受人尊重的。

第三节　团队是核心竞争力

一个学校中最忙的人是谁？肯定是校长。几千人的学校事务繁多，"党团工群队，老少病离退，吃喝拉撒睡"，样样要抓，事事要管，千头万绪，校长就是不睡觉也做不完。如果把学校比作一列火车，校长就是一个火车头，中层就是车厢，乘客就是老师与学生，要把乘客安全送到目的地，就必须有完美的火车，就需要火车头与车厢的完美组合，这个组合就是团队。

一个好团队是什么样子？

1921年，中国共产党员只有21人，现在有九千多万人，抗战胜利，成立新中国，中国共产党为什么能够成功？因为几千万人都认同一个价值目标：为人民服务。为了这个目标，从领袖到普通党员，团结又默契，几千万人为同一个目标奋斗，凝聚成巨大的力量。

学校部门很多。政教处、教务处、总务处、学校办公室、团委、工会、年级组、教学辅助部门、实验室、图书室等，大家一定要有团队精神，默契的团队一定是志同道合的，毛泽东在《为人民服务》中说："我们这个队伍完全是为着解放人民的，是彻底地为人民的利益工作的。"

校长是火车头，为团队指方向，一个好团队必须有共同愿景。有共同愿景，大家就会全心全意，很容易达成一致，即使有点儿小分歧，也能很快解决。什么是默契？是无声的配合，心心相通，即使不发一言，都能知道对方需要什么。比如，在课改学习时，几个副校长、部门主任不用交流，就能自觉给对方提供帮助，力量用到一块儿，绝不会有人拆台。

愿景应是大家都认同的。孙子兵法说，"上下同欲者胜"，"道者，令民与上同意，可与之死，可与之生，而不危也"。上下同欲者胜，就是大家都认可，不是天方夜谭。滕州是一个县级市，如果说要把滕南中学办成全国的名校，显然不现实。如果说把滕南中学办成枣庄名校，甚至山东名校，大家都会认同。

我的愿景就是"四个一"（关注每一个，激励每一个，提升每一个，成就每一个）。要实现这个愿景，就要有一流的教学理念，要不断地学习，吸收各种先进的知识。读书，不仅仅是考试，更是生命的洗礼，培养健康的体魄，高贵的灵魂。为了这个目标，就要建设干净的教育生态，洁净的学校环境，纯洁的育人气氛，高效的管理制度。要有一支敢打硬仗的教师队伍。

一个好的团队不但愿景是相同的，还要有明确的分工，充分理解一把手与二把手的角色。

明朝的朱元璋被称为"鸡鸣天子"，鸡一叫，就起床，朱元璋废除了宰相职位，什么事情都自己干。根据史书记载，洪武十八年（公元1385年）九月，朱元璋8天之内批阅奏折1660件，处理国事3391件，平均每天看200多奏折，处理400多件国事，朱元璋在遗诏中说："三十有一年，忧危积心，日勤不怠。"

为什么朱元璋事事躬亲？因为他不相信别人，宰相胡惟庸背叛他，开国名将蓝玉造反。朱元璋废除中书省，不再设宰相。没有宰相，等于砍了自己的双手。

朱元璋是一把手，宰相是二把手，一把手包干二把手的事。朱元璋能行，对于懒惰的子孙来说，就苦不堪言，所以，明朝的奇葩皇帝最多：明熹宗被称为木匠皇帝，明世宗修道不上朝……

学校的团队成员包括校长、书记、副校长、部门主任，还有党建、工会等，当校长的，一定要摆正自己的位置，千万不要越权。

一把手做啥？一把手要思考，盯方向，是掌舵的，其他人负责划船，一把手管结果，过程是其他人的事情，业务交给业务校长、教务主任、后勤主任。校长管什么呢？看学生的成绩好不好，是否吃得好、吃得安全，至于怎么好、怎么实现安全就是后勤校长与后勤主任的事情。过程是他们管的，如果校长在食堂指手画脚，师傅就手足无措，不知听谁的，后勤主任也六神无主，这样的团队一定会出问题。

面对利益，更加不能有私心。比如基建的利益很大，要放心交给团队管，千万不能抢过来管。我在几个学校当过校长，学校的基建规模都比较大，西岗中学、滕南中学，这些学校都有大规模基建，资金量很大，我都交给分管的校长主任，自己只管规划、进度、结果。一定要相信团队的成员，也一定要放手授权，不能恋权，不能有私心。每年招生的时候，不少家长慕名报名，这些事情也要交给分管的校长，不能插手，插手就破坏了团队分工，也分散了不少精力。

角色定位越明确，团队的整体效能就越大，潜能也就越大。校长是战略的决策者，统筹全局，规划长远。

团队的"油门"在哪里？要让团队这么多人保持斗志，不是一件容易的事情。司机不但要把握方向盘，还要不停踩油门，不断地激励，才能不断前行。团队的士气一旦高涨，根本无法控制。抗美援朝战争的胜利，靠的就是中国人的爱国激情和团结一心的力量。

自己带头冲在第一线，激情感染他人。1991年以来，我对教育事业始终有一份激情和执着。时刻有"想干事"的激情，有"要做就做最好"的毅力，扎实认真，将精益求精、追求极致的"工匠精神"贯彻到每一项工作、每一个细节中。我经常挂在嘴边的一句话是：校长有激情才能感染教师，教师有激情才能感染学生，学校有精气神才能打造激情燃烧的校园。"抓好常规出成绩，抓好特色出名气"，不管是在北辛中学、西岗中学，还是至善中学，抑或是滕南中学，我都坚持实行精致化管理，打造

"洁净校园、秩序校园、生态校园、和谐校园"，以达到干干净净、安安静静、整整齐齐、板板正正的目标。

深化学校教育改革的同时，我带头学习。三十年来，我经常利用课余时间认真钻研，不断探索，积极投身于教育教学研究。长期从事全市家庭教育讲师团、全市校长培训班和中小学骨干教师培训班的教学工作。多年的教育教学研究，使我的学术水平大大提高，让我积累了丰富的教育教学和基层学校管理经验。在新课程的实施、教学改革的推进中，我基本上能够做到游刃有余、得心应手。

周恩来总理曾说过，要求别人做到的，自己首先要做到，不能有丝毫的特殊。我多年来一直恪守着"要求别人做到的自己首先做到，要求别人不能做的自己坚决不做"这一原则。坚持以学习促提高，以正己树形象，用实干带实干，用创新推发展，在追求工作实效上下功夫。同时，在学校工作的重大决策上，认真听取其他同志的意见和建议，待人处事公正民主，评优选模公开透明。对教师的困难疾苦热情相助，全力为教职工营造舒心的工作环境。

正是几十年来，我充满激情地工作，感染了团队，团队也始终保持着高昂的斗志。

论功行赏要公平。

对于学校的团队，分管做得好，就要奖励。如分管基建的，工程质量好、速度快还省钱，就得奖励；如果工程质量差，拖延工时，还浪费钱，就得惩罚。学校要做好，校长要舍得"分糖"，分给一起努力的人。如果校长自私，把糖独吞，最后就会成为孤家寡人。

"全营一杆枪"，学校部门的目标都是一个，部门应该互相帮助，所以论功行赏的时候，就要考虑团队的贡献。第一就是个人的直接贡献，比如业务校长考核教学质量，后勤校长考核食堂，等等；第二就是你为他人的成功做出了贡献，比如后勤校长为业务校长做了什么；第三就是你得到了他人的帮助，比如业务校长得到了后勤校长的帮助。这种考核制度考核的是团队精神，可以激发团队力量，如果只考虑个人，很可能内讧，甚至抢功。墨子对人性的洞察极为深刻，"交互利"，就是团队之间互相帮助，这是团队建设的关键。

注意团队建设活动，要充分发挥党组织的作用，增强团队凝聚力。

我在至善中学主持党务工作期间，提高政治站位，履行第一职责，推进"两学一做"学习教育常态化、制度化，开展"四讲四有四比""一个党员一面旗帜"承诺亮诺、"双培养"工程等一系列"党建+"活动，使支部的堡垒作用和党员的先锋模范作用得到充分发挥。立足学校党建特点，突出立德树人功能，开展党建与教育教学工作深度融合课题研究。"知行合一，善育人生"德育一体化体系实践探索已见成效；"党建带团建，团建带队建"衔接教育参评全市"十佳基层党建突破项目"，中学少先队"3+N"团队衔接模式已在全国产生一定影响。团中央、团省委多次来校调研，《中国中学生》和《山东少先队》多次刊发学校"以党带团，以团带队"先进做法。2017年10月10日，共青团枣庄市委在至善中学召开中学少先队推进现场会，将"3+N"团队衔接模式向全市推广。2017年12月，在全国少先队辅导员风采大赛上，至善中学"以党带团，以团带队3+N"团队衔接育人模式荣获一等奖，为我省赢得了荣誉。学校党支部被市委组织部确定为全市"两学一做"学习教育示范点，被局党委表彰为学习教育模范单位。

党支部书记是第一责任人，亲自抓谋划、抓推动、抓落实。召开专题会议，研究推进党建工作，列支党建工作经费，配备党务工作者，建立支部书记抓党建工作的责任清单、问题清单、任务清单。年初制订党建工作计划、学习教育排档表、学习讨论计划，学习研讨经常有效，党员学习资料齐全。配备了党员活动室，落实"四定两挂一戴"要求。开展党支部建设提升行动，被滕州市委教育工委推荐参评枣庄市基层党建示范学校。重大事项议事决策让党员参与，开展党员校外红色实践活动，在教师节表彰优秀党员。支部书记、普通党员联系实际讲党课。

落实"三会一课"制度，每月28日左右按照要求认真开展主题党日活动。活动有方案、有议程、有心得，全体党员按时参加。按时召开专题组织生活会，开展民主评议党员工作，按时将活动开展情况上传"灯塔—党建在线"。

学校以教育教学为中心。学校党建工作充分发挥统领保障职能，提供精神动力，营造文化氛围，确保教学中心落到实处。学校坚持将党建工作和文化建设、教育教学工作深度融合，使其互融互通、互促互进，同频共振、同步发展。

实施三个带动，干部带党员、党员带教师、教师带学生。党员教师带头上立标课、示范课。亮身份、树形象、作表率。划分党员责任区，定岗定时、定目标、定责任。设立党员示范岗，开展"向典型学习、向榜样致敬"学标对标活动。落实"双培"要求，实施"青蓝同盛"工程，注重从优秀中青年教师、学科带头人中发展党员，把党员培养成教育教学骨干。

学校建设了党建e站，开通"智慧党建"学习平台，将党建文化融入党员的日常教育培训中。建设了雷锋广场、法治广场、禁毒教育基地、消防科普教育基地、阅读文化长廊和红色大讲堂，引领师生"寻梦""筑梦""追梦"，共圆中国梦。组织在职党员进社区"双报到"。深入社区、机关、医院、学生家中，进行社情民意调查，倾听群众心声，开展社区志愿服务活动。参加党风政风行风热线节目，及时解答听众提出的问题。创新"党建带团建，团建带队建"衔接育人模式，拓展党员、团员、少先队员教育学习空间。团总支开展"五四精神传承有我"青年节活动、学习抗疫精神系列活动、"向国旗敬礼 做文明中学生"活动、为祖国点赞征文评选、少先队建队70周年活动、"传承红色基因，争做当代好少年"等形式多样的德育主题教育活动，引导师生知党史、感党恩、跟党走。全面提高党建工作质量、文化传播质量、师德建设质量、服务群众质量。只有在党的领导下，才能建立强大的团队。

第四节 "精·和"文化是软制度

学校管理有三个境界。

第一个是经验境界。完全根据经验来管理,一切都沿袭过去。平时忙忙碌碌,应付许多琐事,没有时间学习。经验支离破碎,随心随意。想做什么就做什么,拍脑袋决策,常常朝令夕改。

第二个是管理境界。定各种制度,经验逻辑化、理性化,一切有条不紊。善于学习先进的理念,学习先进的管理,把学校管理得井井有条。

第三个是文化境界。用文化教育人,这是最高境界。

首先构建理念层面的文化。

文化的核心价值观是在一个民族、一个国家、一种组织的整个价值体系中处于中心地位、具有主导作用的价值取向,它集中体现着人们关于个人、家庭、国家乃至人类社会的终极理想,左右着人们在政治、社会、伦理、审美、历史领域对于是非、善恶、美丑、正邪的基本判断。文化的核心价值观是人们在长期实践活动中逐渐形成的一种主流社会意识形态,它主导着人们普遍的文化认同倾向,所以,文化的价值观并不只是经典文献中的理论学说,也是绵延在普通百姓世俗生活中的思维方式与行为方式,它具有广泛的社会基础和恒久的历史传承性。

北京师范大学教授顾明远先生指出,学校要有文化底蕴,文化底蕴越深厚,学校的基础越深厚。大学本来就是文化的产物,是研究文化、创造知识、创造文化的场所。一所大学如果没有文化底蕴，是创造不出新的文化来的。北京大学的"思想自由，兼容并包"，清华大学的"自强不息，厚德载物"影响了一代又一代人，要持久地办一所好学校，必须有文化。文化是心灵的信仰，是人性的唤醒，是生命的终极价值，文化就像毛细血管，遍布校园的每个角落，渗透在师生的一言一行中，它像制度，又不是制度，像润物细无声的春雨，涵养着每个人的心灵。一所大学是如此，一所中小学也是如此。

企业界流传着一句话：一流企业做标准，二流企业做品牌，三流企业做产品。实际上，教育事业也是如此。三流的学校靠校长，二流的学校靠制度，一流的学校靠文化。文化管理是学校管理的最高境界，是凝聚人心、提高学校文明程度的重要手段。独特的校本文化则对师生的人生观、价值观产生着潜移默化的深远影响，对于提高师生的人文道德素养，培养新时代人才具有深远意义。

一些历史悠久的学校，必定会形成比较浓厚的文化底蕴，学校要根据自身的历史文化，结合当地的地方文化和中华传统文化，开发适合本校的校本文化。

具体来看，校本文化的构建有两条路径：

第一，凭借校本文化资源构建校本文化。校本文化资源包括学校早期特有的理念、精神、体制、机制、制度，独特的地理、地貌，独特的意义深远的历史事件，特有的人物及人物故事，特有的建筑、特有的文物以及专业特色等特有资源，等等。由于校本文化资源具有唯一性和不可复制性，因此，借助校本文化资源而构建起来的校本文化，其他学校无法同位复制。北京大学的"思想自由，兼容并包"文化、盐城职业技术学院的"铁军文化"、常州轻工职业技术学院以邓建军精神为核心的学校文化、南京工业职业技术学院的黄炎培文化、武汉大学的樱花节，都属于这一类型。

第二，基本不借助校本文化资源，而是将某个项目、某种文化或某种文化活动做到极致——其他学校虽可同位复制，但难以复制。浙江经济职业技术学院自1998年起积极倡导"以诗教为特色，兼融诗书画，并蓄文史哲"的人文素质教育，形成了"西湖梦寻"人文之旅、"爱我中华"诗词吟唱晚会、"诗国青春"诗词楹联灯谜会、"江南毓秀"名家书画笔会、"明德励志"文化讲堂等五大品牌，其总体设计坚持"立德为本、人文兴学、立足校园、深化理论、服务社会"的工作思路，该诗教文化获得了2007年度全国高校校园文化建设成果特等奖。由于其文化某种意义上已经做到了极致，其他学校难以轻易复制，因此，该院诗教文化也就成了其校本文化。

最适合的校本文化是什么呢？

滕州历史源远流长，古为"三国五邑"之地，素有"滕小国"之称。据史料记载，这里曾是炎族的摇篮，《禹贡》中的徐州首府，建立商王朝的策划地。境内北辛文化遗址、滕国故城、薛国故城、毛遂墓址等众多历史古迹，可以使我们找到中华民族古代文明赓续演进的足迹。滕州物华天宝、人杰地灵，有"东方雅典"的美称，从古滕大地上走出了墨子、鲁班两位世界级的历史文化巨人，他们创造的班墨文化，其影响已超出了县界、省界、国界，已成为全人类共同的精神财富。著名国学大师季羡林曾专门为滕州题词"墨子鲁班，善国双圣"。国学大师任继愈题词"鲁班故里"，并发出了"滕州一地有墨子、鲁班两位伟人，足以为地方文化添光彩"的慨叹。

从班墨文化中，我总结出"精·和"校本文化。"精·和"谐音"荆河"，取义"业精人和"。几十年来，我秉承精益求精的工匠精神，和而不同、和合相长的价值取向，逐步形成了"精·和"文化。"精"是做事的追求，包含精心造就精致、精致铸就精品、精品成就精彩三重含义；"和"是做人的境界，意为和而不同促包容，和合共生促创新，和合相长促发展。这既符合新时代"立德树人"的教育追求，又能解决教育环节中"教师"发展的关键一环。

文化无所不在，无所不包。文化对人的影响无处不在、无时不在。它影响着学校里每一个成员的价值信念和个体成长，也影响着学校的发展路径和终极追求。

我的教育思想，承袭墨子的兼爱，兼爱与古代大教育家孔子提出的重要教育主张"有教无类""因材施教"相同，都是大爱。

"有教无类"出自《论语·卫灵公》，意为对任何人都给予教育，不分高低贵贱。"因材施教"出自《论语·先进》，意为针对学习的人的能力、性格、志趣等具体情况，施行不同的教育。在"三水"育人模式引领下，西岗中学教学质量得到了整体的提高，取得了"水涨船高"的效果，学校的整体发展、老百姓对学校的认可度"水到渠成"。作为古老而朴素的教育观，"三水"模式是"有教无类"的新时代表达，是我的"人人发展"理念的萌芽。

早在春秋时期，教育是贵族的专利，教育所服务的对象是贵族子弟，平民百姓是没有权利接受教育的。孔子设立私人学校，开门招生，打破了这一格局，开辟了我国教育事业的新篇章。自此，所有人都可以接受教育，不论贫富、贵贱、智愚、善恶等，教育面前人人平等，人人都有接受教育的机会和权利。

孔子言行一致，他门下弟子三千，来自春秋各国各个阶层，有贤有愚，有贫有富，有乡村野人，也有贵族子弟，还有在当时社会不入流的商人，孔子对他们都是一视同仁。

"有教无类""因材施教"是中国教育史上的里程碑，具有划时代的伟大意义，两千多年来，一直对我国的教育事业发挥着重要指导作用。

作为一名师范生，早在上学期间，我就系统地接受了先贤的教育熏陶，并形成了教育理想：上好每一节课，教好每一个学生。走上教育教学岗位后的数十年间，我把"有教无类""因材施教"作为教育教学工作的指导思想，先后提出了"三水"人才培养模式、"两个一""四个一"育人主张，并逐渐形成了"人人发展"的教育理念。

"人人发展"意为让每个人可能、可为、可发展，旨在点燃每个人的发展激情，让每个人都奋发有为，让每个人实现各得其所的适宜发展，让每一个人实现在原有基础上的提高、在提高基础上的发展、在发展基础上的超越。

"人人发展"教育理念强调面向人人、人人有才、人人成才。教育的本分和追求，不仅是要做到"一个也不能少"，更要努力做到一个都不能掉队，让每个人都体验教学的快乐，实现各得其所的适宜发展。

人人发展的重点之一是学生。教育面前都是才，教师眼里无差生。承认和尊重学生差异，但不认为有哪个学生不能发展。人终身都处于发展变化中，面对成长过程中发展状态各异的学生，如果简单分类为"优生""差生"，有悖于素质教育思想理念。

学生永远处在发展变化之中。所谓"差生"，或是在行为习惯上有些毛病，或是在学业、某个学科上暂时滞后，抑或是在个性爱好上有某些缺点。每一个学生，不仅是家庭的希望，而且是国家和民族的未来。教育者的爱心、善导、发现和启迪必然催生每一个人的健康成长和无限发展。学生基础差的强化基础，习惯差的注重养成，表现一般的促其提高，成长优秀的激励超越。

人人都有发展强项，人人都有发展弱项；人人都有潜能，人人都能发展。"大家不同，大家都好。"

人人发展的重点之二是教师。学校提供一切可能的条件培养锻炼教师，搭建施展个人才华的平台，促进每位教师的专业化发展，让每个教职员工不仅有自己的工作空间，更要有自己的发展空间，让大家都找到在平凡岗位上创造不平凡业绩的感觉和希望。

只有让每个教师在原有的基础上，在品德修养、教学能力和授课水平等方面有所提高、有所发展、有所成就，才能使学生真正感受到校园生活的魅力，让学生跟着教师"水涨船高"，使教育质量实现真正意义上的完善和提高。

人人发展，发展才是硬道理。只有人人发展，全员发展，全面发展，学校才能发展。

构建行动层面的文化。

如何把理念层面的文化，化为行为层面的文化，这是一个大问题。大多数人仅仅把文化停留在理念口头上。几十年来，我坚持用"精·和"文化引领学校发展，以"精·和"为准则，构筑具体有形的行为文化。文化变成习惯，变成生活方式，无论是老师、学生，还是学校职工，都应自觉地实践"精·和"文化。

"精"是做事的追求，"和"是做人的境界，符合新时代"立德树人"的教育追求。坚持培养新时代合格教师，打造一个个名学科团队，发挥团队优势，实现整体创优，促进共同成长。无论是顶层设计，还是实施过程，都贯穿着认真做好每一件"小事"的态度和团结协作开拓创新的精神，多角度助推滕南中学教育品牌的缔造。

多年来，滕南中学积极培育独具特色的"精·和"校本文化，将校本文化渗透到学校教育教学管理的每一个环节、每一个过程、每一位师生，化为学校持续发展的内生动力。

滕南中学"精·和"校本文化的内涵，包括几个方面：

校训：精益求精，和合共生。

校风：精无止境，和而不同。

教风：精心育人，和合相长。

学风：精以为学，和以为人。

南中精神：做"业精人和"的南中人。

滕南中学现有114个教学班，在校学生6300余人，正式教职工260人，顶岗交流教师120人。规模大、质量高，肩负着各级领导和广大家长的高期待。

三年来，学校深入开展师德师能教育，全面提高教师队伍综合素质。"三名"工程，推进教师的专业化发展；"问题导学，当堂训练"智慧课堂，提高教师课堂教学能力；"精·和"新课堂，协助教师落实新课堂达标活动，稳步提升教师教学质量；深化"361"课程体系建设，提高教师课程开发能力。

一晃三年而过，如今的滕南中学已实现了美丽蜕变，因办学规模大、教育质量高、社会影响好，已经成为枣庄市初中教育的窗口学校。近年来，学校先后获得全国学校体育工作示范学校、全国青少年校园足球特色学校、全国青少年学生法治知识网络大赛杰出组织奖、全国零犯罪学校、国家级国防教育特色学校、山东省地震科普示范学校、枣庄市文明校园、枣庄市"五四红旗团总支"、枣庄市素质教育先进单位、枣庄市花园式学校、枣庄市信息化校园、枣庄市教学示范学校等荣誉。

校园文化是学校的根、学校的魂，最有诗意，最有生命的气息，干净的地面，茂密的树木，朗朗的读书声，踢球的孩子，礼貌的学生，人人洋溢着笑容，走路从容自信，到处充满勃勃生机。

文化是强大磁场，是巨大的凝聚力。学生们想着上学，毕业生怀念母校，家长赞不绝口。

如果说制度是硬文化，那么文化是软制度，二者相互依存。没有文化的制度，冷冰冰的，没有人性温度。没有制度的文化，没有骨头，没有依托，没有守护，如无根的云，缥缈不定。一种文化如果只停留在理念层面，那么永远是空中楼阁，落实到行为才是接地气的文化。行为如果没有文化的浸润，永远是粗俗的，只有渗透文化的行为才是高雅的。

第三章
教师是第一资源

　　人才第一观是"精·和"文化的核心之一。师资是学校最核心的竞争力。学校之间比拼的,最终还是教学质量,教学质量最重要的决定因素就是老师。"尚贤"是墨子最重要的主张。墨子的"贤良之士"是什么标准呢?墨子认为"贤良之士厚乎德行,辩乎言谈,博乎道术"。"厚乎德行"就是道德水平要高,"辩乎言谈"是善于表达,"博乎道术"就是专业能力强。培养师德,激发教师活力,发展教师专业能力,这是"精·和"文化在人才培养中的具体表现。

第一节　爱是好教师的第一素质

为什么师德如此重要？因为孩子总是模仿成人。老师是他们模仿最多的人。

分数、技能、快乐、金钱都很重要，但是最重要的是道德，道德是1，其他的是0，只有道德存在，其他的才有意义。老师就是可以塑造孩子道德的人。

30多年的教育经历，我刻骨铭心的感受就是一个字：爱！

电影《为人师表》讲述了一个伟大老师的故事。这个老师叫做海梅斯，他是玻利维亚人。1963年，国家动荡，海梅斯全家移民到美国谋生，一家人通过在餐馆洗碗，在电子厂打工来维持生活。44岁，海梅斯终于考取了教师资格证，他被分配到加菲尔德高中——当地最差的公立学校，95%的学生都来自贫困家庭。这些学生说脏话、不读书、打架，根本不上课，有的人还大喊："我只想上性教育课，不要什么数学。"海梅斯没有鄙视他们，心怀大爱。他发现，这些玩世不恭的孩子其实很有上进心，他们想学，渴望认同，但是自卑。

海梅斯开始想尽一切办法改变他们。为了与孩子打成一片，他开始玩角色扮演，甚至带着菜刀进课堂。奇迹出现了，孩子们不再胡闹，竟然听他的话，认真学习，成绩一点点提高，很多学生考过了难度极大的微积分，考上美国的名校，从此改变人生，创造了教育奇迹。海梅斯被评为北美最佳老师，荣获杰斐逊奖、自由精神奖，里根总统颁发给海梅斯"教育卓越奖章"，第5095号小行星被命名为"海梅斯"。2010年他在埃斯卡兰特去世，美国邮政局发行了海梅斯纪念主题邮票。

海梅斯是世界上最伟大的教师之一，用爱改变了堕落的孩子。

新西兰教育学者约翰·哈蒂花了15年研究影响学业成就的138个重要因素：家庭、学生、学校、教师、教学、课程等。其中，师生关系位列第11位，也就是"亲其师，信其道"。其中影响师生关系的最重要因素就是爱。

老师爱学生，学生爱老师，学生就会因为喜欢老师而努力学习，学生就会主动克服困难，就会有浓厚的兴趣，有更坚强的意志。爱能触发学生内在的潜力。

爱不仅仅影响成绩，还影响孩子的情感与世界观，对于孩子的性格形成有很大的影响。特别是对学习成绩不理想的学生，更是有意想不到的效果，有人说，这样的孩子没救，他们没有学习能力、没有前途、自暴自弃等，其实他们有内在的进取心，只是需要被唤醒。

我担任了十几年的班主任，所带的班级多次被评为枣庄市级优秀班集体。刚当班主任时，我发现总有几个学生很顽劣，拉帮结伙，爱打架，经常外出上网，是班中最不稳定的因素。"治病找病根"，只有深刻了解他们，才能对症下药。学期一开始，我便骑上自行车逐个家访，了解他们的家庭状况和在家的表现。接下来，我针对了解到的情况，找他们进行细致的谈心，进一步了解他们的内心世界。通过谈心，我发现他们每个人都有热情、上进、充满义气和自尊的内心。彻底改正他们的坏毛病，让他们把精力用在学习上是关键。于是我经常给他们单独辅导，鼓励其上进，帮助其树立自信心，然后又给他们安排了几个成绩优秀、乐于助人的同桌，给他们创造了良好的学习环境。我还分别对他们"委以重任"，充分发挥他们对班级的热情和对同学的义气，让他们担任卫生委员、模拟班班长等职务。这样一来，他们渐渐地融入了班集体，消除了自卑感，对学习产生了浓厚的兴趣。这样，我的班级管理便井井有条了。

每个学生都是孩子，都需要关心，不能用固有的观念看待他们，不能简单给学生戴帽子下定论。有的学生内向不说话，不能说他胆小；有的学生书写潦草，不能说他无才；有的学生学习不好，不能说他没出息。每个人都有闪光的地方。谁都有缺点，谁都会犯错误，所以不能简单地批评。特别是初中学生，处在世界观形成的阶段，稚嫩懵懂，他们渴望爱，渴望大人的指导。

教育是生命影响生命，教育是一颗心唤醒另一颗心，是以一颗真心换另一颗真心。哲学家罗素指出，一个理想教师的必备品质是爱他的学生，而爱的可靠征兆就是具有博大的父母本能，如同父母感觉到自己的孩子是目的一样，教师感觉到学生是目的。要爱很难，一个人与自己非亲非故，无恩无怨，如何爱他？但这是老师的职责。教育为什么能够成功？就是因为无功利的爱。记得我上初中时的县域中学，条件很差，大家很穷，但是气氛很好，老师像父母，同学如兄弟姐妹。大家没有血缘关系，但是互相照顾。有的老师无偿给学生补课，晚了煮点儿宵夜，有的对孩子很严格。社会青年欺负学生，老师们挺身而出。老师们都很朴实，不戴有色眼镜，不管贫富背景，一视同仁，不管嘴巴甜不甜，都会悉心教导，无私奉献，对于县域的少年来说，老师的爱就是人生的微光。我调往西岗中学后，一直本着爱学生的宗旨，努力工作，尽量用爱的光辉照亮孩子的路。

教育不是一门生意，自古就不是。孔子就是一个伟大的老师，他的学生有贵族，有商人，还有平民。他最得意的弟子子贡是一个富裕的商人，子路是一个穷人，孟懿子、南宫敬叔、司马牛等是贵族，甚至还有"大盗"出身的颜涿聚。孔子给贵族学生与平民学生的爱是一样的。何等伟大啊！

现在有的老师很功利，家庭富裕孩子可以得到更多的关注，家庭条件一般的学生却得不到关心，那些活泼嘴甜的学生更容易得到老师的爱，木讷的孩子无人关心……总的来说就是，人情味少了，功利味多了。

习近平要求教师"有理想信念，有道德情操，有扎实学识，有仁爱之心"。爱是什么？爱是真诚的付出，爱是不求回报，爱就是温暖的风，爱是安全的港，爱是美丽的情感，爱是无用的牵挂，爱是悲喜的纠缠，爱是深沉的希望。

墨子的兼爱就是大爱，老师的爱就是兼爱。

好老师是人生的导师。韩愈《师说》："师者，所以传道受业解惑也。"传道解惑就是人生的导师。我们为什么要上学？因为人生漫长需要指导，这样才能少走弯路。洛克是17世纪英国著名的教育思想家和哲学家。他提出白板说，认为青少年的心就像江河的水，十分柔软，让它变成什么就是什么，一点儿不费力。幼儿的心灵就像"一块白板或一张白纸"，想涂抹什么都可以。

如果老师是正直的，学生就涂抹正直，就把正直当作人生的路，如果老师是邪恶的，学生就把邪恶当作人生的路。如果老师教他勤劳无私，学生的人生就乐于助人；如果老师教他自私自利，那么学生当官了就易贪污，生意就可能搞假冒伪劣，唯利是图，做一个普通的劳动者可能就"磨洋工"。老师教学生走的路，就是学生未来的路，教学生做的事，就是学生未来要做的事。老师教的是现在，影响的是未来。

爱学生的老师一定要给学生涂抹高尚的品德，有爱心是好老师的第一要素。

第二节　用"心"留住老师的"心"

很多名校爱才，全世界到处抢人才，只要有才，不仅费用全免，学校还会表达感谢说："感谢你来读书！学校因为你的到来变得更加丰富。"你看，只要你有才，学校就无比尊重。学校尊重人才，人才自然回馈学校。

这就是墨子提出的尚贤，发自内心尊重人才。

如果用这个态度尊重老师，老师就会用自己的才能回馈学校。

办好学校三个积极：校长积极，老师积极，学生积极。校长要干什么？要让老师积极。老师要干什么？要让学生积极。

老师的重要性怎么说都不过分，联合国教科文组织提出一个口号："复兴始于教师。"教师决定课程的质量，决定课堂的效率，决定孩子的成绩，决定孩子的人品。可以说，教育的问题直接或者间接与老师有关，而教育小点儿说为个人、孩子、家庭，大点儿说为国家、社会。

古人云："致天下之治者在人才，成天下之才者在教化，职教化者在师儒，弘教化而致之民者在郡邑之任，而教化之所本者在学校。"习总书记指出，一个人遇到好老师是人生的幸运，一个学校拥有好老师是学校的光荣，一个民族源源不断涌现出一批又一批好老师则是民族的希望。可以说，教师是教育的第一资源，高质量的教育来源于高质量的教师队伍，办好人民满意的教育的前提是有人民满意的教师。教师的重要，就在于教师的工作是塑造灵魂、塑造生命、塑造人的工作。推进素质教育，打造教育的核心竞争力，全面提升教育质量，建设高素质的教师队伍是关键。

教师是向受教育者传授人类社会积累下来的文化科学知识和进行思想品德教育，把受教育者培养成社会需要的人才的专门人员，教师无论是言教还是身教都会影响学生。中国著名教育家叶圣陶先生提出，教师的基本职责不局限于传道授业，还更关注学生灵魂与身心的塑造；教师作为学校教育的关键节点，承担着对学生灵魂和行为"二次塑造"的责任，重要性不言而喻。

教师的行为会影响学生品德的养成，教师是学生模仿的对象，具有强烈的暗示和感染力量。教师要让学生知道，什么行为是可取的，什么行为是不可取的。孔子说过："其身正，不令而行；其身不正，虽令不从。"就是告诫领导者必须行为慎重。领导者本身的行为正当，即使不用命令，人们也会自然而然地效仿其行为，走上正道。但是，如果领导者本身的行为不正当，胡作非为，即使下了命令，人们也是不会听从的。教师是班级的领导者，如果没有高尚的品德，不仅教育不出具有良好品德的学生，而且会对学生造成不良的影响。正如加里宁曾经说的，教师的世界观，他的品行，他的生活，他对每一现象的态度都这样或那样地影响着全体学生。这点往往是觉察不出的。但还不止如此，可以大胆地说，如果教师很有威信，那么这个教师的行为对学生的影响是深刻的，有时甚至是一辈子的。

只有教师拥有强烈的责任感和使命感，这所学校才会有强烈而持久的发展内驱力，才能不断创新办学理念和育人方法，进而为学生成人成才、教师成名成功、国家繁荣昌盛做出贡献。作为一名教师，应该负责任。每位教师都应不忘立德树人的初心，牢记为党育人、为国育才的使命，比学习、比责任、比人格、比境界；高境界做人、高标准做事、高效率工作、高品位生活，争做有道德、有责任、有良心、有信仰的人。

县域教育与城市教育的区别主要是老师，县域学校很难留住老师，现在很多中学都聘用名校毕业生当老师，这些中学经济实力雄厚，办学条件好，生活方便，这是县域中学很难比的。县域中学的老师已经没有以前的光环，社会地位很尴尬，缺少关怀，收入也不是很高，没有职业幸福感，很多老师无法静下心来教书，西岗中学、滕南中学等我工作过的学校就曾经面临这样的问题。面对这种情况怎么办？

就拿滕南中学来说，目前要做的是依托市教体局制定的教师交流轮岗制度解决教师短缺的问题，今年从乡镇学校来我校支教交流的教师有117人，学校自聘代课教师35人。教师的流动性较大。根据城市化发展的需要，学校从2013年开始在原址上进行了扩建。学校现有89个教学班，按照山东省教师编制的班师比1∶3.7的要求，需要教师333名。学校严重缺编，个别学科教师缺口较大。随着辖区人口不断增加，适龄学生人数逐年递增，学校原有的教师编制已很难适应班额增加的需求。学校各年级专任教师183人，其中含教学协作区交流教师53人，学校聘用37人，实际专任教师缺员86人，特别是语文、英语、音乐、美术、体育等学科，缺额严重。如按编制核算，学校共缺员160人。从教师队伍结构上看，学科结构不平衡、年龄结构、学历结构不合理。学科结构上，基础学科教师相对稳定，英语、音乐、美术、体育等学科教师相对短缺；年龄结构上，滕南中学本校专任教师中，50周岁以上29人，占13%。

来本校支教的教师专业素养参差不齐，有的教师教学理念陈旧，不少教师存有职业倦怠，很多教师不能静下心俯下身去工作；聘任教师缺少经验，并且多是为了在学校锻炼以便更好地参加事业编制考试，不能一心扑在教学工作中，教师的专业化发展受到严重的影响。教师的整体状态严重制约着学校教育教学质量的提升。

师资队伍不够稳定，有的考走，有的被挖走，师资日趋紧张，部分学科有缺人现象，音乐、美术等老师更少。

从教师的职业道德素养上看，还存在个别教师责任心不强等现象。少数教师在工作中缺乏热情，不重视自身素质的提高，存在教育精力投入不足、教学态度不够严谨等问题，从而导致教学质量不高。

这么多问题，怎么解决呢？我觉得把老师留住最重要，留住老师，尽量调动老师的积极性，然后一点点提高老师的水平。就拿西岗中学来说，因为是农村中学，各方面条件差，好的老师根本留不住，他们总想进城，也容易被别人挖走，更别说招好老师了。无论是县域中学还是城区中学，老师总是短缺。

所以留住老师是当务之急。

首先，留住老师最基本的方法是尊重老师。首先要尊重老师人格，这是最基本的。我曾经遇到过年轻校长教训年纪大的老师，甚至讽刺挖苦，对于年轻老师也不太宽容，甚至随意辱骂。读书人自尊心强，注重脸面，赤裸裸的侮辱肯定是不行的，会伤人心，所以一定要给足面子。

其次，尊重老师的劳动。老师很辛苦，压力很大，有自己的喜怒哀乐。每天没有明确的工作时间，工作时间长，加班很正常；学生难管，有的还不守纪律，老师稍微处置不当，重则丢饭碗，轻则被处罚；老师不能得罪家长，社会压力大；初三的老师要面对合格率和各种考评。所以领导要体谅老师，要常关心。教师好不容易出点儿成果，当领导的不能据为己有。

最后，不能把老师看作劳动机器。不能只看合格率、招生率、及格率等，这些数字都是冷冰冰的，不能只盯着老师可怜的休闲时间，也不能动不动就罚款。大家都是读书人，要给点儿信任，不能把老师看作流水线上的工人，不能把老师看作三岁儿童。"你不要……""你应该……"听到这话，小孩子都会不舒服，何况成年人？现在很多学校把老师当孩子管。现在学校评估检查比较多，信息多，领导经常布置所谓有意义的工作，老师们熬夜工作迎接各种检查，挤占了教学时间，一天到晚一点儿自主空间都没有。给老师吐槽的机会，善待辞职的老师，不能一骂了之，这会让大家心寒。己所不欲，勿施于人。站在对方的位置考虑问题，不折腾老师，给点儿自由的时间与空间是一种尊重。

家的温暖很重要。

我刚到滕北中学时，有一天路过老师的办公室，发现女老师都带着厚衣服，搭在椅子上，但天气并不冷。我一问，才知道她们在背阴面办公，办公室里很冷，我赶紧把女同志的办公室挪到温暖的南面。

这是很小的事情，但给我很大启发。要老师安心工作，就得在小事上给予点点滴滴的温暖，学校是一个大家庭，要有家一般的温暖。我到北辛教委报到的当天，就向领导们表态："努力工作，擦亮滕北中学这块牌子！"落实"教师第一资源观"是关键，着力将学校打造成教师生活上的"心安之所"、教师工作上的用武之地、教师心灵的"诗意般栖居之地"，想教师之所想，急教师之所急，做教师的知心朋友。

在学校，教师永远是第一位的。教师的可持续发展，既是学校教育质量的基本保证，也是学校教育内涵不断提升的动力之源。艾森豪威尔说："领导是一门艺术，它让人们去做你想让他们做的事情，而且他们乐于去做。"作为校长，我像守护自己的家园一样守护着我的学校，像守护自己的亲人一样守护着我的教师们。老师是普通人，有不少烦恼，有生活的苦，他们需要温暖的阳光。

谁不喜欢冬日温暖的阳光？谁不喜欢灿烂的笑脸？谁不喜欢无微不至的关爱？要让教师感受到学校的暖，无论是在课上，还是在课下。一所好学校就是一个温暖的家庭，永远让人眷恋，让人幸福。

有调查显示：我国中小学教师一周的工作时间达54.5小时。一天在校平均工作时间为9个小时，每天晚上工作时间为1.5小时，周末平均工作2个小时。所以学校一定要保证基本的生活，不让老师操心，要让老师在学校生活得有滋有味。如果吃不好吃不饱，谁能安心上课？菜品丰富，味道可口，营养充足，谁不留恋？如果食堂苍蝇乱飞，饭菜难吃，留得住人吗？

宽敞的办公室，温暖明亮，桌椅舒适，住宿房间干净整洁，卫生间热水器等设施一应齐全，单身的年轻老师住得不挤，夫妻住得舒心。2020年，滕南中学新增立式空调16台、挂式空调4台、双人办公桌20张、办公椅40张，文件橱12个，采购了400套新型学生课桌凳、12张老师听课桌、60个老师听课凳，等等；改造扩容了校内广播系统，安装了二楼窗帘、广播、监控系统等；餐厅新购切菜机2台、消毒柜1个、餐桌50套、1.8 m木面工作台3台，新增台式机10台。同时对校园及校园周边进行了美化、硬化、绿化，为师生创设了良好的工作、学习环境。滕南中学新建了高标准的文化长廊、校园书吧，拥有教工餐厅、学生餐厅和高标准的教职工单身公寓。

"三八妇女节"是女老师的节日，发礼物，送一束花、一句问候。教师节、元旦联欢会，开展丰富多彩的文体活动，让老师增进理解和友谊，让支教教师融入学校大家庭。为教师子女入学提供帮助，让孩子享受优质的教育资源。通过看望生病或有困难的教师及其家属等形式，让他们感受到温暖，让他们有家的感觉和主人翁意识，有归属感，这增加了向心力和凝聚力。在学校工作，保洁、保安、餐厅工作人员也有责任感，感受到严中有爱，累并快乐地生活着。

学校每年都举办教职工趣味运动会，有跳绳、踢毽子等比赛；每年都安排教职工查体；为退休教师举行隆重的退休仪式；开展"慈善、爱心一日捐"活动，看望遇到困难的离退休教职工；举办"唱响新世代 共筑中国梦"教职工联欢会。

老师有尊严，就会把学校当作家，就会努力工作。人重感情，因真情而相聚，因温暖而相拥。

要谈雷锋精神，要谈奉献，教育像公益事业，但又不是公益事业，老师都在奉献，都是"雷锋"，但是绝对不能让老师吃亏，相反，要让老师得到更多。

老师们都是普通人，有家庭，有爱人、儿女、父母。我认为，一个人50%的动力来自精神刺激，50%的动力来自物质刺激。如战国时期，燕昭王千金买骨，吸引了名将乐毅，大败齐国。

公办学校老师的工资差别不大。职称与工资挂钩，高职称高工资。住房公积金、医保、补贴和取暖费、年终奖等，都是按规定发放，我们在政策允许的范围内发放福利，尽可能提高老师的待遇。

师者如兰，静溢芬芳。为师者，一支粉笔，两袖清风，三尺讲台写春秋。无论是在北辛中学、西岗中学还是在滕南中学，我用真心换来了老师的真心，学校涌现出了一批批无私奉献、爱岗敬业的好老师。他们学而不厌、诲人不倦；他们忠贞为教，严谨治学；他们呕心沥血，无私奉献，为滕州教育的发展做出了重要贡献。

他们怀揣着朴素的教育理想，为了孩子，在每一次日升日落中默默付出，在每一片云卷云舒间勤恳钻研。他们积极、阳光，他们从容、淡定，在烦琐、平淡的教育生活中，恪守教育的本真，欣赏着生命的次第开放。为了一切的孩子，为了孩子的一切，即便路上有风有雨，即便路外景色诱人，教师们朝向未来，素履以往，无怨无悔。

教师，是一个神圣而伟大的职业。教师，就意味着付出、奉献和对学生殷殷的关怀。教育是一项育人工程。要教师心甘情愿地把该做的事情做好，就要让教师有发自内心的责任心和幸福感。教师这个职业是辛苦的，也是幸福的，教师的幸福源于学生的成长。因为学校是一个温暖的大家庭，有优秀的团队，很多老师说自己是一个幸运的教育工作者，一个幸福的老师。

教育如春风般轻柔，也像雨后的彩虹般灿烂。从教十几年来，行走在教学路上，虽然十分辛苦，但是老师们默默地耕耘着自己的教育热土，收获着和孩子们在一起的点点滴滴，享受着属于自己的教育幸福。

第三节　激活老师的潜力

一定要给人希望。

年轻老师刚刚走入学校，满怀激情，上课很受欢迎，成绩也不错。不久他发现，那些不好好上课的老师，反而容易评上职称，拿到荣誉，自己干得多，也得不到认可。年轻老师激情渐渐消失，理想一天天忘却，在日复一日中消磨时光，失去斗志、丧失进取心，最终精神沦陷，越来越厌倦教育。

徒然消耗青春汗水，每天只是奉承拍马，应付不完的检查汇报评估，天天在虚假中疲于奔命，每天毫无意义的会议培训，填不完的表格，无效的PPT、微信打卡，各种各样无聊的大赛，无数的微信群，论文是抄袭的，签到是冒名的，数据是造假的。

青春、精力就这样被消耗，看不到希望。

老师的幸福密码在哪里？工作激情的密码在哪里？

秦国为什么能够强大？其中一条是军功爵制，分为二十级，第一级是公士，第二十级是彻侯。唯一的依据就是敌人的人头。一个贫穷的农民只要有敌人的人头，就可以获得土地，甚至可以成为贵族。这个制度让最老实的农民变成最勇猛、最有激情的士兵。

老师的潜力需要被激发出来，职称、晋级、评优等各种荣誉，就是其一。一方面，老师可以得到实际的利益。职称与工作挂钩，高职称可以有很高的工资,涨工资按照级别,高级职称涨得多。另一方面是荣誉,让老师有成就感,高级教师职称是对教师能力的肯定,让教师有很高的存在感、满足感。对年轻人来说,这是很大的诱惑。但是职称评选竞争大,往往争得头破血流,互相拆台。有人教了几十年,还是初级、中级,高级职称想都不敢想,这叫人情以何堪。

有人说"不评不甘,参评累心,落评灰心"。我认为,不公平的职称评选最伤害老师的激情。怎么让老师一直保持昂扬的状态?公平,只有公平,形成良性循环的名利激励,真实反映老师水平,让合乎条件的人上,不合乎条件的人不上。比如甲老师上课水平高,口碑好,教学研究水平高,人品好,乙老师不务正业,溜须拍马。如果让甲老师评上,大家都认同没意见,形成正面激励;如果让乙老师评上,就伤了所有老师的心,形成负面激励,结果大家都不努力工作,请假不上课,影响正常的教学。如果不上课、少上课的老师评上高级,没评上的累得要死,老师失望了,谁还干活。所以,要让"雷锋"式老师评上高级职称。千万别把老师埋在职称里,一定要正面激励,告诉老师,只要教好书,职称自然有,坚决堵住歪门邪道。

还要适当照顾年轻人,照顾一线老师,照顾普通老师,特别是向教学能手倾斜资源。只要合乎政策,评选过程要尽量公平。

那些证书少、荣誉少的老师怎么办?荣誉对于学校领导来说,没那么重要,但是对于年轻人、普通老师来说很重要,不但是精神激励,而且对评选职称很有用。所以,学校要帮助这些人,荣誉尽量给老师,校领导不与老师争荣誉。这几年我校老师获得不少荣誉。刘磊被认定为第二期"枣庄名师";王静、侯瑞祥、李燕、侯凤琴被评为"第二届滕州市教学名师";唐振芹报送的课被评为山东省"特色示范课",唐老师也被评为滕州市教育教学工作突出贡献个人;侯瑞祥、刘文生等多名教师的论文在国家、省级杂志上发表;韩孝霞、赵腾腾的课被评为山东省"一师一优课"优秀课例;刘文生获山东省2018年教育教学信息化大赛初中组课件一等奖；尹瑞琪、杨瑞、袁文峰、陈骁、张帅帅、马洪、刘荣、卓猛、刘亚琪获得枣庄市青年教师德育优秀课例展评一等奖；王静、张帅帅、杨雪芹、党卓、张涛、马文芳报送的课被评为枣庄市"一师一优课"一、二等奖，孔艺被评为滕州市学科带头人；杨瑞、秦晓寒获滕州市中小学教师教学基本功比赛一等奖；王烨、刘文生获得教师空间大赛一等奖。现在竞争很激烈，所以更要给年轻人机会，更要给新老师机会，让大家有被关爱的感觉，这样大家才会珍惜岗位，以饱满的热情工作。

教师的工作比较复杂，具有创造性、灵活性，这是与普通劳动不同的地方，所以，评价老师的劳动也比较复杂，不能简单考评坐班时间，不能简单考核书面材料，不能简单考核分数，不能一刀切。有的学校特别强调打卡留痕，一点儿自由空间都不给，把老师管得很死，有的学校领导随意打乱正常教学秩序。所以，最大限度地解放老师，业务让老师自己做主、决策，提高教师的职业幸福感。

给老师时间研究课题。苏霍姆林斯基说过："如果你想让教师的劳动给教师带来一些乐趣，使天天上课不至于变成一种单调乏味的义务，那你就应当引导每一位教师走上从事研究的这条幸福的道路上来。"老师要成长就要学习专业理论，"教然后知困，学然后知不足"，大家有学习的时间，有交流的时间，才能拓展视野，才能反省教学方式，才能不断地成熟起来。

让老师有时间读书学习。阅读经典的著作，增强文化底蕴，许多人平时积累太少，写东西无从下笔，写论文更是无从下手，只能勉强凑出一篇文章。只有阅读，才有积累。

让老师有时间上网搜集各种信息，让老师了解外面的世界，让老师有时间写作，只有多写，水平才能提高，如果天天填表格，哪有时间写。让老师有时间聚会，交流心得，增进友谊。

实行有利于交流教师的单独量化考核制度。多年来，在年度考核、师德考核、实绩考核等方面，滕南中学每个年级都按本校教师、交流教师分别量化，确保交流教师在三项考核和评优树先方面都能享受到公平和适度倾斜的政策。以实绩考核为例，滕南中学任课教师的 ABCD 四个等级的比例为 30%、53%、15%、2%，优等比例比农村学校高，并且规定交流教师没有 D 级，今年有 12 位教师三项考核大满贯，56 位教师被评为校级以上优秀教师。今年又实行向原学校送光荣册、喜报和感谢信等形式，增加交流教师的荣誉感和成就感。

为了全面提升学业水平考试的合格率，在学校内部的管理上，我校采取了超常规的做法：多元评价，全方位设奖。正确评价师生是风向标，学校高度重视发挥评价制度的导向作用，完善师生多元评价机制，加大了日常考试合格率、学业考试合格率的评估权重。学年初都要依据上学年学生情况确定年级合格率基数和提升目标，然后把提升目标任务层层分解到班级、学科组、教师个人，将班级、学科组、教师个人合格率及变化作为主要指标纳入年度考核。

每个老师都有自己的特长，一定要给人发展机会。

一般来说中学老师有两条线：走专业，走行政。走专业就是名师路线，学科带头人，高级老师，特级老师，骨干老师。

有的老师理想就是当名师，不愿意做行政。年轻老师先把专业做扎实，把教学成绩搞上去，一步步得到认同，参加各种比赛讲课获得奖项，积极发表论文，积累班主任经验，五年必有所得，这是名师路线。我见过一个老师，就爱教语文，就爱当班主任，他觉得与孩子打交道很纯粹很舒服，每当看到孩子写作水平提高，就很有成就感，每当看到语文分数排名第一，就很高兴。他当班主任，送走一届一届学生，学生们回来看他，他就特别兴奋。他认为教课简单，做行政复杂。

对于适于走名师道路的老师，就要设法引导其走教学的路，给他们培训的机会，让他们上各种公开课，鼓励他们写论文，鼓励他们成为特级教师。现在学校人才辈出，齐鲁名师 2 名，枣庄名师 5 名；省级教学能手 2 名，市级教学能手 11 名，市级骨干教师 87 名；研究生 23 名。师资力量全市一流。学校依托各级名师工作室,实施青蓝同盛工程,快速带动了青年教师的专业发展。近三年来考录滕南中学的 36 名青年教师均在市优质课大赛中获得一等奖。韩琦、王烨、刘荣、马亚丽、袁文峰、康艺砾、满孝珍、杨瑞被选聘为滕州市中小学兼职教研员。在 2020 年青年教师优质课比赛中,付佳惠、张冬冬、宋冉冉、张瑞、朱祥萌获得滕州市青年教师优质课一、二等奖。2021 年,我们引育并举,名师云集。一大批师德高尚、业务精湛的兄弟学校优秀教师来到我校。我校持续引进一批具有"师范专业、名校经历、研究生学历"的高层次人才,充实到育人团队,创新实施"1358"新秀、骨干、能手、名师梯队培养工程,推进"青蓝同盛工程"。学校为各级各类名师建设了高标准的名师工作室,开展新课堂达标研讨活动;采取"一对一"的点对点帮扶、"一对多"的点对面带动,促进教师的专业发展,一大批教师在省市优质课评选中脱颖而出。孔艺老师被评为正高级教师;丁梦、吕传习、郭效萍、朱述亚、陈颖、张涛、杜红、廖雨洁等老师晋升为高级教师;王开运、邵长伟、胡明明、党卓等老师被评为中学一级教师;高刚、胡明明、杨瑞、刘文生、满孝珍、党卓、袁文峰、邢艳慧、苗卉等老师被评为"滕州市教学能手",并被推荐参加枣庄市教学能手的评选。

建立教师发展长效机制,为青年教师的成长搭建舞台。一是学校为每位教师建立《专业发展成长档案》,引导教师制定专业成长规划,随时记录教师的专业成长历程。二是为各级名师和明星班主任设立工作室,引导他们上示范课、做业务讲座,发挥示范带动作用。三是积极为骨干教师创设外出考察学习的机会,要求参加学习的教师回来后都要做学习报告或上示范课,与其他教师交流学习收获,真正做到"一人学习,全校受益"。学校积极组织 80 余位教师赴泰安、苏州参加高端研修培训,更新教育教学理念。四是活动带动。每学期开展班主任论坛、现代教育技术培训、理论考试、撰写教学反思、优秀教案评选等活动。五是发挥我校作为"枣庄市第二届初中教改联研共同体"核心学校作用,在枣庄、滕州两级市教研室的指导下，以发展为愿景，以教研为中心，共享各校优质资源。在专业引领下，一批优秀教师脱颖而出。在我市第九届"十百千"评选中，我校有4位教师被评为教学能手，有14位教师被评为骨干教师，杨秋丽、卜慧敏老师被评为枣庄市骨干教师。2013年我校被评为"山东省中小学远程研修工作先进单位"。在师资严重缺乏的情况下，派出本校骨干教师到共同体学校支教。今年就选派了英语学科组长王昭旭和化学学科组长甘宜锦及枣庄优质课一等奖获得者赵腾腾到兄弟学校支教。

有人适合走行政路线，性格外向，善于处理各种复杂事情，比如喜欢参加团委工作，善于组织、善于宣传，有社会活动潜质。对这样的老师，就要引导其走行政的路，先做一个部门的副职，慢慢培养。

为了让有行政才能的老师走上岗位，干部竞聘上岗，教师公开竞聘。我在西岗中学时，率先在全市彻底打破了干部"终身制"，形成了"能上能下"的用人机制，每两年竞聘一次。按照"方案公开、岗位公开、过程公开、结果公开"的原则和"先一线，后教辅，再后勤"的顺序开展全员岗位聘任。竞争上岗让每一位教师都有危机感，这既增强了教师们的竞争意识，也让他们更加珍惜现在的工作岗位。

科学配置岗位，用好每个人。

我所在的滕南中学，随着我市城市化进程的加快和棚户区改造的实施，一是服务区范围大，二是服务区内居民集中，仅周边的大同天下、尼斯小区就有十万居民。加之荆河以南善国路以东的龙泉街道居民，因距滕南中学相对较近，大部分学生选择到滕南就读，学生每年增加300多人。正式编制教师补给不足，出现了严重缺员的局面。学校管理难度加大，教育教学质量提升举步维艰。去年学校招了29个班，1880人，全是大班额。今年严格控制人数，实现了人数较去年基本不增加的目标，滕南中学基本上没有择校生，服务区内刚需太强。今年毕业班20个，若按照标准班额设置将多出近18个班，若按班师比1∶3.7配备，需340多位教师，将面临严重缺员。

滕州市教体局积极推进教师轮岗交流工作，解决了学校师资严重缺乏的燃眉之急。去年有87位来自姜屯学区、级索学区、滨湖学区、大坞学区、龙阳学区、望重学区等七所学校发展共同体的领导和骨干教师来校交流，学校自行聘任了42位临时代课教师，通过对交流教师的科学整合，优化管理，强化考核评价，实现了教育教学质量的稳步提升，得到了领导和广大家长的普遍认可。

开学前，工作千头万绪。每年交流教师到位都比较晚，但是学校一定会召开所有班子成员参加的迎新见面会，与所有老师一一交流，了解个人意愿；与兄弟学校领导交流，了解每位教师的任教学科、性格特点，是否适合当班主任、备课组长，对加入级部管理、社团建设等情况进行综合定位，最大限度做到把合适的人用在合适的岗位上。上学年，有36位交流教师担任班主任，6位教师担任备课组长，13位教师从事毕业班的教育教学工作。

上岗前，加大培训力度，使兄弟学校交流教师尽快融入滕南中学教育团队。开学初集中学习学校规章制度，解读教育教学常规要求，特别是将学校的办学理念、办学思想、目标定位，讲清讲透。例如滕南中学践行人人发展理念，以"关注每一个，激励每一个，提升每一个，成就每一个"的"四个一"为办学理念，把创建一所环境优雅、人文和谐、书香浓郁、特色鲜明的新时代齐鲁名校作为办学目标，把建设洁净校园、秩序校园、生态校园、书香校园、平安和谐校园作为工作策略，追求工作的精致化，实现网格化管理。

要和老师亲如一家。一开始我走上滕南中学的领导岗位，老师们都躲着我。为了打破老师们"躲着我"的僵局，我首先带领学校新的领导班子和老教干、老教师"握起了手"。他们在这所学校工作了一辈子，对这所学校怀有深厚的感情，他们和学校一起成长，见证了学校的发展历程，是学校宝贵的财富。我真诚地把梦想、情怀和学校的规划说给他们听，并表达了自己的期待："我想听听您的意见。"禁不住我的"软磨硬泡"，他们慢慢向我敞开了心扉："孟校长，我们期待您把这所学校打造成最美县域中学。"

可"最美县域中学"是什么样子？我心里也没有底。有的老教干、老教师向我建议：以"匿名征求意见表"的形式，让老师们把心里话说出来。于是我们很快召开了一次全校教职工会议。会上，我把梦想向老师们和盘托出，虚心地说："我想听听您的意见。"老师们的积极性很快被调动起来，纷纷献计献策，有的老师甚至把"匿名征求意见表"的正反面写得满满当当，让我惊喜不已。

趁热打铁，我和学校领导班子成员一起对老师们的意见和建议进行分类、汇总，经过充分论证，最终形成了"决议"——"最美县域中学"的图景清晰地展现在了我们的面前：要在"外在形象、内涵发展、特色办学、师生幸福指数的提高"等方面绽放新姿。

有了清晰、切实可行的办学目标，我们又提出了"做一所学生发展需要的学校，让每一个生命都精彩绽放"的办学理念。以此为指导，我们设计了学校五年发展规划。学校近期办学目标是打造"书香型校园"，要"读"上花开，还要打造"智慧型校园"，要"点"上出彩，挖掘小组合作学习和创建智慧课堂的典型；中期办学目标是打造"书香校园"，要"写"上花开；打造"智慧校园"，在"面"上出彩，深化信息技术和学科教学的融合，努力实现交互式、精准化、大数据分析的课堂教学。就这样，我和教师们踏上了艰苦创业的征程。

慢慢地，我发现教师们在工作中单打独斗的多，合力协作的少。如何让老师们心往一处想、劲往一处使呢？为了解教师们的心声，我和三位副校长商量，决定把每月最后一周的周三下午2点至4点安排为校长接访时间。首次的接访日，我便将疑虑说给老师们听，最后还是那句话："我想听听您的意见。"集体的力量是无穷的，接访日后，大家提出：各处室、年级、学科、教研组、备课组，应进行"捆绑式"评价，形成"万紫千红春满园"的格局。

"捆绑式"评价管理模式应运而生。此举激发了教师团结奋进的潜能，团队创优的意识被挖掘了出来；学生在合作学习中感到轻松、愉快，学生有了参与教学活动的积极性，学生互帮互助、共同进步。

　　在负重前行的征程中，每每遇到过不去的坎，在校长接访日听听老师们的意见，我总有意想不到的收获。久而久之，老师们也被我一心治校的热情感动，主人翁意识越来越强。

　　要想让老师们感受到学校就是他们心中的理想"家园"，还要想老师之所想，急老师之所急。在我们的积极争取下，教职员工的吃住环境得到显著改善，集体宿舍安装了太阳能。由于在县域寄宿制学校里工作，教师的工作压力相当大，因此我们聘请了优秀的太极教练和瑜伽教练，利用课外活动时间，组织教职工锻炼，让教师在紧张的工作之余强身健体。

　　平时，我喜欢和教师们在一个餐厅同桌就餐，边吃边聊工作、家庭、生活，同教师一起听课、评课，一起参加教研活动，大家的距离愈来愈小，学校的整体氛围改变很大。

第四节　教师专业发展

一、注重师德培养

培养一支顶级的教师队伍，是学校持续发展的关键。提高一两门课的成绩不算功夫，只有全面提高成绩才是功夫，一两个老师优秀不算什么，只有老师们全面优秀才是优秀。一个好学校是这样的，有一群刻苦学习的学生，一群兢兢业业的老师，这样的学校一定会出成绩。这就是"精"的内涵，精益求精是班墨文化的核心精神之一。

有一个叫做尹荃的老师，1970年去世，她没有子女。19年后她的学生为她在公墓买了墓地，写了这样的悼词：

"40年来，循循善诱，陶铸群伦，悉心教职，始终如一……无辜蒙难，备受凌辱。老师一生，坦荡清白，了无点污，待人诚恳，处世方正，默默献身教育事业，终生热爱教师生涯，其情操其志趣足堪今人楷范。"

这是道德高尚的老师。

现在学生越来越难管，做老师不容易。有的老师在教育学生的过程中，与学生发生冲突；有的老师害怕学生记恨而不敢管；有的学生很淘气，老师束手无策……这些学生要继续管吗？

老师不以身作则，穿着不干净整洁，说脏话，随地吐痰，乱打人，上课抽烟，随意骂人，体罚学生，行吗？

学生上课聊天、吃东西、睡觉，下课到处游荡、抽烟、早恋、打游戏，老师不管行吗？

老师迟到、早退、混日子，上课没有教案，讲到哪儿算哪儿，行吗？

古希腊哲学家亚里士多德认为，环境对孩子的影响很大，孩子看到恶行，就会学习恶行，看到善行就学习善行。年轻人都会被初次接触的东西影响，所以，老师对学生的影响极大。高尚产生高尚，卑劣产生卑劣。三四十年前，我上学时，老师的社会地位很高，大家都把老师当作道德高尚的人，即使是顽皮的学生，都敬畏老师，根本不敢公开与老师冲突，不敢公开吊儿郎当。家长送孩子到学校，潜意识里认为，孩子不但要学习知识，还要学习做人的道理，老师不仅是知识的传授者，还是道德的楷模。

培养师德是当务之急。我把加强师德建设纳入学校工作目标管理，与学校教师的量化管理、绩效工资挂钩，先后制定了《滕南中学关于进一步加强职业道德建设的意见》《滕南中学教师职业道德考核办法》《滕南中学关于加强职业道德建设、严明工作纪律的通知》等文件，进一步健全教育、宣传、考核、监督与奖惩相结合的师德师风建设工作机制。通过努力，全校教师的职业道德水平有了明显提高。

利用寒暑假时间开展师德师风专项教育活动。在假期里认真组织教职工学习上级文件、领导人重要讲话、教育理念、学校规章制度等，并进行研讨，撰写心得，进一步提高老师们的政治素养。开展"师德承诺"宣誓活动。每学期初举行全体教职工师德承诺宣誓活动，并层层签订师德承诺书，让教师时刻对照承诺，衡量和审视自己的言行，同时将承诺向社会公开，接受学生、家长和社会的监督。

开展师德师风建设月活动。每学期开始的第一个月为师德师风建设月，学校成立领导小组，工会制订实施方案，召开动员大会并传达实施方案。教师边学习边总结，根据自身存在的问题进行自我反思，活动结束写出自查小结和心得体会。开展"学身边榜样 做师德标兵"活动。学校把滕州市师德标兵请到学校现身说法做报告，组织全体教师深入开展学习活动，引导教师勇于担当、履职奉献，扎实做好教育教学工作。

开展师德标兵评选活动。积极开展师德标兵评选活动，通过演讲比赛、获奖荣誉评比确定人选，号召全体教师向他们学习，进一步提高老师们的师德觉悟。扎实地做好师德日常考核工作。成立了由工会牵头的日常考核工作小组，每周不定时对教师的师德表现、出勤情况及教学常规落实情况进行考核，直接记入教师师德档案，纳入个人考核。

每年评选身边的榜样，"三八妇女节"评选最美女教师，每周评选身边的榜样、教师中的榜样、干部身边的榜样，评选优秀党员。

党建带动师德建设。学校建设了党建e站，开设"智慧党建"平台，红色大讲堂，扎实开展党史学习教育，学习共产党员的高尚品德。学校党支部被评为滕州市示范党支部、枣庄市先进基层党支部、枣庄市中小学校"一校一品"党建品牌示范学校。成功承办滕州市中小学党建工作现场观摩会，在党史知识竞赛中获得第一名。

按照"担当作为、狠抓落实、加快发展"和"不忘初心，牢记使命"主题教育工作的部署，坚持通过抓党建，促工作、提效率。坚持"党建+"理念谋创新，党建工作成为学校发展的"助推器"。始终推动党建工作与党中央重大决策同频共振，与基层实际有机融合，促进学校的师德师风建设。深入开展"不忘初心　牢记使命"主题教育，开展寻找身边的榜样、立德树人学标对标活动，落实党员示范岗责任区，以省级文明校园创建，助力全国文明城市的创建。组织在职党员教师进社区"双报到"。参观社区服务中心、医养结合机构、荆河e警等各功能场所建设，听取情况介绍，进行党性体验教育。组织党员、团员走进丹香苑居委、西寺院居委和新康医院等处学习先进党建经验。深入社区、机关、医院、学生家中，走近群众，倾听心声，进行社情民意调查，向群众学习。开展"向典型学习、向榜样致敬"活动，开展党员为学生做一件好事活动，整理制作光荣榜号召全体师生学习；规划党员责任区，明确党员干部应达到的"四化"标准，即教育教学精细化，安全稳定常态化，师生活动秩序化，环境卫生生态化；完善"党建带团建，团建带队建"衔接育人模式，实现红色传承，拓展党员团员教育学习空间；组织 30 多名党员和教师开展深化全国文明城市创建环境卫生大扫除活动；建立党员护学岗，为学生撑起安全伞；开展"青蓝工程"师徒结对活动，发挥党员骨干教师的示范引领和传帮带作用，让每一名党员都成为一面旗帜。认真落实"三会一课"制度，扎实开展每月 28 日主题党日活动，活动有方案、有议程、有心得。

二、实施名师工程

"现有师资和生源，能否大幅提高教学质量？""三流的师资、三流的生源，能否创造一流的成绩？"县域学校最缺的是先进的理念和师生的精气神。打铁必须自身硬。打造一所名校，必须拥有一支卓越的教师队伍。我校实施"滕南中学名师工程"并形成品牌辐射效应，对每位名师每学期都提出不同的任务。通过他们的辐射力和影响力，充分发挥其引领作用、带动作用和示范作用。汇聚优质教育资源，使学校涌现出了"名教师"团队，形成了"名学科"优势，打造了"名学校"。

建立了"专家指导站"。学校邀请全国知名教育专家韩军、赵富良、卜以楼、王为峰、符永平、苏晓虎及枣庄市教科院单波副院长，市教研室朱邦伟主任、马培函主任、王立亭主任、邱平老师，北辛中学丁菊老师，滕州一中翟文文老师来校做报告，为单波院长建立独立的专家指导站。学校举行了滕州市第二届书展"名家进校园"活动暨航海军事专家李杰教授报告会，邀请了来自美国的 Mitterrand Nkulu 和来自澳大利亚的 Tom Byrom 两位外籍教育专家来校现场授课，交流英语教学经验。组织 161 名骨干教师赴南京、威海参加培训。请进来，走出去，这些活动帮助教师不断转变观念、提升素质，充分发挥其引领作用，使学校涌现出了"名教师"团队，形成了"名学科"优势，打造了"名学校"品牌。创新实施"1358"新秀、骨干、能手、名师梯队培养工程，推进"青蓝同盛工程"，采取"一对一"的点对点帮扶、"一对多"的点对面带动，每年引进一批具有

"师范专业、名校经历、研究生学历"的高层次人才，充实到滕南中学育人团队，促进教师的专业发展，一大批教师在省市优质课评选中脱颖而出。

"滕南中学名师工程"成效显著。名师团队示范引领全体教师，产生了教育素养聚变的轰动效应，为学校建设一流师资队伍提供了重要的平台，推动了学校的跨越式发展。我们不仅为孔艺、侯凤琴、刘磊三位滕州首届教学名师成立了名师工作室，同时也为朱琦、范光琳、冯宜轩三位荆河名师成立了工作室，还成立以其他明星教师骨干教师为核心的"滕南中学名师工作室"。工作室成立以来，扎实开展各项教育教学研究。聚焦课堂教学，围绕"新课堂达标"，积极开展理论研究和课堂实践，开发精品特色课例，研发精品特色课程，研究成果在全市教学研讨会和优秀课例展评活动中得以推广。工作室的各项活动在全市产生较好影响，真正起到了示范、凝聚、辐射、带动作用。目前学校有孔艺、侯凤芹、刘磊、王静、侯瑞祥、李燕6位滕州教学名师，有朱琦、范光琳、冯宜轩3位荆河教学名师，还有7位滕南中学教学名师。学校为他们建设了高标准的名师工作室，以发挥他们的名师示范作用，促进教师队伍素质的整体提升。孔艺老师被评为正高级教师，王昭旭等6位教师被枣庄教科院选聘为枣庄市中小学兼职教研员；袁文峰等8位教师被选聘为滕州市中小学兼职教研员；侯凤芹等9位教师被评为滕州名师；陈颖等10人被评为滕州市教学名师；孙金娣等9人被评为滕州市学科带头人；刘文生等15位老师被评为滕州市教学能手；王爱华等17位老师被评为滕州市骨干教师；付佳惠等5位教师获得了滕州市青年教师优质课一等奖。孔艺、魏刚等6名教师获得全国优质课一等奖，侯瑞祥、王静、冯宜轩、徐莉等16名教师获得山东省优质课一等奖或二等奖。在2021年优秀课例评选中，9名教师获滕州市一等奖，5名老师获得枣庄市一等奖。滕州市级以上教学名师、学科带头人、教学能手、骨干教师、课改标兵等达150余人，4位青年教师入选山东省特级教师工作坊，6位教师被枣庄教科院选聘为枣庄市中小学兼职教研员；

8位名师参加"枣庄教育大讲堂"名师授课；8位教师被选聘为滕州市中小学兼职教研员；中学高级教师61人，正高级教师1人，研究生学历36人，教师队伍整体素质堪称全市一流。

推行学科首席教师制度。选拔名师、明星教师担任教研组长和备课组长，把教研组建设和教研能力提升、教研活动开展、学科教师成长、教研成果推广等纳入学科教研组评价，设立"陶行知教师发展基金"，积极组织先进教研组、优秀教研组长和备课组长评选。优化教学教研管理团队，为教师专业成长提供足够的动力。

落实名师引领工程，畅通教师发展快车道。"一人卓越，众人提升"，开通名师博客、开展名师周末讲座、组织名师结对帮扶，带动其他教师整体发展，给教师指明了出路和方向，为教师发展带来了生机和活力。滕南中学将继续推进这一工程，促使教师实现蜕变，力争到2021年培养造就50名"滕南名师"，30名"滕州教学能手"，10名"滕州教学名师"，2至3名在全省乃至全国教育界具有一定知名度和影响力的"滕州教育家"。

我们非常注重培养和提升教师队伍的综合素质。积极为青年教师的培养指路子、铺路子、压担子、搭梯子。完善相应的考核和奖励政策，开展各种公开课、汇报课、竞赛课、教学技能大赛等，以加快青年教师的成长。狠抓教学基本功的养成和学科素养的培养，丰富学科专业知识，提高学科能力。我们开展青蓝同盛工程，采取"一对一"方式，指派师德高尚、业务过硬、知识渊博、经验丰富的中老年教师与青年教师结成师徒对子，指导青年教师制定个性化"成长计划"，缩短青年教师的成长周期。所有的新老师，必须先实习三个月，合格后才予以转正。在这三个月时间里，培训方式主要是学校优秀的教师直接带新教师。以老带新是新教师培训最主要的方式，让新教师看优秀的教师怎么做，然后就跟着复制。这是前期新教师最快速最有效的成长方式。

制定"一年上路子，两年上规范，三年成骨干"的培养目标。提出明确要求：备课，青年教师的备课反思笔记等常规，交给指导老师检查，确保新教师常规规范化。课堂教学，新老教师每周必须至少互听一节课，并做好交流反馈，教务处、年级组、备课组进行督查考核并评定帮扶成效。在学校举行的课堂教学大奖赛等活动以及期末学校综合考评中，成绩显著的青年教师，学校将连同其导师一起予以表彰奖励。

2017年以后滕南中学参加工作的一线教师有109人，约占全部教师的三分之一，这部分青年教师学历高、有活力，是我校重要的可持续发展的师资力量，这些青年教师中有的已入格上路、崭露头角，获得滕州、枣庄市教学奖励，但青年教师缺少驾驭课堂的实践经验，灵活应变能力较弱，甚至有些教师课堂教学环节不齐全，教学过程不规范，教学效果差。为使全体青年教师都能够快速提高课堂教学水平，成长为有理想、有本领、有担当的骨干教师，适应学校快速发展的要求，学校决定开展青年教师课堂教学"学六艺、过三关"活动。

搭建平台促成长。通过开展"三笔字"、说课、板书、做五年中考题、教学细目研究、教学案例以及课件制作等教学技能竞赛，促进教师专业成长。孔艺语文名师工作室就是一个很好的教师成长平台，为语文学科培养了一批教育理念先进、理论基础扎实、实践经验丰富的专业教师。

孔艺语文名师工作室建设及成效

工作室是研究型、学习型合作组织，以研究教学动态、参与课程建设、承担教师培养、传播教育理念、实现专业引领为主要任务，注重发挥示范、凝聚、辐射、带动作用，践行部编教材理念，促进教学改革，提高学科教育教学质量，推动学科教师队伍建设，促进青年教师的专业成长。在枣庄市语文学科中心团队的指导下，孔艺语文名师工作室努力使本组织成为一支教育理念先进，理论基础扎实，实践经验丰富，发挥示范引领作用，带动教师专业成长的学科专业研究团队。

一、指导思想

根据枣庄教科院单波院长在"枣庄市初中语文学科中心团队启动会

议"上的讲话精神和滕州市《关于加强新形势下教师队伍建设的意见》（滕办发〔2018〕3号）以及《滕州市中小学名师培养工程实施方案》（滕教字〔2018〕63号）精神，落实《滕州市教育局关于名师工作室建设的指导意见》（滕教字〔2018〕78号）中规定的名师工作室工作目标、任务，贯彻落实"立德树人"的根本任务，践行语文学科核心素养，促进部编教材理念的实践与研讨，促进"新课堂达标"活动的真正落实，诊断并着力解决语文教学中的常见问题，提升教师的学科教学素养、教学研究水平和课程开发能力，努力将本工作室建设成为骨干教师的教学研修平台、课程开发基地、专业成长驿站、名师孵化基地和课改辐射中心。

二、工作目标

秉承"文化语文"理念，坚持文化课堂打造，通过搭建"项目推动、岗位实践、协同研讨、成果培育"创新平台，着眼教师成长，实行轮次规划，强化孵化功能，三年一循环，"新秀—骨干—名师"分层递进，按梯次打造；着眼语文教与学，以"微主题、小课题、有突破"为研修驱动方式，形成"捆绑式互助、共生共长、智慧共享、抱团进步"的发展模式，引领区域联合教研共同体集群式、基地化创建。

工作室以实现"教书匠"向"专家型""学者型"教师的转变为宗旨，以理论的支撑、一线的立场、实践的取向为原则，努力打造一支在当地语文教育界有影响、学术上有成就、教学上有特色的专家型语文教师队伍，为语文教学起引领和示范作用。

（1）借力枣庄教科院"新课堂达标"活动，接受经典教育理论的洗礼，实现从教学思想的荒凉和寂寥走向学科素养、理论素养的草长莺飞、繁花似锦，得到心灵的丰富和满足。

（2）追随枣庄教科院"新课堂达标"活动，开发精品特色课例，实现用思想引领课堂，用课堂表达思想，展现学术品味和学术个性，体验专业成长的愉悦和幸福。

（3）践行部编教材理念，研发精品特色课程，实现由课堂技法到学科课程到立德树人这一终极目标的提升，展现教育视野和学术思考，构建语文教育价值观的高远境界和宏大格局。

（4）践行团队精神，实现示范、凝聚、辐射、带动，攒聚涵养、智慧、学识、能力，展现渡己更渡人的胸襟和修养。

三、研究方向与内容

（1）基于"新课堂达标"背景的"语文课程纲要"的建构与撰写、教学设计、课堂教学实施等系列研究；

（2）基于部编教材理念的语文要素的提炼与教学实施的初步探讨；

（3）部编教材背景下"整本书阅读"实施路径的探讨；

（4）部编教材理念下写作教学序列的初步构建；

（5）传统文化教育进入语文教学视野的方式方法探究。

（6）中考背景下语文新授与复习的有效性研究。

四、主要措施

（1）本工作室聘请枣庄教科院单波院长、全国著名语文教育专家余映潮老师和滕州教研中心王延军主任、马培涵主任、邱平老师为指导专家和顾问，聘请语文骨干教师为工作室核心成员，聘请包括多名农村薄弱学校教师在内的20名青年教师为工作室成员。

（2）工作室在枣庄市学科中心团队的指导下，定时定期开展研修工作。

（3）建立校际、学校共同体之间的资源共享机制，成立名师工作室联盟，开展各种研训活动。

（4）依托几种结合，促进研修工作：

①理论研讨与课例研究相结合；

②集中研讨与网络研讨相结合；

③专家讲座引领与自我实践、反思相结合；

④过程实践与经验交流相结合；

⑤网络即时交流与延时交流相结合；

⑥走出去与请进来相结合；

⑦微信公众号成果共享与个人博文写作相结合；

⑧研究成果专业期刊发表与个人成果专辑出版相结合。

自工作室成立以来，我们着眼"微"字，共同打造微讲坛，精研微课题，开发微课堂，指导微写作，探索微阅读，从"微"视角做文章，创造了工作室自己的特色，促进了工作室成员的专业化成长。

打造微讲坛 微讲坛首先是我们工作室成员的读书论坛，包括以"华山论剑""杏坛问道"为主题的系列读书活动。我们读文化元典和哲学、美学的书籍，常常以"元典之争""哲学之辩""学术之论"展开"同中求异"的碰撞阅读。"华山论剑"这样的交流启发思考，碰撞智慧，使读书走向深入；读专业的书籍，我们聚焦名师课堂和教学理论展开"焦点阅读"，杏坛问道。研读余映潮老师课例，就聚焦课堂的"简与丰"，在公众号开设"新课堂观潮记"专栏谈收获；研读《中学语文教学参考》这样的高端教育教学期刊，我们常常把同一主题的不同文章编辑成册，集中研读。比如《中学语文教学参考》连载了张悦群教授的"课理十五论"，我们就一一摘录，编辑成册，人手一本，集中学习；读"教—学—评"一致性的相关理论书籍，其中涉及的评价任务是理解的难点，我们就在工作室公众号上开辟"走进新课堂聚焦评价任务"专栏，进行专题讨论。大家谈困惑，析原理，明操作。我们还编辑教师期刊《杏坛物语》，来收集、整理老师们的读书收获。

每一个微讲坛活动，都是一份崭新的令人期待的美好。微讲坛让大家踊跃读书，厚积学养，赓续文脉，召唤梦想，根植信念。

精研微课题 围绕统编教材的使用和课堂教学改革中遇到的难题或关键问题，工作室确定一个又一个微课题，以学期为单位，制定一月一主题的研修台账。通过台账式研修，难题和关键性问题被有计划、分步骤地研讨和突破。我们通过市区学科研讨会与大家交流研修成果，在公众号上开辟"新课堂代表课"专栏发表成功课例，表达思想。这种研修方式，让我们像专家一样思考教学的实际问题，从小处突破，实现了一研一得，助推了年轻老师们的专业成长。

开发微课堂 微课堂是我们根据统编教材的特点和学生的需要开发的视频微课。在寒暑假开展的阅读活动中，我们开发整本书必读书目的"微课堂"导读系列，"领读人"用微课堂的形式引领学生对必读名著实施"初读"，实现假期集体"预读"；经典诵读的微课堂引领学生诵读《古文观止》等文学经典；古诗词品读的微课堂带领学生赏读古典诗歌；统编初中语文知识讲练、文言知识讲练的微课堂侧重讲解教材中语文知识的难点，帮助学生个性化学习。

微课堂，就像知识超市一样，学生们可以自由地各取所需。它以针对性、便捷性成为教和学的有益补充，深得师生的喜爱。

指导微写作 微写作，我们也把它叫做"日写作"，是学生在教师指导下的自由写作，以期引领学生体验生活、思考生活、个性表达生活，提升表达力。我们在工作室公众号上开设"一起学作文""孔老师和你一起赏作文""孔老师漫谈读和写"等专栏侧重对写作的指导，"优秀日写作"专栏是对师生优秀作品的及时展示。"微写作"来源于学生鲜活的生活，记录学生的点滴成长，是他们的"青春诗韵"，也记录了我们团队作文教学探索的足迹。

探索微阅读 微阅读是我们对相关课外选文实施细读的一种探索，是在相对集中的一个阅读周期内，引领学生由一篇文走向一个人，抑或走向一类文；由一篇文走向一本书，由一本书走向多本书，抑或由一个人走向一群人的阅读操作，是对统编教材"1＋x"阅读理念的有益探索。学生一天阅读一篇，一天天累积起来，自己整理成册，就成了记录个人阅读经历的、具有鲜明个性色彩的微阅读作品。"微阅读"以"小、精、准、美"实现了阅读的针对性、高效性。

我们做的这些"微"，看似小，却解决了一个又一个教学难题；它同时助力了一批又一批年轻教师实现专业化成长。著名语文教育专家余映潮老师亲临我们的以"微"为主题的"阅读与写作衔接育人"现场会,并给予高度赞誉;山东教育报针对"微视角下的教师专业成长"做了"为学生的学习打开一扇窗"的专题报道;滕州日报进行了"做语文教学的探路人"专题采访,同时,我们把教学思考结集成册。工作室成功打造了"新秀—骨干—名师"的成长梯队。学校语文学科成为当地的品牌学科,打造了语文教育的新高地。

枣庄市教育大讲堂暨余映潮高效阅读教学报告会

如今,工作室积极借助学校发展共同体开展区域大教研活动;围绕"强镇筑基,强课提质"主题,积极送教、送课下乡;运用空中课堂、云课堂开展互动教研活动;去薄弱学校支教交流,参与并助推薄弱学校的学科建设。

工作室团队展现了学术思考和学术个性,我们分明听到了每一位团队成员专业成长拔节的声音。通过各种研修方式,强化了工作室的孵化功能和辐射带动作用,引领了区域联合教研共同体集群式、基地化创建。

工作室通过对统编教材编写理念认真学习研究,拟定了"提升学生阅读素养,培养合格阅读者(有良好的阅读习惯的人,能够将阅读所得纳入自己的语言系统的人,能够构建新思想的人)"的语文教育宗旨,通过两个"聚焦",尝试着做了两项研究:"让整本书阅读走进课程"和"初中语文由言语形式走向言语内容的阅读教学研究"。

(一) 聚焦整本书阅读,努力构建校园阅读场(体系)

整本书阅读走进课程的研究分两步走。这一学期,从九月份到一月份,我们集中精力做了统编教材必读书目走进课程的尝试,这是第一步。第二步,我们进行了从单篇走向多篇,从一本书走向多本书的整本书阅读研究。

整整一个学期的"必读书目走进课程的尝试",经历了这样几个过程:

确定了整本书阅读的篇目。在统编教材"三位一体"的阅读教学体系中,七到九年级共安排了12次名著导读,我们把七年级上册和八年级上册的四部必读名著纳入本学期的名著课堂导读计划。

制定整本书阅读的目标。我们在思考整本书的功能定位,即在整本书的核心阅读价值的基础上,分别制定了每本必读书目的阅读目标。目标的达成,我们关注了以下几个方面:指向学生的精神成长;关注语文学科的教学价值,指向学生语文阅读能力的提升、思维的训练、写作能力的提升,指向阅读习惯的养成;最终实现"提升学生的阅读素养,培养合格阅读者"。

规划整本书阅读的过程。(1) 确定名著阅读的时间。根据教学进度的需要和名著的特点为名著量身定做阅读时间。(2) 制订明确的阅读计划。每一本书的阅读计划细化到每一天的阅读内容和要完成的阅读任务,把阅读作为每天必不可少的一项作业,用阅读任务引领学生高质量完成自主阅读。

上好整本书阅读导读课。每班每周上一节导读课,每周的导读课基本解决两个问题,即阅读过程中的指导与监控,对书册内容的整合以及对书册内核的理解与提升,以此实现教师对学生阅读的引领。

构建整本书阅读导读课课型。整本书阅读的导读,我们力求把握好三个阶段,上好三种课型:读前导读课,即引读课;读中推动课,即推读课；读后成果展示、提升课，即提读课。通过课型的构建与实践，学生阅读基本经历了这样的过程：明确一个阅读者的责任—在阅读中初次走进文本—在活动驱动中反复走进文本—在研读交流中深入文本—在作品展示中沉淀文本—在课内外整合中提升文本。这样的读书过程，基本上实现了对学生整本书阅读的引领，因为我们把整本书的阅读植入了课堂，从根本上实现了整本书的真阅读。

目前，《整本书阅读走进课程优秀课例》即将结集成册，同时，工作室已经开启了下学期七、八年级整本书阅读走进课程的规划与设计。

整本书阅读走进课程的尝试仅仅是开始。随着统编教材的使用，我在想，走进整本书阅读课程视野的，不仅仅是必读书目，还会有一系列的探索。这就是我们要进行的整本书阅读研究的第二步，即经由几种路径，丰富整本书阅读的内容，构建统编教材理念下的整本书阅读体系。比如，通过内容关联、读法关联、技法关联等引导学生从教材单篇走向课内和课外多篇的群文阅读；建立一篇文与一本书的关联，用教材名篇之"点"带动整本书之"面"，即从课内的一篇文拓展到相关的课外的整本书的阅读；从群文到相关联的群书的阅读。这样，在必读书目的基础上丰富整本书的阅读内容，创建无限广阔的整本书的阅读世界，开阔学生的阅读视野。

随着统编教材在初中学段的全面使用，工作室力求用两年的时间构建完整的统编教材理念背景下的校园诵读体系，以此浓厚校园阅读氛围，努力形成崭新的校园阅读场，提升学生的阅读素养，使学生成为合格的校园阅读者（有良好的阅读习惯的人，能够将阅读所得纳入自己的语言系统的人，能够构建新思想的人），为学生的终生发展奠基。

整本书阅读的尝试仅仅是开始，会有一路泥泞，相信也会盛开一路繁花。

(二) 聚焦课堂教学，倾力打造语文精准课堂

培养合格阅读者的另一个路径是阅读教学。

有机会听过许多的语文课，感觉阅读教学存在的最严重的问题是把单

篇文本当作教学的全部内容，而忽略了教材的例子作用。语文教学实现的是一篇一篇不断地教学生由课文所传递的"天文地理、五花八门"的东西。经过这样的语文学习，学生阅读习惯的养成、阅读方法的习得、阅读思维的训练、阅读能力的提升都成为奢谈。而"语文课程标准"对语文课程的性质做出了明确阐释："语文课程是一门学习语言文字运用的综合性、实践性课程。"课标反复强调语文课程的核心任务是"学习语言文字运用"。语文学科的核心素养包括的四个方面中，"语言建构与运用"是核心之核心。因此，阅读教学中探究并习得文本的言语形式是学习语用的关键所在，王荣生教授在《语文科课程论基础》中指出，课文无非是个例子。教课文和以课文为例教课程是完全不同的教学格局境界。因此，工作室展开了"初中语文由言语形式走向言语内容的阅读教学研究"，试图通过这一研究与实践来弥补阅读教学现状的不足，实现语文的本体教学，实现阅读教学的华丽转身。

在这一课题研究的基础上，为了使研究更精准、更有效，工作室参与了中国高等教育学会教师教育分会"十三五"科研课题，并申报了"中华优秀传统文化与现代课堂教学实践研究"的子课题"由言语形式走向言语内容的文言诗文阅读教学研究"（课题批准号：2016128）。该课题旨在探讨教材中文言诗文的文本特质及言语特质，依据该文本的文本特质和言语特质规划该文本的课程内容，进行基于"从形式走向内容"的文本解读和课堂教学任务的确定、课堂活动的设计，实现基于"语用"的文言诗文教学，从而更好地实现基于语文学科特点的中华优秀文化的传承。

目前，阅读教学研究初见成效，初步形成了较有效的"由言语形式到言语内容"的阅读教学形态，《由言语形式到言语内容的阅读教学优秀课例》也即将结集成册。

(三) 开展多样活动，搭建专业成长的阶梯舞台

我以为，教学研究必须以一系列的活动为载体。

专家指导，站位高远。学校给予工作室以大力支持，为名师建立了高

标准的名师工作室，成立了专家指导站，在学校的帮助下，工作室聘请了时任滕州教研室主任的王延军、枣庄教研室主任单波、滕州教研室主任邱平担任工作室顾问，这样的专家顾问团队阵容豪华，作为主持人的我倍感荣幸。工作室顾问邱平多次到工作室指导工作，听取了多位老师的三种课型的整本书阅读指导课，并做了以"整本书阅读中教师的角色定位"为主题的讲座；借助教研室素质教育测评这一平台，邱老师助力工作室进行了统编教材名著阅读书目学生阅读情况的问卷调查，并做了统计与分析；滕南中学专家指导站专家、工作室顾问单波三次到工作室指导整本书阅读教学工作，特别从课型的构建上给予耐心细致的指导。单主任、邱主任每一次的到来，都给予工作室成员理论上和实践上的引领。正是专家顾问的一次次指导，使整本书阅读走进课程的研究从迷茫逐渐走向清晰。

躬身示范，倾情引领。作为主持人，自然承担起促进团队成长的责任。针对整本书阅读走进课程的研究，精心做了"让整本书阅读走进课程"的讲座；针对阅读教学研究课题精心打造了示范课，工作室顾问邱平老师、工作室成员和教学共同体老师参加了活动，并给予高度评价。

共同读书，提升内涵。成立工作室读书会，要求成员每月读四本书，按月上报书单，并利用每周一的例会时间交流读书心得。

开发课程，磨砺成长。围绕整本书阅读走进课程的课题研究，七、八年级开展了"师生共读一本书"活动，并形成《师生共读》校本课程；围绕统编教材七、八年级上学期必读书目，工作室精心研究、反复论证，开发了整本书阅读校本课程。

关注课堂，聚力实践。针对研究，工作室开展了整本书阅读导读课课型展示活动，工作室成员分别展示了包括引读课、推读课、提读课在内的三种课型，共计20节课；针对阅读教学研究，开展了课堂诊断活动；工作室参与了学校、滕州、枣庄三级所有语文参赛课例的备课、磨课活动，逐一反复听评，尽心打造；工作室迎接了枣庄市初中语文德育课例展示活动，工作室成员全程参与，近距离欣赏优秀课例，聆听专家点评。

在"由言语形式走向言语内容的阅读教学"理念的指导下，青年教师在阅读教学中迅速成长。在学校青年教师德育课例展评活动中，五位工作室成员脱颖而出，被推荐参加了滕州市青年教师德育课例展评，其中两人代表滕州市参加了枣庄市的德育课例展评，且成绩优异。在滕州市三年教龄的青年教师优质课评先中，工作室成员付佳慧成绩优异。在枣庄教研室对滕南中学的调研中，工作室成员高刚老师执教的课例得到枣庄和滕州两级教研室领导的称赞。

建设阵地，形成辐射。几乎与工作室建立同步，2018年9月2号，工作室开通了以工作室命名的"孔艺名师工作室"微信公众号。公众号围绕整本书阅读研究，开设了"教师整本书阅读"教师专栏和"整本书阅读"学生专栏，用于成员展示整本书阅读的教学设计、课堂实录、教后反思和学生的阅读成果；围绕教育教学生活，开设了教育随笔专栏，展示成员各种教育叙事。听示范课后，成员均写出心得体会，逐一在公众号上推出；学期结束后，每一位成员认真总结成长心得，逐一在公众号上展示；公众号开辟《一起学作文》专栏，每天推出同题异构优秀作文两篇，并以"夫子点评"的形式评价作文，引领学生写作。

名师工作室公众号已成为工作室教研的不可或缺的阵地，成为成员交流展示成果的窗口。在工作室成员的努力下，教育云平台与公众号同步发表文章。名师公众号，也成为向全市语文同仁传递信息、传达理念以及开展教研的窗口，成为对外辐射的源头。

工作室还着力打造了教师期刊《杏坛物语》和文学社期刊《荆风雅韵》，也成为校园一大亮点。

一学期的工作室工作，我深感工作室考验着主持人的智慧、学识、能力、涵养，工作室体现着学校的意志方向，工作室承载着年轻人的青春梦想，工作室寄托着专家的真诚嘱望，工作室彰显着教研的潜能、力量，工作室充满着美丽向往，但工作室也伴随着困境彷徨。我们深知：

（1）没有学科本体知识的深厚储备，没有学科教育理论的广泛摄取，就不可能有突破性成长。

（2）教学研究是慢慢来的事情，容不得半点儿急功近利。

（3）当教研与教学发生冲突的时候，我拿什么给予成员保障？

专业成长的道路上没有喧嚣，少了些光环，少了些专业成长的"标志性"成果，但孤独静默不懈追求所促成的成长，是一种潜滋暗长，是一种不断层积、不断融合的可持续可再生的成长。关山初度路犹长，我们还有太长的路要走。期待工作室的努力，能点燃教师的激情，发掘生命的潜能，引领专业成长，迸发创新火种。不是每个教师都能成为教育家，惟愿教师都能做教育的思考者，且研且教，研教相长。

2021年12月17日，我校孔艺名师工作室参加了统编教材古诗文教学专题研讨暨全国语文名师工作室学术共同体线上联谊活动，交流案例在全国引起广泛的关注。

三、细化教研

20世纪40年代，第一台计算机有18000个电子管，占地170平方米，重30吨，功率150千瓦，每秒运算5000次。现在CPU制程只有几纳米（$1nm = 0.0000001cm$），集成1亿多个晶体管，功耗不到100瓦，运算速度每秒数十亿次。这就是精细。教学也要精细的钻研精神。

1991年，我从枣庄师专英语系毕业，被分配到滕西中学任教。任教伊始，我就把全校所有英语老师的课听了一遍，我坚持先听后讲，堂堂不落。为了上好第二天的课，我经常是在前一天晚上对着墙壁下功夫，不把教案弄得滚瓜烂熟决不罢休。这大大提高了我的整体教学成绩，所教班级每次考试均以较大优势居同级同科第一，我辅导的学生先后有11人在全国奥赛中获特等奖和一等奖。2000年，我以此法参加全国英语课堂教学大赛，夺得全国优质课一等奖。随后，我又获得首届全国中学英语教师技能大赛二等奖。

英语教学上，我先后有9篇论文在国家、省级刊物上发表，承担国家、省级课题 3 项，参与编写的教材《黑马英语》已在全国出版发行。我一直认为，好的教学一定是钻研出来的。

我到北辛中学，实施"过六关"工程，打造具有北中特色的教学模式，培养造就一批名师，使北中教育教学质量得以实质性提高。

本学期，学校紧扣"引、领、研、逼、评"搭建多重平台，推动"自主探究、合作竞学"教学模式在北辛中学遍地开花。

1. "引"——领导带头，冲在一线

为确保"自主探究、合作竞学"教学模式有序、有效地推进，学校领导经常推门听课、即时点评，对滞后的教师提出整改要求，跟踪回访听课，每学期领导听课不少于 40 节。

2. "领"——全员培训，教给方法

先后组织教师 100 余人赴上海、江苏等地十多所名校学习考察；邀请齐鲁名师、全国骨干教师、山东省特级教师、枣庄十五中校长张华清来校做报告，对"五环节"教学模式的定义、流程、实施要点进行详细解读，并传达给全校的每一位教师。随后，学校又邀请枣庄十五中的 5 位优秀教师来校给全体教师上示范课，让每一位教师看得懂、学得会、做得来。经过一段时间的尝试，组织校内 12 位有一定实践经验的教师上立标课，再次掀起"自主探究、合作竞学"教学模式的高潮。

3. "研"——课题引领，合作作战

组织名师、骨干、教学新秀对"自主探究、合作竞学"教学模式进行专题研究，探索与之相匹配的教学流程。立足原点，完善模式；抓住重点，优化模式；瞄准难点，提升模式。

4. "逼"——建章立制，规范管理

印发"导练循环教学案"二次备课指导意见、"北辛中学开展课堂教学'过五关'"实施方案，组织骨干教师编写"导练循环教学案"，明确二次备课的流程，要求教师再次反思、讨论、调整。

5."评"——过关考核，合格验收

学校分6个学科组进行考核验收，全体科任教师参加了"过六关"课堂教学达标过关活动。全体教师每人上了一节精品课，交了一件精品课件，备了一个精品教学案，撰写了一份教学反思。以上成绩列入绩效考核。全校一盘棋，一系列的措施，使得"过六关"活动在一些思想不解放的教师课堂上也实现了"硬着陆"。

"自主探究、合作竞学"教学模式、"过六关"课堂教学达标过关活动以全体学生的发展为本，确立了学生的课堂主体地位。学生学习的兴趣浓了，胆子大了，热情高了，课堂教学效率提升，学校教学质量也稳步提升。学生参加各级各类比赛频频获奖。在第十六届全国中小学生绘画、书法作品比赛中，我校有56名同学获奖；在第三届中国青少年语文风采大赛中，我校代表队12名同学人人获奖，学校荣获团体奖；在山东省青少年科技创新与实践大赛中，我校17名同学获一等奖，19名同学获二等奖；在中国地理学会举办的第五届"地球小博士"全国科普大赛中，我校有200多位学生获奖；在滕州市中学生篮球比赛中，我校篮球队获第一名；在枣庄市中小学乒乓球比赛中，我校男队、女队分别获得第二、第四名；八年级孟天雪作为初中组代表参加了滕州市团代会。同时，这项活动也点燃了教师探索的火种，激活了全校教师自我发展的教育自觉，成就了一批爱学习、勤思考、善研究的发展型教师。马青、孙成河、丁毅、付宏、赵娜娜、张作民6位老师获枣庄市优质课一等奖，冯存美、宋传岩、赵俊杰三位老师获二等奖；孙希华、袁家峰等11位老师获滕州市优质课一等奖或二等奖；孙希华、洪方远等4位教师被评为滕州市优秀教师，陈一强被评为滕州市十佳班主任；66位教师在各级各类刊物上发表论文；王国安、司超峰两位老师被评为滕州市优秀教练。

调到西岗中学后，我通过听课调研、座谈了解，清晰地发现，教师专业发展中出现很多问题。

问题一：思想浮躁。受市场经济的影响，部分教师缺乏"安贫乐教"

的思想，这严重影响了校本教研，集体智慧在课堂教学上的应用无从谈起。

问题二：教研虚设。学校为加强教研，开展各种教研活动，但是没有实效。即使参加上级教研活动，教师也大多为了职称评定而参加。

问题三：师资老化。近十年来，我校没有新教师加入，最年轻的教师也在30岁以上。凭经验组织教学的现象非常普遍，新的教学理念难以接受，造成学生的思维习惯顺延，创新精神难以培养。

问题四：师能固守。新课程改革以来，富有牢固陈旧教学观念的教师对贴近生活、贴近实际、思维发散的教材不知如何去教，出现"穿新鞋走老路、新教材老教法"的现象，"满堂灌"现象十分普遍。

症结被透视，关键在"用药"。针对问题，我们立足本土，着力抓好四个"应对"。

每学期开展"读一本好书"活动，撰写读书心得，举行读书演讲比赛，评选学校十大读书人物；抓好限时备课、限时命题、师生同考、理论考试、大练通识基本功、网络教研等各项活动培训，鼓励青年教师实现"七能、六会、三落实"的目标，内容涉及教案编写、总结反思、班级管理、有效家访、职业规划设计等教师工作的方方面面。创办"课改之声"、北辛中学网站、北辛中学网校，要求教师建立教学博客或个人网页，评选教师"优秀教研博客"，筹建教师间互动交流的平台，充分利用网络资源积极开展网络教研。邀请全国著名教育专家魏书生先生和全国著名德育专家、中国《德育报》主编张国宏教授，中国教育学会副会长郭永福先生，齐鲁名师张华清校长来校为全体教师做报告。定期与枣庄十五中举办教学联谊活动，鼓励教师进修和外出学习，近两年先后组织班主任、骨干教师360人赴上海曹杨中学、江苏洋思中学、东庐中学、梅岭中学、河北衡水中学、山东杜朗口中学、安丘四中、寿光世纪中学、牟平实验中学、大窑中学、博兴实验中学、枣庄十五中、潍坊广文中学等名校考察学习。活动的开展，促进了教师专业成长，使得教师素质普遍提高。教研活动的扎实开展，有力地促进了北辛中学老师教学基本功和专业素养的提升。

教学常规管理是提高全体学生合格率的基石，学校重视教学常规，采用多种方法加强教学常规的管理，提高课堂效率。在教学管理上，我也下了一番功夫。

在集体备课时，我落实枣庄市开展的以"研课标、钻教材、磨教法"为主题的优秀教案评选活动，让优秀教案评选活动带动学校的集体备课，把上课前的备课做到极致。为此学校规范优秀教案制作流程：集体同备—轮流主编（课前预案）—审核共定（合作方案）—个性实施—反思完善（反思教案）—优案归档（上报）—循环使用。此创新之举加强了集体备课效果，汇聚了大家的智慧，优化了校本教研，提升了课堂效率。所有领导干部，包括教研组、备课组，全程参与教研活动，做到有计划、有记录、有检查、有落实、有反馈，实实在在地研究课堂教学微观领域经常面临的问题。集体备课研讨内容为：下一周教学课件、随堂检测、单元检测、专题微课等。以年级学科组为单位，主备教师利用多媒体解读，同科教师集体讨论形成共用教学资源，组建学科电子资源库。设立年级、学科专用邮箱，由业务校长和备课组长检查，一周一公示。制定并严格执行了集体备课流程：一次备课形成"初案"——全体教师完成个人纸质备课，主备人把上课"初案"课件上传到学科组公共邮箱，备课组成员在学科共享邮箱提取主备人"初案"课件；二次备课形成"预案"——主备人解读课时课件，集体研讨"探究问题、导学方法、训练设计、作业布置"等内容，完善上课课件，完成"预案"，并上传到级部量化邮箱（在级部备课室完成）；三次备课形成"定案"——依据自己的教学风格和学情，完成个性化"定案"（在级部备课室完成）；四次备课形成"补案"——上课实践，课后反思，查缺补漏，形成课件资源（在办公室完成）。完整的备课流程成为切实提高教师业务水平的主阵地和练兵场。

实施"教学建模工程"。富有学校管理特色的"导练循环教学案"备课模式，促进了课程的有效实施。强调集体研讨环节，抓实集体备课，真正使备课这一日常的教学环节上升到了教学研究的高度，形成了以教学案为载体，以校本研训为中心，教学、教研、培训一体化的体系，从而减少了教师的无效劳动，提高了备课质量，减轻了学生的课业负担，提高了教学有效性。

规范教科研活动，3个教学部均有独立的教研活动室，各学科每周固定时间开展教研活动，要求每次活动时间不能少于2节课。集体备课要求做好集备和通课，提高集体备课的实效性，集中学科教师的智慧，形成备课组的合力，促进教学团队的集体成长。

积极推进"问题导学当堂训练"智慧课堂建模活动。坚持举行"问题导学"智慧课堂教学展示活动，做好观课和议课，分层次推进课堂教学改革，进一步提高课堂教学水平。2021年上学期，安排学科主任立标课12节、备课组长立标课示范课26节、学科教师学标练课185节，参与活动教师1200余人。许多教师通过参加校内课堂教学大赛，走向了枣庄市和山东省甚至是全国的舞台。孔艺荣获全国语文优质课一等奖，尹瑞琪、杨瑞、袁文峰、陈骁、张帅帅、马洪、刘荣、卓猛、刘亚琪获得枣庄市青年教师德育优秀课例展评一等奖。唐振芹报送的课被评为山东省"特色示范课"；韩孝霞、赵腾腾的课被评为山东省"一师一优课"优秀课例；我被确立为"第三期齐鲁名校长"；刘磊被评为第二期"枣庄名师"；在第八届枣庄市教学能手评选活动中，我校朱琦、侯瑞祥、侯凤琴、王静、王烨、孙金娣等6位教师荣获"枣庄市教学能手"称号；王静、侯瑞祥、李燕、侯凤琴被评为"第二届滕州市教学名师"。

在教学模式上，学校确立并推行"自主探究、当堂评价"高效课堂模式，使全体学生的成绩得以普遍提高。各班级根据学生个性、潜能平均分组，组间同质，组内异质。一个小组就是一个学习共同体，小组的位置每周顺推一次；课堂上倡导学生先自主探究，然后组内开展合作交流，组间开展学习竞争。班级每月定期评选出星级学习小组、合作之星、探究之星等。

该模式以学生为本，体现出"让学生学会学习"。一是"多动"，即教师调动学生积极参与到学习中，形成师生、生生"互动"的课堂，培养学生的动口、动手、动脑的"三动"能力。二是落实"三讲三不讲"，讲易混点，讲易错点，讲易漏点；学生不看书不讲，学生不做习题不讲，学生自己能学会的不讲。三是处理好课堂教学六环节：目标指导—学生自学—合作探究—疑难点拨—综合测试—小结提升。这种针对全体学生的教学模式，短时间内就收到了好的效果，去年学业合格率达到79.4%。

在听课上，要求教师"过六关"。每学期举行教师全员课堂教学"过六关"听课活动，使教师教学基本功更加扎实。一过"备课关"。二过"模式关"，要求教师落实学校推行的课堂教学模式。三过"语言关"，要求教师优化课堂教学组织和评价语言，使用普通话，强调语言的诱导性、启发性、鼓励性；四过"板书关"，要求教师规范板书核心知识要点；五过"现代教育技术关"，要求教师结合学科特点熟练运用多媒体辅助教学；六过"育人关"，要求教师树立全员岗位育人理念，关注每一个学生，尤其是学困生，让每一个学生听懂、学会、会学，同时渗透情感态度价值观的教育。"过六关"活动的开展真正做到了全员（师生、生生）、全程（课堂45分钟）、全方位（知识、学法、能力、意识）育人，让不同学业水平的学生得到全面、健康、充分的发展。

在作业布置批改上，要求面向全体学生，分层布置作业，批改不过夜。对生物、地理、历史、思品学科要当堂完成《助学》，不留课下作业。对语文、数学、英语要分层布置，提倡课下面批作业，要有鼓励性的语言，更正记录要在第二天课堂上进行讲评。提倡用好《助学》这一套材料，反对教师向学生推荐其他资料，减轻学生的课业负担，提高学习效果。

在落实质量上，严格执行"六制三清三达标"活动，提高学生的整体水平：教学质量"一把手"责任制，分管校长直接负责制，年级实行级部主任责任制，学科质量教研组长负责制，班级班主任负责制，个人学科责任制；做实堂堂清、日日清和单元（章、节）清，做好随堂达标，单元达标，期中达标。落实"微考"和"微课"制度：所谓"微考"就是出一个专题题签，让学生在课间进行小考，老师当场批改；所谓"微课"就是让学生把不会的问题，在课下写下来，老师利用早来或晚走的时间集中讲评。"微考"和"微课"弥补了学生学习新知的不足，更具及时性。

教学活动体现一个"赛"字。本着"以赛促教"的原则，每学期开展"一人一课，打造高效课堂"的赛课活动。对评课落实"三个一"：指出本节课的至少一个优点、至少一点不足，给出至少一条建议。对每一次的质量检测也要分成三个等级进行及时表彰。常年比"赛"提升了教师的专业成长，也"赛"出了学生的学业成绩。

"精·和"文化浸透到新课堂教学研究。我校组织开展了名师领航示范课、学科主任立标课、全员参与的学标练课，在整个课例研究活动中，我们要求各个学科主任充分发挥教研组的集体智慧，加强共同学习、合作研究，营造教研组浓厚的研究氛围。在研课磨课过程中，教师从"新""精""和"不同的维度，做好教学评一致的课堂评价，提高了教学水平。我校的很多高水平教师就是这样磨出来的。老师们出去讲公开课，晚上就在宾馆磨课，反复磨。好课就是这么磨出来的，磨的时候，一个个困难都突破了，课自然就好了。老师是学校的牛鼻子，课堂就是老师的牛鼻子，只要课讲好，必定成为名师。工匠精神是磨出来的，越磨越精。名师就是老师中的匠人。

通过多渠道、多角度的梯制培训，唤醒教师成长的自觉，形成"学习成为需要，反思成为习惯，研究成为常态，创新成为追求"的教师成长平台，促进教师队伍整体素质的提高。

学校采取一切措施把教师引向研究的生命状态，教师才会走向真正的专业幸福生活。北京第十一中李希贵校长提出了"在工作状态下研究，在研究状态下工作"的观点，引导老师们个个做研究、人人爱研究，为教师们构筑丰富的研究和交流平台。通过研究，他们解决了改革途中一个一个的难题，通过研究，他们走出了一条康庄大道，研究成就了学生，更成就了老师。在我校举办的首届"精·和"文化引领下的教育教学管理论坛上，八位中层干部做了精彩的报告，他们自信饱满、侃侃而谈，他们都成了教育行家，他们在教育的实践中不断总结提升，在研究中享受着职业的幸福。

北大哲学系教授、著名美学家朱光潜说："凡是艺术家都须有一半是诗人，一半是匠人。他要有诗人的妙悟，要有匠人的手腕：只有匠人的手腕而没有诗人的妙悟，固不能创作；只有诗人的妙悟而没有匠人的手腕，其创作亦难尽善尽美。妙悟来自性灵，手腕则可得于模仿。"教师也是如此，一半是匠人，熟悉教学，一半是艺术家，要有自己独特的发挥，只有这样，才是一个工匠大师型的教师。

四、抓好班主任这个"排头兵"

长期以来，不少学校存在这样一个误区，把班主任看成一个老师的副业，而且通常让"主科"老师"兼任"班主任。而就这"兼任"二字，可以看出我们对班主任这个最重要的岗位的忽略与轻视。如果说把一个班级看成一艘在大海上航行的轮船，那么班主任不仅仅是船长，更是舵手，掌握着这首轮船的前行方向。一个班风良好、充满上进心的班级可以极大地影响任课老师的心情和教学效果，可以让老师们美好的教育设想成为现实。而一个混乱不堪的班集体，无论老师多有本事，所有的教学设想、教学梦想都难以实现。

班主任是教师队伍中的排头兵，不仅要教书，而且要育人，不仅要培育学生成才，而且要培养学生成人。在培养的阶段性上，班主任与其他各科任教师不一样，在教书育人的过程中，班主任更要多一份责任与爱心，为学生创造和谐、生动、轻松的成长环境。做好班主任工作是做好学校工作的关键，一所好的学校必定有一支强有力的班主任队伍。而学生工作又是班主任的主要工作。学生工作虽不能概括学校的全部工作，但却说明了班主任工作在整个学校中的重要性。

我始终认为班主任队伍是学校发展的核心团队。为打造一支具有管理能力和管理艺术的班主任团队，学校充分重视班主任队伍建设。引导班主任树立正确的教育观。根据教育部《关于进一步加强中小学班主任工作的意见》《中小学班主任工作规定》，班主任作为"学生健康成长的引领者""人生导师"，在学生成长上有着巨大而不可替代的作用，班主任工作具有明显的思政属性。在高中这个学生成长的"拔节孕穗期"，大力促进班主任思政素养提升是学校落实好立德树人根本任务的关键。

班主任做学生的人生导师关键在于要把握"学生的人生"这个教育概念。之所以强调这是一个教育概念，是因为教育中所谈的人生并不完全等于我们在生活或者思想层面所谈的人生。教育层面上的人生是带有规定性的，是指向"德智体美劳全面发展的社会主义建设者和接班人"的，而人生的导师，首先就是要引导学生成长为社会主义建设者和接班人。班主任也要树立正确的学生观。学生是一个完整的生命个体，要用发展的观点认识学生，做到悦纳错误、多宽容；学生个体之间存在很大的差异性，要尊重学生个性，培养学生的创造性；学生身上蕴藏着巨大的潜能，要做到相信学生、多期望，多给学生充分发挥的机会。学生的成长需要人文的关怀，即认识到学生是人，做到尊重学生、讲民主，考虑到学生的需求，以学生为主体。

加强班主任管理水平与工作方法建设。一是学校通过对班主任的校本培训、班主任工作例会、班主任论坛等形式，加强班主任群体交流。高度重视班主任岗前培训工作，组织参加班主任培训班，学习掌握班主任工作的基础理论知识。二是举办经验交流会，定期邀请优秀班主任介绍工作经验和方法，通过交流借鉴，提高班主任的业务水平。三是定期召开班主任例会。班主任例会是加强班主任队伍建设、强化班级管理、畅通德育工作渠道的基本制度保障。多年来，学校坚持每两周召开一次班主任例会。通过班主任例会，总结剖析工作中存在的问题，研讨改进工作的措施和应对策略，分析班级管理工作和学生思想中出现的新问题、新情况，并通过开设班主任论坛，研讨班主任工作的理论和实践，加强理论学习。不断改善班主任工作方法，提高其班级工作实务技能及班队活动设计等方面的能力。开展制订一份规范的班级工作计划、写一篇学期工作总结（或专题论文）、总结一个转化后进生的个案、设计一个主题活动方案、写一篇学习班集体理论的读书心得等活动。

采取多种措施提高班主任的管理素质。坚持"两用两不用"原则，确保班主任队伍素质；着力培养青年班主任；实施班主任师徒结对活动，加强结对过程的管理和综合考核，以老带新，促进班主任队伍管理能力提高；推动班主任实现"两个转变"；采取有效措施促进班主任由经验型向科学型转变，由被动完成任务型向主动担当研究型转变；完善《班主任绩效考核方案》。新学年将进一步完善班主任工作的检查、考核、评价制度，班主任的绩效考核与班风、班貌、班纪及学生评价挂钩。实施班主任"四到岗、三到位"制度。"四到岗"：课间操、晨会、班会、就餐到岗。"三到位"：活动开展前思考到位、活动开始后教育到位、活动结束后总结到位。为提高管理工作的实效，政教处进行检查和公示。

加强班主任队伍建设，开好班主任例会，给班主任配备一两本班主任工作专著，要求每学年完成一篇读书心得和一篇班主任工作经验交流论文。在此基础上，完善班主任考核制度，形成一支有学校特色的班主任队伍：有专长、素质高、能力强、责任感强；富有灵气、敢于实践、敢于创新、乐于奉献。

可以说，班主任是学校、家庭、社会联系的纽带和桥梁，是加强和提升未成年人思想道德素养的核心力量，在素质教育中起着十分重要的作用。班主任队伍建设是学校管理工作中的一项基本工作。班主任工作的质量直接影响学校育人目标的实现，加强班主任队伍建设，切实提升班主任素质意义重大。

以班主任为中心的班级管理负责制。班主任是班集体的组织者和领导者，是管理组的核心。要做好各学科教师的协调工作，经常了解学生对教师、教师对学生的建议和要求，并及时反馈。要及时召开班会、质量分析会、班级教导会、学习经验交流会，全面推进班级管理工作。

根据学校发展实际，修改班级量化细则，把班主任的班级工作纳入各职能科室管理之中。把班级常规工作置于级部、艺体部、安全办、团委团总支、总务处及政教处的共同监管下，促进班级管理工作的细化和深化。通过七年级军训、校运动会、校园艺术节、曲艺展演、社团活动，进一步促进班主任的大局观念和配合意识。加强对常规工作的检查，使班主任的班级管理水平得到提升，使班主任队伍逐步走向成熟。

拓宽班主任教师的视野。学校派出多位班主任到泰安、苏州参加培训，通过外出学习提升其整体素质。学校每周三下午定期召开班主任会议，通过校内交流加强实效性沟通。鼓励班主任广泛阅读相关书籍，通过自我学习提升管理的理论水平，形成个人成果，评出一批优秀班主任和先进班集体。今年，孔艺所带的2个班被评为枣庄市级先进班集体，王爱华、邵长伟、咸真策等老师所带的8个班被评为滕州市级先进班集体。

2022年2月23日，由我作为项目负责人，孔艺、高刚作为主持人的班主任工作室，被列入山东省中小学"优秀班主任工作室"名单。3年培育周期内，省教育厅将为工作室提供15万元经费支持，用于开展教育研究、学术研讨与交流培训、图书资料购置、外出指导和学习、专家劳务费支出等。

第四章
"精·和"管理

"精·和"管理主要表现为人性化、细节、流程、执行。制度归根到底是为人服务的,规范约束人的同时考虑制度的人性,不能用制度压迫人。制度不但要宏观,更要有细节。细节要实现就是靠流程,流程是为了更好地执行。

第一节　制度的力量

制度的力量在于改变人的观念，改变人的态度。错误的制度，干与不干一个样，干好干坏一个样，很多学校的老师习惯了大锅饭，所以工作积极性就不高。好的制度能让坏人守规矩，好人更好；坏的制度能让好人也学坏，坏人更坏。所以，完善的制度让老师知道，做到哪一步，能得到什么，而不是投机取巧。好的制度能够让坏学校变成名校。制度就是赛道，校长修赛道，比赛的是师生。

我一直坚持制度治校，高度重视制度建设，以制度建设为抓手，推动学校内涵建设、办学治校水平提升，坚决实施学校依法治校工作规划，构建起学校校长负责、民主管理和依法治校有机结合、协调统一的领导和工作格局，形成依法办学的新体制、新机制、新模式，实现学校决策和管理的民主化、科学化、规范化，提高工作效率和办学效益，确保教职工的主体性，提升每一名员工的积极性，创造优良的工作环境，使学校成为师生身心愉悦的成长乐园和精神家园。

没有规矩，不成方圆。制度带有根本性、全局性、稳定性、长期性。邓小平同志曾经指出，"制度好可以使坏人无法任意横行，制度不好可以使好人无法充分做好事，甚至会走向反面。"制度作为一种他律手段，对于规范管理、提高效能、制约权力、预防腐败等发挥着越来越重要的作用。

加强制度建设，是科学治校、民主治校、依法治校的客观要求和重要保证。学校一直坚持把制度建设摆在重要位置来抓，建立了较为全面、完备的制度框架和体系。同时，注重加强监督检查，促使各项工作真正落到实处。通过制度建设，学校各项工作进一步规范，各部门工作作风明显转变，以制度管人、管事、管权，按规矩办事的氛围正在形成。可以说，学校目前呈现出快速健康发展的良好势头，这与制度建设是密不可分的。

"事异则备变"，制度不是一成不变的，而要与时俱进，不断创新。诚然，我们有的工作制度还存在薄弱环节，有的制度缺乏针对性和可操作性，制度落实力度有待进一步加大。形势在发展，实践在深入，面临学校改革发展中的新情况、新问题，我们需要下决心、下力气。

推进制度建设的基础是建立健全制度。结合学校工作实际，全面审视现有各项制度，检查工作薄弱环节，紧紧围绕师生反映的突出问题，按照"废、改、立"的要求，认真梳理和修订规章制度，着力加强重点领域和关键环节的制度建设，建立内容科学、程序严密、配套完备、有效管用的制度体系，使我们的制度行得通、管得住、用得好。

学校管理注重制度的完善和执行，不针对任何人制定制度，不为个别人修改制度，各项规章制度，以全校师生的利益和需求作为最根本的出发点和落脚点。制度面前人人平等，制度面前不分上下、不分远近、不分亲疏，一律按章办事，有令必行，违令必究，奖惩分明，工作中形成了"制度说了算"的管理境界。

制度就是高压线，就是正方圆的尺规。制度本身是公平的，每一项规定都成为严谨条文下的公正合理，成为可操作的具体做法。最终，制度聚拢了人心，内化为南中人的自觉行动，并转化成南中人的心理习惯，升华成一种优秀的文化。

以信任为基，以制度管事，以制度育人，腾南中学管理日趋目标化、规范化，法治化制度的刚性之剑在人文关怀之水中淬火，二者有机融合，刚柔相济，如同并行的双轨，使学校驶入了发展的快车道，又仿佛张开的双翼，助力腾南中学迅速腾飞。

我从六个方面完善学校制度。

一要从职责抓起。对于学校来说，就是要将教育、安保、科研、教学、行政、后勤等方面的常规性管理与服务性工作不断地引向深入，做得精密细致；就是要求每个人、每个岗位，都必须有明确而具体的工作职责、督查措施、奖惩规定；就是要让每个人做到牢记职责，每个人都尽到职责，对自己负责，对岗位负责，形成强烈的责任意识与良好的行为习惯。比如在北辛中学时，校长、主任分包级部、教研组、学科，一岗多责，责任明确；学校出台了《北辛中学领导干部兼课、听评课、教研活动的暂行规定》。领导班子以教学为中心，深入课堂听课；深入教研组参与教研教改，深入所包学科及时了解并解决学科教学中的问题。设立监察室、艺体部，分别负责学校的工作效能监察、成绩统计、教师考勤量化和体育训练、艺术教育等工作；细化了管理内涵，强化了管理力度，管理效能不断提升。

教务行政管理包括编班、招生、排课表、管理学籍与统计成绩、管理图书仪器、编制教务手册等。总务工作管理包括建设校舍、维修购置设备、食堂管理、生活福利等。我们制定了《财务管理制度》《物品采购制度》《物品入库出库管理制度》等。这些制度让大家有章可依，强化了责任意识。

二要从计划抓起。学校每学年或每学期都应该制定科学合理、切实可行的工作计划（目标）来指导各项具体工作，并能对照计划中的内容和要求去一件件完成。抓好计划的健全和落实，是实施精细化管理的根本任务。各学科教研组，学期初就制定教学计划、实验计划、活动计划，并围绕计划定期开展主题明确、形式多样的教研活动。学校领导分包教研组、学科制度，形成以分包领导、教研组长为核心的质量提升团队。

三要从程序抓起。各项工作都要按程序化的要求去做，要把管理程序中的各个细微环节都想到、做到，确保环环相扣、每环不漏，以减少管理过程中这样那样问题的产生，避免出现阻塞和脱节现象，从而形成管理有程序，办事讲程序，人人懂程序的良好氛围。在北辛中学时，为了规范课程开设，学校制定了《北辛中学课程开发与实施方案》《北辛中学艺体综合学科教师学科成绩评价办法》《北辛中学实验教学工作实施方案》，同时《北辛中学教学常规管理规定》中重点对实验教学、综合实践、地校课程的实施进行了明确规定。

四要从执行抓起。制度健全，就能使学校管理由粗变细，由细变精，避免"粗放型"管理模式的出现，工作就会干与不干不一样，已干没干不一样，干好干坏不一样。事实证明，再好的制度，没有人去很好地执行，其作用也是不大的。因此，我们要培养一支正直无私、敢于比拼、不徇私情、不讲交情的制度执行队伍。一所学校只要把制度落实和执行好，很多问题就会迎刃而解，学校的可持续发展就能得到保证。

五要从考核抓起。学校工作涉及的面广，面临的事多，为了更好地调动大多数人的积极性，必须制定具体细致、科学全面、操作性强的考核制度，特别要重视抓好量化考核，并将"定量"与"定性"有机地结合起来。在考核中要体现多元性与发展性的方向，确保考核结果的客观性、公正性，形成"多劳多得，少劳少得，不劳不得；优质多酬，劣质少酬，无质不酬"的利益导向机制，促进学校各项工作形成良性循环。制定《各级部门岗位职责》《班级考核细则》《教师考核细则》等。

六要从督查抓起。学校各项工作任务除了有分工、有布置、有要求之外，更重要的一环是加强经常性的督查管理。我们要严格督查各类人员上岗到位，解决"出工"的问题。严肃督查各类人员在工作中的具体表现，解决"出力"的问题。做到"谁的事情谁负责，谁的责任谁承担"，并对每个人完成工作任务、岗位职责的优劣进行严明的奖惩。学校每周把每一位干部深入教学情况、听课节数汇总统计，在校园网上公布，接受教职工监督。为督促教师提高课堂教学质量，学校实行超周备课检查制度、月业务检查制度，实行教师自查、教研组检查、级部抽查、学校检查相结合的四级检查制度，并将检查结果及时公示反馈，最后纳入教师的年度考核。优化一级二部制，组建以执行校长为核心的级部管理团队。开展争星赛旗活动。各班级赛晨读、赛课堂、赛作业、赛活动、赛各类常规，提高学生的综合素养。实施小组竞优评价提效率。级部科学制定小组竞优评价制度，竞优活动蔚然成风。完善奖励机制，做到小组竞优课总结、日总结、周总结、月总结，合理利用同层竞学、师友结对等机制激发学生竞学热情。开展家长督学活动添助力。家长形成督学团队，入校入班级了解学情，督管督教督学、助管助教助学，形成家校合力，助推学生全面健康成长。实行三级督查制度保质量。级部副主任包班级，主任包楼层，执行校长负全责。查教学常规落实、查活动开展质量、查学生"三闲四无"现象，管理做到全时段全覆盖。

教育对一个人成长成才至关重要，作为教育者，尤其是学校的管理者，应该把学校的管理，包括硬件软件多方面做得丰富且优质，让学校的土壤肥沃，阳光灿烂，使每一棵有着发展潜能的幼苗，在学校里从容本真地发展，天天向上，人人向善。

"精·和"文化凝聚磅礴力量，精致化管理提高了教育教学管理水平，制度建设方面取得了可喜的成绩，学校基础设施建设、师资队伍建设、特色课程建设等均取得了突破性进展。

第二节　细节要到位

2012 年，我提出"注重细微，把简单的事做彻底，拒绝平庸，把平凡的事做经典"。我认为，细节对制度的成败有很大的影响。

在宿舍管理方面，要求窗台、衣柜等没有尘土，玻璃没有污渍，毛巾不能挂在暖气片上，开窗通风，午休时禁止说话，出门要锁门，等等。保障学生有干净的生活环境。

校园卫生方面，一定无死角，不能有纸屑积水，保持垃圾箱干净，道路厕所等冲洗干净。

上课纪律方面，学生必须坐正，不能东倒西歪，不能说话，不能玩手机，要按时，不能迟到，等等。

培养学生的好习惯。要求学生不能留长发，不能穿奇装异服，不能穿拖鞋，不能谈恋爱，不能逃课，对人有礼貌。不能乱丢垃圾，上厕所及时冲水，不能损坏公物，等等。

禁止老师倒卖资料，不能收取提成，不能收红包，等等。

学校复学复课以来，我们制定了《领导干部巡查要点》，对于疫情期间学校的管理工作起到了有力的推动作用。

（1）班主任、临时班主任到位、履职情况。

（2）课任教师到位、驻点办公、课间巡查、课堂效果等情况。

（3）学生课堂"三闲四无"，课下戴口罩、如厕、饮水、活动保持距离、自然成行，单行、右行的情况。

（4）公物爱护、节电节水、卫生保洁情况。

（5）消毒是否一日两次，是否全覆盖，不同区域消毒液配比是否不一样，是否及时填写消毒记录，是否坚持通风、保暖两不误。

（6）保洁人员是否到位，打扫是否彻底，厕所是否有聚集。

（7）水电等是否运行正常，及时报修。

（8）七、八年级志愿者是否到位、履职。

（9）与班主任、教师普通交谈一遍，问目前复课后师生状态，如何衔接，等等。与学生谈心谈话，重点关注临界生和潜能生。

（10）按时上交纸质巡查记录，明确发现的好人好事、好现象、好做法和存在的问题及建议，及时通报反馈。

为保证学校的有序高效运转，学校的各项工作都能做到周密计划、严密组织、缜密落实。制定切实可行的工作计划，统领全局。有计划，有目标，有措施，有奖惩。细化管理制度，使制度更具操作性和规范性。细化课堂管理制度、备课制度、批改制度、答疑制度、晨读制度、辅导管理制度等，严查过程，重究结果，细化考核。

没有精细化，管理只能是粗放的。精细化并非新事物，精益求精的追求古已有之。"天下大事必作于细，天下难事必作于易"，说的就是要做好一件事，必须把事情做到精细化。宋朝的朱熹也曾说道："治骨角者，既切之而复磋之；治玉石者，既琢之而复磨之；治之已精，而益求其精也。"也就是说，对任何事情要做到精密细致，好了还要求更好。现代意义上的精细化管理起源于某汽车公司，他们以"精益"相号召，切实改进了产品质量，优化了生产流程，达到了"零缺陷""准时化""零库存"的目标，推动了经济增长，产生了极大的经济效益与社会效益。他们提出"把每一件小事做好就不小，把每一件易事做好就不易"。

精细化管理就是指精密、细致的管理，即用精心的态度实施细致的管理，以获取精品的结果。精细化管理是一种理念，一种态度，一种文化，强调的就是精益求精，追求完美，强调的就是将工作做精、做细。精细化管理的目的就是让大家把平时看似简单、很容易的事情用心、精心地做好。精细化管理就要落实管理责任，变一人操心为大家操心，将管理责任具体化、明确化，人人都管理，处处有管理，事事见管理。工作要日清日结，每天都要对当天的情况进行登记检查，发现问题及时纠正，及时处理。精细化管理要求层层完善、系统健康，权力层层有，任务个个担，责任人人负。精心是态度，精细是过程，精品是成绩。我国教育引入精细化管理是近些年的事情。学校管理是一项系统工程，推行精细化管理就是要事事有人做，时时有人管，变一人操心为人人操心，每一个步骤都要用心、细心，每一个环节都要精细，最终达到高效高质。

我坚持创立管理精细化品牌，全体管理干部就精细化管理达成共识。学校管理层树立正确的管理理念，相信管理不是要把人管死，要讲究管理的技巧、智慧、艺术，管理才能出高效益、出品牌。管理者要有积极的精神、良好的心态，能站在全局看问题、开展工作，有服务意识，管理者凡事怕麻烦，团队就会出现更大更多的麻烦。管理者要乐学、善学，把自己的所学运用到自己的工作中，让自己团队的成员都能学以致用、资源共享、共同进步。想万遍不如说千遍，说千遍不如做一遍，在行动中才能改变，在改变中才能更好发展。善待师生，让管理更温暖，站在为师生着想的角度去实施管理，共同缔造滕南中学教学管理新品牌。学校把精细化管理的思想与行动通过年级组与教研组、备课组两支队伍来落实，重在帮助师生解决问题，解决管的过程中出现的问题。教研组、备课组的工作活动要落地做实，对团队的专业发展有引领、有指导、有促进。

学校不断加强精细化管理水平。在认真落实"三线三制"基础上，探索实施了由包级校长、协包主任领导的"一级二部制"网格化管理模式，进一步增强了学校管理的领导力和决策力。学校特色品牌建设迈出了新的步伐。

学校坚持落实教学常规，实施精细化教学管理。规范有效的教学常规管理，是深化课程改革，提高教育教学效益的保证。教学工作中备课要"深"，上课要"实"，作业要"精"，教学要"活"，手段要"新"，活动要"勤"，考核要"严"，辅导要"细"，负担要"轻"，质量要"高"，不断提高学校教育教学质量。学校教导处持续加强备课、上课、作业布置和批改、辅导的检查力度，加强过程性管理，实施学校中层以上干部随机听课制度，杜绝私自调课、挤课或中途离开课堂等现象，落实各项教学常规制度，推进以质量为中心的教学常规管理的科学化与规范化。

学校秉持实施精细化管理是做好一切工作的保证的理念。学校要求各级部、各处室的各项工作都要做到精细化。计划制定要细，组织实施要细，检查工作要严。教学各环节要紧密结合，管理各渠道要畅通无阻。每一项任务都要做到精心，每一个步骤都要做到精细，每一个环节都要做到精致，每一项工作都要做到精品。

完善并严格落实《教学常规管理条例》，加强对教学常规的精细化管理，凸显备课的针对性和实效性，凸显上课的有效性和高效性，凸显作业的精选性和批改的精细化，凸显辅导的及时性和科学性，保证学校的各项常规工作有序进行。

学校强化质量意识，各项管理日趋规范。进一步强化"岗位目标管理"和"全面质量管理"，将质量意识贯穿于管理及教育教学的各个环节。大力拓展优质教育资源，坚持依法治教，依法治校，积极构建质量管理新机制，使教育教学质量稳步提升。

学校本身是教育人的地方，但学校自身也需要管理，并且学校的管理可能更复杂一些。一般的单位，管理的对象不同，有的管人，有的管物，所以管理的方式、方法也有不同。学校管理的核心是人，面对的是活生生、有思想、有感情的人——教师与学生。通过教师去管好学生，管好各项事务工作，这中间的难度不亚于管理任何大型企业。教育本身又具有其特殊性，作为一项长期的系统工程，教育是一个渐进的过程，精细化管理需要我们有建设和内化的文化，需要我们识别种子，精心栽培，赋予情感、智慧和汗水，需要我们提供适宜的阳光、空气和水，精心浇灌，精细管理，然后静待花开。

第三节　流程要科学

明天，外校要来一拨客人，校长不在，办公室主任不在，怎么招待客人？办公室工作人员要先知道客人的时间安排，多少人，是否安排午餐晚餐，要不要住宿，要了解对方的口味，确定吃饭的档次、大概费用，然后定饭店包厢，还要定预备方案。饭后安排住宿，当然最后还有费用报销等。

这就是简单的招待客人流程。有了这个流程，不论领导在不在，都不会出现怠慢客人的现象。

何谓流程管理？

制度管人，流程管事。流程就是处理事情的顺序。制度再好，没有流程，事情照样做不成，制度成了空文。对于学校来说，学校领导层面多是制度，部门与年级都是流程，流程服务于制度，服务于目标。比如作息时间表、课程表就是流程。

我刚刚当校长时，走过一些弯路，每天事无巨细，累得很，处理问题弹性大，同一件事处理的方法不同，完全取决于个人心情。琐事多，困在办公室里，很多事情干不了，每天沉浸在杂事当中，没有时间思考战略问题。一旦出问题，所有责任都在校长身上。所以一定要有流程：一是可以把责任分给不同的人；二是处理同一件事同一个标准，不要看某个人的脸色；三是岗位人员经常流动，流程管理不会因人而变化；四是流程相对稳定；五是流程可以保留长期的优秀经验。

许多企业都用 SOP（Standard Operation Procedure，标准操作程序），就是把一件事的标准操作步骤与要求用统一的方法写出来，特别是要把细节写出来，把关键点标记出来。SOP 完全可以用在学校管理中。学校规模小的时候，人少事少矛盾少，招生、课堂、采购、基建等都简单，可是规模一大，一切事情变得复杂，只有流程才能把事情管起来。

举个请假的例子。

假如学校老师只有 30 人，老师来请假，校长足以应付，不会出大问题。如果老师增长到 200 人，校长就难于应付：有的口头请假，有的书面请假，有的发邮件，有的发微信，有的向直属上级请，有的向校长请，有的向教务处请。人多了，很多请假漏报，考勤管理混乱，工资发放混乱，造成很多问题。这就需要有一个请假流程规范。

首先是有一个统一的请假表，其他形式的请假一律无效。

请假申请单

姓名		工号	
部门		日期	
假期类型	□事假　　□病假　　□工伤假 □婚假　　□产假　　□婚假		
开始时间	年　月　日	□上午　□下午	合计天数　　天
结束时间	年　月　日	□上午　□下午	
请假原因			
申请人签名			
主管签字		校长签字	
病假要有相应的病例，产假、婚假要有相关的资料复印件。			

规定假期审批的权限。婚假、产假、陪产假、丧假由直属上级就可审批。年假、事假、病假、工伤假和其他假期，0~3天由直属主管审批，4~9天由副校长审批，10天及以上由校长审批。

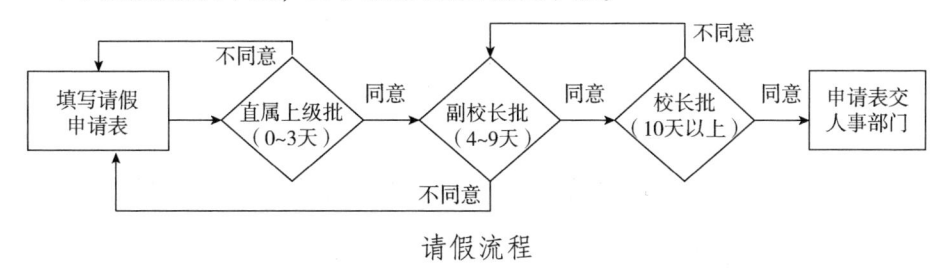

填写请假申请表 → 直属上级批（0~3天）→ 副校长批（4~9天）→ 校长批（10天以上）→ 申请表交人事部门；不同意则退回填写请假申请表。

请假流程

流程管理无处不在。根据不同的岗位，做出不同的步骤，明确每个人的权利、责任与义务，处理程序全部标准化。有了流程，就不会依赖管理人员的监督，也不会有拍脑袋的风险。校长在与不在，都是一个样，也不会因为关系好坏、理解不到位或者某个人缺席做不了事情。

最重要的是容易划分责任，不会扯皮。俗语说，没有规矩，不成方圆。如果没有制度、标准，一个机构在短时间内也许能勉强维持，时间久了肯定不行。流程管理，事归位，人归位，责任归位，复杂的东西通过分解变成简单的步骤。对校长而言，不用担心事情没有人做，不会担心自己离开，学校停转；对中层管理而言，不用天天等待上级指示，不用天天监督指导下级，下级不用事事请示；对基层员工而言，只要按照流程做好事情，责任清楚，避免受人冤枉。

一直以来，秉承"以人为本，严谨高效"的管理理念，滕南中学在流程管理上下了很大功夫，制定了切实可行的工作计划，统领全局。有计划，有目标，有措施，有奖惩。细化流程管理，使流程更具操作性和规范性。细化了课堂管理制度、备课制度、批改制度、答疑制度、晨读制度、辅导管理制度等流程。各个部门要相应制定流程，比如：学校党政办公室，认真落实岗位责任制，建立办文办会流程，建立规范的办公流程；对外接待、招待流程；档案管理流程；对外宣传流程；等等。

流程管理完全契合了滕南中学"精·和"文化中"精"的要义，特别是体现了精细化管理，流程管理是实现精细化管理的必要工具。

第四节　执行最重要

18 世纪末，英国人占领澳洲，澳洲太辽阔太荒凉，英国本土居民不愿意移民澳洲，政府想了一个方法：发配囚犯去澳洲。

私人船主承包了运送囚犯的业务，按照上船的人头数来收取运费。为了挣到更多钱，船的设备简陋肮脏，没有医生没有药，人又装得多，犯人一上船，老板拿钱走人，不管犯人死活。更加恶劣的是老板为了降低费用，故意不给饭不给水，活活饿死犯人。英国政府发现，3 年内死亡率高达 12%，最严重的一条船竟然达到 37%。钱花了，但是移民的目的没有达到。

英国政府给每条船派了一名督查官员，派了一名医生，规定生活标准，死亡率还是很高。为了暴利，船主贿赂官员，把不听话的官员丢进大海。政府教育老板们要珍惜生命，不能把金钱看得比命重要，还是没有效果。后来，一位英国议员认为船主之所以草菅人命，就是因为暴利，政府按照上船的人头支付费用，那么船上死亡的人数与他们无关，只要反过来，按照下船的人数来支付费用，那么船上的死亡人数与他们有关，意味着死一个人就少一份收入，核心在于钱。

奇迹发生了。船主主动备好药品，主动聘请医生，主动改善伙食，死亡率下降到了 1%，有的时候甚至是零。

这就是执行力。

清华大学原校长梅贻琦一向主张"行胜于言",他在总结自己当校长的经验时说:"为政不在多言,顾力行何如耳。"

办好一所学校,教师是基础,管理者是关键。创建一所优质学校,管理更为关键。陶行知先生曾说:管理者是一个学校的灵魂。要评论一个学校,先要评论它的管理者。可见校园管理的重要性,管理需要制度。制度的生命在于执行。制定一个好的制度不易,落实起来就更难。制度只有落实到位,才能充分展示出其本身蕴藏的生命力。

要增强制度意识。学校广泛宣传和学习制度,增强广大师生干部的制度意识,使制度深入人心,成为师生自觉遵守的行为准则。狠抓制度落实,建立健全督查、监控、反馈和考评机制,加大监督检查力度,进一步提高制度执行力。树立和弘扬优良作风,求真务实,真抓实干,保证各项制度落实到位、取得实效。

执行突出一个"实"字。学校领导每学期都围绕教学工作审时度势,厘清工作的重难点,运筹帷幄、统筹规划,围绕着教学出实招、出硬招、出巧招,全面提升教学质量。学校组建以校长为组长、书记和副校长为副组长、中层干部和教研组长为成员的教学工作领导小组,加强对教学工作的领导,每星期定期组织教研活动和集体备课,有效地保证了学校各项教学活动的务实、高效。积极推进"问题导学当堂训练"智慧课堂建模活动,提高教师课堂教学能力。本学年我校举行了"问题导学"智慧课堂教学"5·5"系列展示活动,分层次推进课堂教学改革,进一步优化课堂教学水平,通过教师备、讲、说、议、评五个环节促进校本教研扎实深入地开展,同时促进教师课堂教学水平迅速提升。

执行突出一个"严"字。没有规矩,不成方圆。滕南中学在常规管理、成绩公示、综合评价、绩效考核等方面建立健全了一系列管理制度,坚持"制度面前人人平等"的原则,以制度管理师生及教职工。完善并严格落实《教学常规管理条例》,加强对教学常规的精细化管理,凸显备课的针对性和实效性,凸显上课的有效性和高效性,凸显作业的精选性和批改的精细化，凸显辅导的及时性和科学性，保证了学校各项常规工作的有序进行。学校依托北京学思为科技有限公司，启动了"周周清"在线免费大课堂，精选名师，精心备课，实时直播，答疑解惑，安排网上免费课堂416节，提供了一个可重复观看的免费的高质量的学习平台，受到家长学生的高度评价。

　　执行突出一个"奖"字。学校一直注重内涵发展，注重软硬件环境建设，使教育教学更加科学高效。修订并不断完善了"滕南中学中考奖励方案""教师考核与奖励方案"等制度，由校长直接负责，健全了一套科学、全面、系统的教师绩效考核机制和学生综合评价机制，全面加强了对教师工作量和工作业绩的考评，并与教师的绩效工资、职称评定、各级评先挂钩。进一步完善了教研组、备课组考核、评定、奖励制度，全面加强了教研组、备课组建设，开展了优秀教研组、备课组、星级教研组、备课组等一系列的评比活动。"奖"要突出团队。进一步优化"一级二部制"，组建执行校长牵头的级部管理团队。执行校长分包级部，一个级部成立两个教导处，既有合作又有竞争。多数干部满工作量代课，突出一线管理的核心地位，打造管理重心全线下移的管理团队。努力建设和谐大气、开放包容的教学教研团队，真正起到了凝人心、聚合力、强团队的作用，强化了自尊自重自律意识及团队精神。

第五章
"精·和"育人创新

"精·和"的"和"的一个重要方面就是德。韩愈说：师者，所以传道受业解惑也。育德就是传道的重要方面，让孩子养成良好的品德，拥有坚强的意志。评价是指挥棒和风向标，只有改革评价体系，多元评价教师、学生与课程，才能推动素质教育。开发"361"课程，实践素质教育。推动整本阅读，培育人文素养。

第一节　德育就是育德

一切向分数看，这是很多人的教育观，注重分数，忽略品德、健康甚至心理疾病。有的人是精致的利己主义者，只关心自己的利益；有的人把知识用在歪门邪道上；有的人抄袭，侵犯知识产权；有的人办事拿红包、收回扣等。2004年云南大学的"马加爵事件"，更是德育的反面案例。

德育首先要教立志。一个人物质的贫苦是暂时的，精神的贫困可能是一辈子。要教会孩子立志，告诉孩子，通过自己的努力，才能改变命运。不少人通过学习改变了自己的职业和自己的社会地位，让父母更有尊严。滕南中学尽管是一所城区学校，但周围是新建的小区，目前招收的学生许多是来自农村，有些家庭为了让孩子享受城区教育而就近买房。学校生源质量不高，且有许多学生的父母在外务工，这些学生是城市里的"留守孩子"，学生的文化素养、卫生习惯、行为习惯、心理健康状况等一系列问题都亟待解决，有的学生老是觉得自己比别人差，什么都不会，什么都不敢。教立志是当务之急。

要有健康的心灵，扭曲的心灵必然丑陋。权威数据显示，中国人精神障碍的患病率，20世纪八九十年代，100个中国人当中只有1个人患有精神障碍，2005年，精神疾病的患病率则高达17.5%。过去的学生无忧无虑，现在的学生压力大，不少人患上抑郁症。重庆有个"天才少年"，很聪明，初中就拿过全国数学一等奖，可惜初二时得了抑郁症，高三时永远离开了。现在很多学生学习压力大，情绪低落，觉得读书没劲，甚至产生负面情绪，这是很可怕的。

有的学生是校园欺凌者，他们欺负弱小的学生，敲诈钱财，殴打同学。有些校园暴力已经涉嫌刑事犯罪，不但伤害人的肉体，还伤害人的心灵。有些孩子欺负同学仅仅是因为一些小事，如：同学长得帅长得高，看同学不顺眼；怀疑同学向老师告状，想弄点儿钱花；同学长得胖、胆子小、性格孤僻；等等。2019年5月，甘肃陇西的5个中学生打死一个14岁男孩，仅仅是为了一个耳机；2020年11月，辽宁的一个女孩因为琐事被扇60多个耳光。作为一个老师，既要充分了解欺凌者的心理，更要了解被欺凌者的无助。老师是被欺凌者的避风港，对于欺凌者，不能轻描淡写地说"这是一群孩子而已"，而是要下功夫矫正他们的心理和行为。不然，这些学生走上社会必会酿出大祸。

怎么挽救走偏的孩子？加强德育。

学校德育是指教育者有目的、有计划、有系统地按照一定的学校和社会要求对受教育者施加思想、政治和道德等方面的影响，并通过受教育者积极的认识、体验与践行，使其形成社会所需要的品德的教育活动。简言之，学校德育是针对学生群体的道德教育与培养。

很多学校因为应试体制的压制，重分数轻品行，重才智轻德育。学校对学生的评价标准大多是只要认真学习，成绩优秀，就是好学生，而成绩一般的孩子都被归为差生了。这种教育最大的问题就是德育缺失，而教育的目标本应该是培养身心健康、品行高尚、志向远大、意志坚强、素质全面的中国公民，教育的意义就在于给孩子种下认知、责任、习惯和精神的种子，让孩子不断变得更好，成为一个合格的社会人才。德育应该是学校教育的重要内容，不能缺失。

滕南中学秉持"养德启智、砺志树人"的育人理念，构建"以人育人、以文育人、以史育人、以境育人"的育人体系，落实培养具有良好习惯、优良品德、健全人格、宽广胸怀、自主学习和创新实践能力的人的育人目标。

我们主要从三个方面来开发德育，培养学生的基本品行。

第一，做好卫生工作、青春期和心理健康教育。坚持一天两打扫，检查人员采用每天检查、不定期抽查等方式确保效果。坚持班级晨午检、通风消毒制度。

落实《中小学心理健康教育指导纲要》，扎实开展心理健康教育。对全体学生进行视力筛查、健康体检、心理测试，完善心理、身体特异体质学生档案和告知工作，进一步强化健康教育。

"节用"，是墨子的主张，不管是农业社会还是工业社会，节约是永恒的话题。现在物质丰富，家长宠爱孩子，奢侈浪费。墨子说"俭节则昌，淫佚则亡"。一个人过分追求物质，放荡不羁，必然出大事。墨子主要在衣、食、住、行、用、葬几方面节约。根据墨子的思想，我们有针对性地开展艰苦奋斗的教育，告诉学生：衣服是御寒的，得体干净就好，不必过度华丽、过度怪异；吃饭是为了身体健康，营养卫生就行，不必追求山珍海味；住房是为了遮风雨御严寒，不必奢华；车子是代步工具。设立三个级部学生自主管理发展中心，调动家委会、学生会成员定岗督查，走动管理，规范学生的日常行为，对学生着装、发型等进行检查，使学校的整体面貌向秩序化发展。

第二，爱国爱党的教育。加强学生日常行为规范培养力度，积极开展爱国主义教育、理想信念教育、优秀传统文化教育、公民意识教育、生态文明教育、社会主义核心价值观教育，让学生了解党史，学习中国历史。

第三，公民教育。让学生做好公民，遵纪守法；告诉欺凌者，必须尊重国家法律；告诉被欺凌者，拿起法律武器保护自己。

为了有效推进德育，学校构建立体德育网络，开展实实在在的活动，润泽每一个学生。

我在西岗中学时，学校制定了《西岗中学学生德育系列化方案》，使德育工作月有主线、周有主题、年级有侧重点，使学生的思想教育循序渐进，规范主题班会，组织观摩活动，每学期举行班主任论坛，邀请魏书生、陶继新等全国著名德育专家点评并做主题报告。学校把每周升旗仪式作为开展经常性爱国主义教育的重要形式，国旗下讲话由值周班级准备，讲话内容撷取校园文化生活中大家最关心的话题，力求健康、积极向上，对所有学生都有激励和鼓舞作用。

围绕"学规范　养德行　做合格中学生"行为规范养成教育月活动方案，细化活动要求和评比办法，围绕主题"知晓五种礼仪、养成五种品德"，以"爱国铭志、崇礼尚德"教育活动为主线，有效推进爱国主义教育。通过举办各类主题班会、手抄报比赛、征文比赛等主题教育活动，将社会主义核心价值观细化为贴近学生生活实际的具体要求。

学校还坚持家校合育，拓宽育人渠道。成立了三级家委会，开展家长进校园、进课堂活动，提高家长对学校教育教学的理解和关注度；定期召开家长会，及时和家长沟通交流，达成教育共识，提升合育水平和效果；开展"万名教师访万家"活动，让教师深入到学生家中，实现学校教育的深化和延伸。

学校扎实开展青春期心理健康教育，积极开展学生心理疏导、家长心理辅导等工作，为青春期学生的健康成长保驾护航。开展了滕州市双飞燕青春健康教育走进滕南中学、八年级"让花季更美丽"女生系列活动、青春健康大讲堂——亲子互动、考试焦虑团体辅导、沙盘游戏辅导等活动，对青春期学生的健康成长起到保驾护航作用。

举行"星满校园"争星夺旗活动。适时评选班级"安全守纪星""勤俭节约星""智慧创新星""正义诚信星""校园读书星""文明礼仪星""管理服务星""文体艺术星""卫生环保星"和"感恩孝德星"，每人写600字以上的个人事迹材料，在此基础上评选相应类别的滕南中学"十佳之星"，有效地促进学校德育工作的持续开展。各教学部开展争星夺旗活动，评选分为卫生五星班级、卫生四星班级、卫生三星班级、学习五星班级、学习四星班级、学习三星班级、纪律红旗班级、赛晨读红旗班级、中考体训红旗班级、班级文化红旗班级、名著阅读红旗班级等几个类别。通过对学生和班级的过程管理和有效评价，促进学生综合素养的提升，推进级部管理工作。

利用主要节日、大型活动等开展形式多样的教育。结合省级文明校园创建、国家文明城创建，推动学生文明行为的形成和提升，促进秩序校园、和谐校园建设。利用国庆节等节日开展爱国主义教育活动，抒发爱国情怀，彰显学生的青春风采。倡导学生会、团员青年到敬老院献爱心、进社区做公益等，感受疫情肆虐时，"最美逆行者"的伟大担当，要求班主任老师及时推送美文、典型事迹等，弘扬奉献精神，抓住教育契机，触动学生的心灵，促进学生健康成长。

学校邀请专家开展法律知识讲座，让中学生知法懂法；组织学生参加网上安全网络知识竞赛、学宪法网上答题等活动，使学生的法制观念、自律意识得到提升。

学校坚持寓德育于各学科教学中。引导老师把每一节课都当成"道德讲堂"，在学科知识讲授中，广泛渗透道德教育内容，结合当前时政要闻、社会案例，强化德育的实效性，把道德教育贯穿于整个教育教学全过程；开展传统经典诵读活动，让学生充分汲取经典文化的精华，接受经典文化的浸润，厚积而薄发。在课堂教学中，要求老师注重知识与能力、过程与方法、情感态度与价值观的教育。各学科教材中均蕴含着大量对学生进行德育的内容，教师要深入研究，挖掘德育的内涵，真正把德育目标落到实处。努力构建德育课程一体化体系，发挥学科教学的德育功能。以培育和践行社会主义核心价值观为主线，积极探索生动、丰富、有效的育人新途径，着手构建全程性、全员性生本德育课程体系，重点强化传统文化、法制、文明礼仪、行为规范教育。

结合健康教育的特点，我校广泛开展了信心操、欢乐兔子舞、阳光路队、人人认养一盆花、叠被子比赛等各种活动，使学生的身心得到了净化，让学生对生活充满了信心，陶冶了学生情操。

坚持班主任例会制度，建立德育研究会，加强学生的自主教育和自主管理，强化学生良好学习、纪律、卫生习惯的养成教育，积极拓宽教育渠道，按照科学性、知识性、集体性相结合的原则，积极开展丰富多彩的活动，重视对学生的德行教育，通过广播、讲座、优雅的校园环境、深厚的文化氛围对学生进行时政、品德、审美等方面的隐性教育，使学生在潜移默化中得到有益的熏陶和影响。

学校实施关注留守儿童全员育人导师制，建立留守儿童成长档案、留守儿童谈心制度，定期对留守儿童进行家访，实施亲情化教育方法。

社会主义核心价值观是兴国之魂，是社会主义先进文化的精髓，凝聚了人民群众的价值追求，是我们精神上的旗帜。雷锋精神体现着民族的精神追求，代表着社会的道德理想，反映着公民的道德水准，是社会主义核心价值观的生动体现。为践行社会主义核心价值观，滕南中学通过创建"雷锋学校"，培养雷锋式的先进集体、先进个人和优秀学生，提高教育质量，提升办学品位，促进学生、教师和学校的共同发展，达到争创人民满意的学校的目的。

学校利用各种活动，加大宣传力度，力争在全校形成一个"知雷锋、讲雷锋、学雷锋"的良好氛围，让师生真真切切感受雷锋精神，同时结合自身实际，寻找差距，发现不足，在认真深入学习雷锋精神的同时，开展自省修身活动：在严格自省、深刻反思的基础上充分挖掘自身优点，增强自信心，提高团队凝聚力，同时对自身在为人、处事、学习等方面存在的问题进行反思、整改，将雷锋精神真正落到实处。通过升旗仪式和校内广播宣读雷锋名言，唱雷锋歌曲，利用主题班会、黑板报、手抄报宣扬雷锋故事，引导学生走近雷锋，了解雷锋，号召同学们向雷锋学习。

学校抓住各种教育契机，开展一系列学雷锋活动。团委开展了爱绿护绿养护活动，组织优秀团员积极劳动，主动优化身边环境；植树节期间组织学生种植了小树苗，既美化了环境，又陶冶了学生的情操；清明节开展了以"缅怀革命烈士、继承优良传统"为主题的征文比赛以及向革命先烈献礼的活动；组织团员到敬老院开展"我为老人送温暖"活动，让"尊老爱幼"的美德通过他们传递下去；开展了感恩教育活动，给学生布置"爱心家庭作业"，让学生上交感恩活动材料，并写出活动心得，常怀感恩之心，不忘父母恩、师长恩、社会恩等，塑造学生的健全人格，使学生养成良好的道德品质和行为习惯。

各班级成立"学雷锋志愿小组"，切实行动，不断壮大志愿者服务队伍，规范服务形式，长期持续。学校团委组织了"荆河志愿者"和"滕南中学小记者"社团，开展了丰富多彩的社会实践活动，培养了学生团员的综合素质，丰富了学生团员的团队生活。各班级建立《学雷锋好人好事记录簿》，随时记录学生的好人好事。对于突出事件，上报学校政教处，在全校进行表彰。

学校在大门西侧花园内显要位置建立了雷锋广场，布置了雷锋精神文化长廊。文化长廊共分为雷锋简介、感人事迹、雷锋格言、雷锋日记、永恒的精神、雷锋歌曲、新时代雷锋、践行社会主义核心价值观等16个板块，营造了浓厚的校园文化氛围。

虽然雷锋同志已经离我们远去，但雷锋精神永远不会远去，也永远不会老去。历经半个多世纪，雷锋依然是高耸在中华民族精神之园里的一座丰碑，是新时代青年心中可亲可敬、可学可鉴的道德偶像。雷锋精神以其鲜明的时代光芒和鲜活的人格力量，为"90后""00后"青年源源不断地传递着独特而强劲的青春正能量。

这些教育的实施，养成了学生的好习惯、好性情、好品格，并使之成为学生终生受用的良好习惯和生活（生存）能力。齐鲁晚报以《初中学子救人不留名》《"救人学子找到啦！"》等连续三篇重头稿件报道了北辛中学"4名救人的小雷锋"。采访中，记者惊讶于他们的遇事冷静，以及将急救知识充分利用在突发事件上的能力。记者从医院得知，由于他们的急救手段实施得当，为老人争取了充分的抢救时间。面对老者家人的感谢和媒体的跟踪采访，一个救人学生说："这些知识都是我们在学校学到的，真是没白学。这也是当代中学生应该具备的技能。"

2012年5月26日，山东省关工委领导莅临北辛中学视察工作，学校师生现场向领导们展示了师生诵读《弟子规》，齐唱团歌、校歌，书画表演、军乐队表演、器乐合奏、舞蹈、配乐诗朗诵、创新作品，等等。孩子们精彩的表现给所有与会领导留下深刻印象。省关工委主任王克玉说："北辛中学'感恩教育、诗文诵读、才艺比赛'三项活动丰富多彩、扎实有效，让学生的品德和技能教育走在了全省前列。"

目前，学校已经形成了较完善的德育工作制度、工作流程和良好的德育工作激励机制；有一套相对完善的班主任培训方式和方法，基本上建设起一支教育理念新、工作责任心强、管理水平高的学校德育骨干队伍；形成了完善的学生德育评价体系，德育工作实现系列化并有本校特色。建立了全员育人机制，广大教师要做学生锤炼品格的引路人，做学生学习知识的引路人，做学生创新思维的引路人，做学生奉献祖国的引路人。

德育工作是一项雕刻心灵、铸造灵魂的工作。育人为本、德育为先，德育工作需要持之以恒，需要和风细雨，需要齐抓共管；德育的乐章需要学校、社会、家庭共同弹奏。

第二节　创新科学评价体系

一、多把尺子评价学生

做家务好不好？耽误学习吗？估计不同的人有不同的回答。有的家长说，我舍不得让孩子做家务，多耽误学习时间啊！有的家长说，适当做家务有好处，可以放松大脑，还可以让孩子培养责任心，甚至悟到学习方法。

做家务确实有独特的好处。做家务可以体会家长的辛苦，有了这份体会，孩子就会更加努力。摆放鞋子，折叠衣服，收拾物品，煮饭洗碗，可以培养一个人的综合素质，比如，可以让孩子学习如何利用时间，可以培养孩子严谨独立的品质。

这些能力有用吗？有用。不只是做家务和读书，其实做许多事情都需要一种共同的能力：学习力。

现在素质教育与应试教育争得厉害，其实无须纠结。分数是少不了的，考高中、考大学、考研究生、考公务员都要分数，但是不能唯分数，毕竟我们需要考虑更多的事情，比如学生毕业后能不能适应社会。无论是素质教育还是应试教育，无论是考试还是实践，都需要学习力。

哈佛大学教授柯比（W. C. Kriby）就说：唯有学习力，才能让孩子真正提升学习效率，成为学习的主人。柯比教授把"学习力"归纳为：动力、态度、能力、效率、创新思维、创造能力。一个人的学习力强,考试一定高分,即使刷题,效率也很高,素质高,工作也一定优秀。分数着眼现在,能力着眼未来。我着眼现在,放眼未来,推出了多元评价新模式。

教育的价值取向不应该只看分数,更应注重学生独立人格、独立思考能力和责任意识的培养,如志存高远、诚信笃行、思想活跃、言行规范。要想让这种想法付诸实施,要让老师们认同这种价值取向,并且要通过课程改革,将这种价值观转化为教育行为。

有次巡课,我发现一个学生好动不学习,老师讲着课,他手头什么也没有。我提示他拿课本,他从桌洞里拿出一本小说,实属"三闲四无"。我一气之下把他带到办公室(孩子虽调皮不学习,但品质不坏,可以教育之)。先了解他家庭情况:母亲跑保险,父亲办了个汽修厂,家境很殷实。虽学习不好,但聊起汽修来,眉飞色舞,头头是道。因为家庭,这个孩子参与了生意,偏离了学习,他的兴奋点在汽修而非上学,他的目标不是升学而是混到毕业去做生意。

我与他聊起了今后,告诉他即使子承父业,现在也要学点儿基本的东西,他说这些大道理他都懂。我又问他,将来有钱了干什么?他不假思索地说,过好日子。什么是好日子?他说吃好、喝好、住好,想买什么买什么。我又问,对你的孩子呢?他脱口而出,让他过更好的日子。这时我才明白古语"富不过三代"的真谛。我们培养孩子是为了追求更好的生活,而更好的生活不是财富的积累,再多的财富都是有限的。单一的价值观、人生观使一部分人一旦实现"应有尽有"便没有目标,不思进取,有的甚至豪赌、吸毒,放荡人生。

人生的意义其实是实现个人的价值,一个有本领的人,其价值不是只为自己、家庭过得好,而是用自己的本事让更多的人过得好,承担更大的社会责任。假如你选择从政,你会因仁政一方而让人民安居乐业;假如你从事科研,生活会因你而便捷,社会因你而进步;假如你善于经营,那就开办实业,招募工人,解决一部分人的就业难题。其实,努力的真正意义是承担更大的社会责任。这正是我们教育工作者的责任。

在学生自主成长的过程中，科学的评价和激励是必要的。北辛中学变过去单一化的评价为多元评价，变过去以终结性为主的评价为过程性评价和终结性评价有机结合，研究制定了评价标准和实施方案，细化了评价项目，突出了过程性评价，充分利用信息化手段强化评价的过程管理和结果诊断，充分发挥了评价的诊断功能，引导学生不断进步。在北辛中学，学生做什么都会反映在评价上，一堂课的表现如何，教师会在课后进行过程性评价。一个学期结束，学生拿到手的不再是几个枯燥的分数，而是一份包含了历次测验分数走势、所处分数段、文字分析、综合实践评价以及下一步改进建议的诊断报告。

2008年初，我省召开中小学素质教育工作会议，随即下发了《山东省普通中小学管理基本规范（试行）》，开始强力推进素质教育。素质教育新政的实施促使我们深刻地思考：评价制度是素质教育的风向标，学校必须改变以分数为主的评价方式，但"应试教育"根深蒂固，分数评价由来已久，淡化分数评价，会产生怎样的社会反响？家长能否接受？老师和学生能否适应？该用一种什么样的尺度去评价学生并保证教育质量不断提升呢？通过深入研究，我们明确地认识到素质教育是一种面向全体学生的发展性教育，其本质是促进学生的全面发展。"多一次活动，就多一次教育学生的机会；多一把评价学生的尺子，就多一批优秀的学生。"基于此，我校积极尝试并构建了素质教育背景下以三创活动（品德创优、学业创A、校园创星）为内容的学生多元化评价机制，在实践中我们深切体会到科学评价那春风化雨的奇妙力量，也收获了丰硕的成果。

评价是指挥棒，能引领学生积极主动地参与活动；评价是催化剂，能激发学生的内驱力；评价更是尺子，能衡量学生活动的参与度和效度。我校实行的学生多元化评价机制具有"以评价促发展"的效应，它注重学生素质发展过程中的优势积累，努力放大评价在学生发展过程中的引导作用，促进学生潜能的开发，让学生感受到进步，体验到成功，增强学习动力，开启智慧的心扉，点燃青春的热情，促进了学生的特长发展，激发了学生的创造才能。

我在北辛中学时，积极参与学生评价改革制度，构建素质教育背景下学生多元评价新模式。学校制定了详实的校园之星评选标准，通过"品德创优、学业创 A、校园创星"三创活动，用多把尺子来评价学生。

品德创优。学校秉承"育人先育德，成才先成人"的育人理念，积极拓宽育人渠道，深化育人内涵，创新评价方式；将爱国守法、团结合作、文明礼貌、自信自立、责任意识、心理健康等内容纳入学生品德评价体系，坚持学校评价、家庭评价和学生综合评价相结合，个人评价与集体评价相结合，注重过程性评价，突出发展性评价，评价结果记入学生成长档案，作为综合素质评价的重要依据。学校制定了《滕北中学学生家庭行为准则》和《滕北中学学生家庭行为评价表》。学生最终要走向社会，引入社会评价能够鼓励学生走进社区、走进机关、走进企业，关注社会、关爱他人、关心时事，使社会成为学生成长的广阔天地。这样就能全方位、全时段地监督、激励、引导学生成长为习惯良好、基础扎实、能力多样、爱好广泛、品德高尚的一代新人。评价内容包含一级指标 5 项，二级指标 46 项；评价等级分为优秀、良好、合格、不合格；评价方式为每学期一次；具体操作程序为学生自评、小组互评、家长评价、教师评价、学校品德创优评定工作委员会综合认定、学生签字确认；评价结果记入《滕北中学学生成长记录册》。

学校努力开发雷锋文化校本课程，建设雷锋教育展厅，真正让师生全身心地接受雷锋精神的洗礼。进一步深入推进学雷锋活动，丰富活动内容，设立雷锋监督岗，拓展雷锋志愿者服务队的服务内容，让师生真正将"服务奉献社会"的新时代雷锋精神内化为自己的自觉行动。开展爱心助学活动。学校专门筹集资金，专款专用，对困难学生、大病学生、留守儿童进行帮扶，并组织教师、同学积极参与爱心助学活动，为贫困学生捐献"一日工资、一日零用钱"，为公益事业贡献自己的一份力量。制定创建雷锋示范岗星级评选制度，设立教师与学生示范岗位。通过更加丰富深入的活动来弘扬雷锋精神。

每年的3月5日是学习雷锋纪念日。滕南中学坚持大力弘扬雷锋精神，在校园中形成"人人学雷锋、天天学雷锋、时时有雷锋"的良好氛围，促进学生良好行为习惯的形成。我们的少先队员要像伟大的共产主义战士雷锋学习，从身边的每一件小事做起，养成良好的生活习惯，学会关心他人、关心集体，成为具有崇高的社会责任感，有文化知识，勇于创新，体魄健康的人。

学业创A。从2009年上半年开始，北辛中学在学生成绩反馈方式上进行了等级制评价的有益尝试，按学业达成度确定A、B、C、D四个等级，让优秀生力争全A，中等生力争多A，其他学生力争有A。哪怕基础再差的学生，只要努力，总会在某一学科取得A级。同时，在基础较差的学生中开展以"不比聪明比勤奋，不比基础比进步"为主题的"学业进步生"评选活动。这种做法，相对于以往单纯以学科总分排名评价学生学业成绩的做法，具有三大优势：第一，改变了"分分必争""分数至上"等过分关注分数的现象；第二，更加直观地展示了学生学业水平的综合进展情况，纠正了学生偏科、忽视音体美学科发展的倾向，减轻了学生过重的课业负担和心理压力，激发了学生争先创A、奋发向上的积极性；第三，有利于减轻学生过重的课业负担和心理压力，把时间、健康和能力还给学生。

滕南中学各教学部开展"争星夺旗"活动，评选卫生、学习、纪律星级班级和赛晨读、班级文化、名著阅读、人人认养一盆花等活动红旗班级，每学期都开展"学业优秀生""学业合格生""学业进步生"等评选活动，不比基础比进步，不比智力比勤奋。提倡"合格即优秀，进步即优秀，特长即优秀，优秀更优秀"。抓住巩固率，提高合格率，助推优秀率，大面积提高了教育教学质量。

校园创星。设立了学习之星、礼仪之星、管理之星、卫生之星、读书之星、合作之星、探究之星、才艺之星等校园之星。适时评选班级"安全守纪星""勤俭节约星""智慧创新星""正义诚信星""校园读书星""文明礼仪星""管理服务星""文体艺术星""卫生环保星""感恩孝德星",在此基础上评选学校相应类别的"十佳之星",班级创五星:热爱集体星、班风班纪星、学习成绩星、清洁卫生星、明礼诚信星。

每学期开学初所有学生根据自己的兴趣爱好、基础特长申报创星计划,可以申报一项,也可申报多项。学校根据学生的申请和成长需要,开设文明礼仪教育课、综合实践课、人生规划课等地方课程和校本课程;学校根据学生的艺术特长组建了体育队、舞蹈队、管乐队、民乐队、合唱队、战鼓表演队、心语文学社、小记者站、绘画兴趣小组、书法兴趣小组等20余个兴趣小组,制定统一的活动方案,设计各项表册,利用第八节课、节假日组织专业教师跟踪辅导,把课外艺术活动纳入整体教学流程管理,活动时做到"三定""三有",即定时间、定地点、定责任,有考勤、有记录、有奖惩。学校定期举办师生书画展、古诗文诵读比赛、唱国歌校歌班歌比赛、背诵弟子规比赛、队列跑操比赛、文艺演出、航模比赛、校园文化艺术节等,定期出版《心语》《同风》校刊。每学期末学校举行隆重的授星仪式,获星学生身着校服、胸带红花、手持光荣册,在全校师生、家长代表赞许的目光中充满成就感地走过红地毯,踏上"星光大道"。学校把校园之星的获奖感言编辑成册,出版《星光灿烂》文集。由于办学有特色、学生有特长、艺术教育有特点,我校成为山东省艺术教育示范学校。

校园之星中的每一颗星都是那么耀眼、那么明亮,因为每一颗星的诞生,都有明确的评选条件,都有多种角色的参与,都是学生奋斗的成果,都是学生成长足迹的闪现。评选校园之星采取学生自评、班级评价、老师评价、家长评价、社区评价等方式,按照个人申报、班级评议、集体推荐、学校评定的程序进行。如评选读书之星就是为了鼓励学生善读书、多读书、读好书,班会上让学生自述个人情况,倾听同组学生评议,由小组推选，小组推选出的学生参加班级评选，通过选拔者由班级推荐参加学校评选，学校评选采用说名著、讲故事、谈体会、查笔记、背古诗文等方式，全面了解学生读书的广度和深度。比如评合作之星。近年来，我校在"提倡自主、合作、探究的学习方式"的新课程理念指导下，实行"小组合作竞学"的课堂教学模式。在课堂教学中，让每个小组成员在学会自主探究学习的基础上重视合作学习。黑板上张贴小组竞学PK榜，及时评价每堂课各个小组的表现情况。每个小组建立《小组合作学习记录本》，记录小组成员课堂合作竞学中的表现。班级每月对小组成员合作学习情况进行总结评定，对小组中表现突出的学生授予"合作之星"光荣称号。

经过评选，全校共有1171名同学获得表彰。活动的开展激发了全体同学争星创优的积极性和创造性，促进了学生整体素质的提高。

校园创星是多元化评价学生的奖励机制。霍华德·加德纳多元智能理论认为：每个人都具有多种智能，每个学生都有自己的优势智能领域，有自己的学习特点与方法，学校里不存在差生，只要为学生提供合适的教育，每个学生都能成才。行为科学的激励理论认为，人人都有一种参与意识，都希望自己拥有一定的自主权，都希望自己获得一定的成功。确实，我们的学生千姿百态、充满个性，几乎每个人都能在一种智能的发展上取得一定的成果。因此，我们教师的责任就是为不同智力潜能的学生提供适合发展的平台，我们坚信每个学生都是一座金矿，关键是如何去发现、去挖掘，让金子不再埋在土里，而是闪闪发光。

2009年我校有60多名学生荣获8级以上器乐证书，百余名学生在国家、省市才艺大赛中获奖。学生马文娟一曲古筝独奏《将军令》获中国青少年艺术节金奖，王司琪同学制作的"多用把手碗"荣获山东省第24届青少年科技创新大赛初中组一等奖，孔德维同学设计操作的"探究燃烧的条件和空气中氧气的含量"在山东省创新实验展评中荣获一等奖，50多位学生在第三届"全国地理小博士"科技大赛中获奖，王一茹等90余名"枣庄小记者"在《枣庄日报》上发表作品。2009年度，腾北中学被评为全国青少年文明礼仪教育基地、全国科普教育示范基地、十一届全国运动会志愿服务优秀组织奖、中国教育学会"十一五"规划课题研究先进单位、山东省艺术教育先进单位、枣庄市教学管理"学查纠"活动先进单位、枣庄市家长最满意学校等多项荣誉称号。目前，省教育厅已将我校创新评价体系的做法作为素质教育典型向全省推广。

改革学生评价制度，采用多把尺子评价学生。优化课程实施，推行全员、全程、全方位育人。抓住巩固率，提高合格率，助推优秀率，减少低分率，为全面提高教学质量做出重要贡献。

采取过程性评价和终结性评价相结合的评价方式，评价学生主要是三看：一是看学生学习该课程的学时总量；二看学生在学习过程中的表现，如态度、积极性、参与状况等；三看学生学习的成果，通过实践操作、作品鉴定、竞赛、评比、汇报演出等形式展示。成绩分为"优秀、良好、一般"记录在案，优秀者可将其成果记入个人成长档案，并作为一年一度的"校园之星"评比条件。

山东省教育厅调研后，把这种做法总结为"滕北模式"向全省推广。2008年11月，全国第二届人文素质教育现场会在滕州召开，滕北中学在大会上表现突出。主持的省级重点课题"构建多元化学生评价体系研究"获枣庄市社会科学优秀成果评选二等奖；学业合格率每年提升10%行动计划被枣庄市教育局推广；学校成功创建为山东省教学示范学校。教育教学质量自2009年起一直保持滕州市同类学校第一名。山东省教育厅把采取多把尺子评价学生的做法作为素质教育典型向全省推广。该做法的典型经验材料《评价改革一小步，学校发展一大步》被编入素质教育新探索丛书《追求新境界2010》，面向全国发行，并入选滕州市"一校一品建设工程"，2010年又被列入枣庄市特色建设项目，成为枣庄市的特色品牌。

评价指标的多元化，世界发达国家已为我们树立了榜样，美国许多著名中学设立的奖项之多、范围之广让人目不暇接，几乎涉及学生发展的方方面面。我校拥有雄厚的师资力量和完善的教学设施，为多元化评价机制的实施提供了保障。

如果说教育是在塑造生命，是在唤醒和点燃生命，那么一套科学的学生评价体系则是唤醒和点燃生命的火种。我校以三创活动为内容的学生多元化评价机制就是这样的火种。

二、多个维度评价教师

每个事业的创建过程都是非常漫长而艰苦的，滕北中学的创立也经历了艰难的过程。

初建的滕北中学，传承和发扬了历史名校书院小学的良好校风、教风、学风。教师扎实敬业，治学严谨。学生勤奋好学，朝气蓬勃。全校干群团结一致，师生戮力同心。翌年暑假中考，首届毕业生成绩优异，获得了社会各界广泛的赞誉，为北中在全县的领军地位铺下了第一块基石。

教学是学校的中心工作。学校在学习外地先进经验的基础上，针对本校实际情况，进行了"分类推进"的教学改革。先行典型实验，继而全校推广。分类推进教学方法的实施，使不同基础、不同层次的学生都能获得较快的提高，取得了明显的改革成效。教改的推进和深入不仅使学生受益，而且使教师队伍得到了很好的锻炼。"不当教书匠，要当研究型、专家型教师"由口号变成了实实在在的行动。认真学习教育教学理论、虚心学习先进经验、主动参加业务进修、锐意改革进取、严谨认真施教、主动深入教研的风气越来越浓，一批中青年骨干教师脱颖而出。

苏霍姆林斯基在《给教师的建议》中曾说过"不给学生打不及格的分"。随着教研教改的深入，学校适时提出了"降低考试试题难度"的教学要求。这一举措的贯彻实施，有效地增强了学生的自信，很好地调动了学和教两个方面的积极性，也慢慢提高了教学质量。

学校各项工作有序地高效推进，办学条件也日见好转，教育教学水平不断提升，后来被上级确定为城关镇中心中学。

实施素质教育的关键是教师，因此要用科学的评价制度引领教师实施素质教育。评价得当，会让教师产生职业幸福感，反之，则可能导致教师的职业倦怠感。

滕北中学抓住全省强力推进素质教育的良机，改变过去单纯用文化课分数衡量师生教与学效果的做法，积极构建素质教育背景下多元化、个性化师生评价新机制，挖掘潜能，彰显个性，促进师生的共同成长。滕北中学连续五年在滕州市办学水平督导评估中荣获同类学校第一名，素质教育工作走在了全省前列，省教育厅也把该校采用多把尺子评价学生的做法作为素质教育典型向全省推广。

打破"唯学生学业成绩论教师工作业绩"的传统做法，建立促进教师不断提高的业绩性教师评价体系。实现学生发展成果评价与教师发展成果评价相统一，教师工作成果评价与教师工作过程评价相统一。

课程评价委员会通过听课、查阅资料、调查访问等形式，对教师进行考核，并记入业务档案。主要是四看：一看学生选择该课程的人数，二看学生实际接受的效果，三看教师听课后的反馈，四看学生问卷调查的结果。对在校本课程开发中工作突出的老师进行表彰，在学校评先树优中给予充分体现。

学校率先在全市制定实施《教师教育教学综合考核多元评价实施细则》，修订完善《北辛中学"名师""骨干""教学新秀"评选、考核办法》，建立了新秀、骨干、名师培养的长效机制。依托"名师工作室"，实施"青蓝工程"，发挥名师、骨干教师的辐射、带动作用，打造优势学科团队；创办《课改之声》、"北辛中学网站"和"北辛中学网校"，要求每位教师建立博客或个人网页，撰写教学心得；邀请全国著名教育专家魏书生先生，全国著名德育专家、中国《德育报》主编张国宏教授，中国教育学会副会长郭永福先生，齐鲁名师张华清校长来校为全体教师做报告；定期与枣庄十五中举办教学联谊活动，鼓励教师进修和外出学习，先后组织教师360余人赴上海、江苏等地十多所名校学习考察。每学期都大批量表彰优秀教职工。研训活动的扎实开展，有力地促进了教师教学基本功的提升和专业素养的发展。

腾北中学发挥评价制度的风向标作用，创造性地提出了"非毕业班教学成绩四类分析评价方案"和"毕业班教学成绩六类分析评价方案"。每个年级学年初依据上学年学生成绩确定班级 ABCD 四类学生基数（毕业班确定 A＋、A、B＋、B、C、D 六类基数），并把各类学生名单印发给课任老师，做到对学生成绩等级人人有数。实行班级教学质量"捆绑"评价制度，把班级四类学生基数作为对课任老师的教学实绩评价基数，把四类学生成绩转化情况作为对教师的评价依据，加强了班主任在班级管理中的核心地位，营造班主任和课任教师之间良好的合作、伙伴关系，使其形成教育合力。班主任、课任教师从学年初就根据四类分析基数，明确培优目标，加强对优秀生的培养。人人力争保住自己的 A 类学生，转化自己的 B 类学生，减少自己的 D 类学生，合力让自己班级的水涨起来，让更多的尖子生突出来。

滕北中学结合学校实际制定了《滕北中学教师教育教学工作综合考核实施细则》《艺体综合科教师实绩考核实施细则》《行管教辅人员综合考核实施细则》。三项制度从教师的职业道德、工作量、工作表现、专业发展和教学质量等方面全面科学地评价教师，变单纯以教学成绩评价教师为多元评价教师，实现了教师专业发展和学生全面发展的统一；重视对教师日常工作的过程性评价，实现了工作过程与结果的统一；突出教学质量的中心地位，实现了教学质量与教学方法的统一；凸显多种形式的捆绑式评价作用，实现了个人利益与集体利益的统一。把学生的学业成绩"合格率"作为评价的重要指标，让老师们树立"消灭低分率，扩大合格率，发展优秀率"的评价观念，增加"转化率"的评价权重，要求教师关注每一个学生，从最后一名学生抓起，不让一个学生掉队。

学校还制定了校内"名师、骨干、教坛新秀"评选制度，每年组织评选并举行隆重的表彰会。学校通过组建名师工作室、实施"青蓝工程"发挥名师的辐射带动作用，通过为名师订阅书刊、拨发科研经费、优先外出培训学习等措施，提升他们在学校里的地位。在滕北中学，地位最高、待遇最好的不是领导，而是名师。学校重视教师专业发展，全面落实教师成长计划。每学期通过限时备课、写教学案、教学日记、教学反思，进行全员参与的教研大练兵，通过读一本好书、演讲比赛、书法展示、理论考试等活动，促进教师基本功的提升，通过校园金点子、班主任论坛、家访日记的形式，引导教师主动参与、创新教学管理。为打造高效课堂，滕北中学每学期都要开展"同课异构"课堂教学赛课活动，学校为每一节课录像并刻成光盘，一方面供同组教师观课、议课，另一方面让每位教师自己通过光盘"照镜子"，不断揣摩、反思自己的课堂。这些措施使一大批优秀青年教师迅速成长，两年来，有5位教师荣获全国、省优质课一、二等奖，18位教师获得枣庄市"课改标兵"称号，12位教师分别被评为首届"滕州名师""十佳班主任""明星教师""学科带头人"。

三、多个视角评价课程

小课程大使命，扬个性负传承。我校特色课程的开发和实施，让每一位学生在校园生活中陶冶着情操，张扬着个性，享受着成长的快乐。思路决定出路，创新引领发展，建设"活力校园、魅力课程"，我们在路上！

课程设置是实现学生全面发展与个性发展相统一的关键。学校在全面落实国家课程方案的基础上，制定了《滕南中学课程整合方案》，通过大力实施课程整合，积极研发有特色的学校课程，成功构建了完善的课程体系，为学生提供内容丰富的"自助餐"，引导学生自主选择与主动发展。

课堂是实施素质教育的主阵地，更是育人的主渠道。滕南中学把课堂建设作为学校的中心工作，追求让学生充分展示自我、突出个性的高效课堂，注重打造学生团结合作、有序竞争、学会学习的自主课堂。为扎实开展高效育人课堂建设，学校采取多项措施。

以学科整合为方向，构建学科课程体系。学科课程整合从学科内部入手，逐步实现学科间课程整合。例如，物理和化学科组根据课程标准，在

七、八年级分别开设物理引桥课程和化学引桥课程，教研组在参考其他版本教材和相关课外资源的基础上，对整套教材的知识体系进行梳理，编写出图文并茂、内容丰富的物理和化学引桥教材。信息技术教研组利用数字化学习平台，开设网络课程，汇集精品教案、课堂实录、教学资源、作业练习，为学生课内外自主学习提供多样化的选择。

以实践活动为载体，构建活动课程体系。通过课程与社团、社会实践活动之间的整合，学校把学生活动全部纳入课程体系，学生全员参与、自主选择、自主管理。学校形成了以体育节、艺术节、读书节、合唱节为主，英语口语大赛、语文经典诵读、硬笔书法展示、作文演讲感恩季等年级活动为辅的经典活动课程体系，各项活动定期举行。通过这一系列活动课程的有效落实与实施，学生的综合素质得到全面提升。

以校本开发为特色，构建校本课程体系。学校从发展学生个性与完善学生人格的目的出发，整合滕州地域文化的优势资源，逐步形成六大类别的22个课程56个模块的校本课程体系，形成入校课程、离校课程、礼仪课程、升旗仪式课程、主题班会课程、家长课程等一大批独具特色的精品校本课程。同时，学校广泛开发社会资源，邀请滕州当地的民间艺人、"五老"志愿者和家长团体，利用其专长及专业优势来拓展校本课程。

以文化建设为内涵，构建隐性课程体系。学校非常重视校园文化建设，并将其作为校课程建设的一项重要内容。学校积极办好校报、校刊、宣传栏、黑板报、广播站、校园网等宣传阵地，出版《荆风雅韵》《教研资讯》《南中德育》《课改之声》等报刊，多视角、多渠道、多时段地传播优秀文化，让学生时时处处浸润其中，形成良好校风学风。

第三节 "361"课程个性化教育

爱因斯坦说："不要让一条鱼去爬树！"

2018年2月，我到北辛中学工作时，对教育的终极拷问更是时时回荡在内心：办一所什么样的学校？培养什么样的学生？怎样才能实现有时代感的文化育人，并让它落地生根？

课程是学校育人的载体，直接指向育人目标，回答育什么人的问题，是实现学生全面发展与个性发展相统一的关键。这也是我率先拿课程开刀的原因。

2013年，在十二届全国人大一次会议闭幕会上，习近平主席在发表讲话时指出：生活在我们伟大祖国和伟大时代的中国人民，共同享有人生出彩的机会，共同享有梦想成真的机会，共同享有同祖国和时代一起成长与进步的机会。

"共同享有人生出彩的机会"，这既是一种庄严的承诺，更是广大民众久远而朴实的梦想，道出了政府对国民个体人生、理想的重视和尊重，凸显出发展依靠人民、发展为了人民的重要理念。秉持这样的执政理念，深入改革开放，推行制度革新，加快发展步伐，促进社会公平，改革、发展成果惠及广大人民群众，理想的阳光照进现实，让国人更满怀期待。

"共同享有人生出彩的机会"这一观点对我的触动很大。在西岗中学时，根据学校的特点，我和全体领导班子确立了"让每个学生享有人生出彩的机会"的育人理念，并制定了融办学理念、办学目标为一体的《西岗中学宣言》：努力创办与西岗镇经济社会地位相匹配的中学教育，把"高质量、有特色、信得过"作为办学追求，打造绿色教育，践行"四让"理念"让党和政府放心，让广大家长满意，让全体教工自豪，让所有学生成才"，使西岗的孩子在家门口享受优于城区的教育。

二十多年的理论学习和实践探索，引发我对学生培养模式的思考，我创建了"三水"学生培养模式。"水落石出"的教育模式，只能为少数尖子生助跑，只能成就一小部分学生的梦想，但教育是面向全体学生的教育，每一个孩子都需要成长，这是教育人的职责。所以要摒弃"水落石出"，践行"水涨船高"，促进全体学生都成长！我愿达到"水到渠成"，真正全面提高教育教学质量。2013年习近平主席在十二届全国人大一次会议闭幕会上强调，让中国人民"共同享有人生出彩的机会"。这更坚定了我践行人人发展理念的信心，我确立了"关注每一个，激励每一个，提升每一个，成就每一个"的"四个一"办学理念，最终我校成为一所让人尊敬的理想学校，每个学生都绽放出了生命的精彩。

学校多项活动获得省级以上课程与教学改革表彰奖励，办学特色成果受到上级领导的高度认可。丰富完善了"361"校本课程，实现了国家课程校本化，学校"阳光跳绳"特色课程被评为省级校本课程。

多彩活动，张扬个性。学校成立了体育队、音乐队、舞蹈队、小记者站等20多个社团组织和兴趣小组，安排专业教师长年辅导训练；举办队列跑操比赛、演讲比赛、创新实验大赛、校园歌咏比赛、运动会，多次成功举办学校文化艺术节、游戏节等；积极开展感恩教育、爱心捐助、才艺比赛、国旗下演讲等系列主题教育活动；邀请赵一博、水力等教育专家来校做报告；组织学生参观博物馆、奥体中心、墨子纪念馆、烈士陵园等爱国主义教育基地，参加综合实践和社区服务，促进学生综合素质的提高。

多元课程，点亮个性，量身打造特色课程。除了严格按《山东省义务教育地方课程和学校课程实施纲要》设置课程，上好国家课程和地方课程外，学校还积极研发了"361"特色校本课程体系，为每一位学生量身打造适合他们发展的课程，从而使教师因能设课，学生因趣选学。结合学校实际开设校本课程，相继开发了"滕州文化""素描""健康与保健""魅力西岗""朝花夕拾""弟子规""古代诗歌鉴赏"等系列校本课程。我称之为"361"课程。其中"3"是指校本课程的三大目标，即学生快乐、教师幸福、家长满意；"6"是指行圆课程、志远课程、科学课程、人文课程、艺术课程、竞技课程六大系列课程；"1"则是指"促进每一个学生全面发展，绽放独特的生命精彩"这一育人核心宗旨。

配齐音、体、美、综合实践教师，确保各科开课及时。正常上课日全体学生体育锻炼活动时间不少于1小时，确保场地、器材等保障性资源能满足学生需要；积极开展各项活动，借助国庆、元旦，举办师生书画展、摄影展、硬笔书法展、校园文化艺术节，丰富学生业余生活。学校重视学生自主发展，重视学生社团课程实施。及时向全国学生体质健康标准数据管理中心上报学生体质健康数据；积极参加各级教育部门举行的学生综合素质和技能比赛，并获得较好名次。为预防学生近视、龋齿、肥胖等，学校举行了秋季运动会，启动了阳光体育节系列活动，许多趣味比赛项目，教师也参与其中。

在"三水"育人模式引领下，在全体学生中进行"合格即优秀，进步即优秀，特长即优秀，优秀更优秀"的宣传教育，在全体教师中开展"关注后十名学生"和"不人为制造差生"行动，真正实现了教师教育理念的转变和学生自信心的提升，点燃了学生学习的热情，提升了教师的工作积极性。

我调入滕南中学后，根据国家课程标准的要求，在全面落实国家课程方案的基础上，制定了《滕南中学课程整合方案》。学校通过实施课程整合，积极研发有特色的课程，成功构建了完善的课程体系，推进了"361"课程的实施，为学生提供了内容丰富的"自助餐"。

依托"361"课程的"361"社团建设，组建师生特色社团，提高了学生的综合素养。我校组建了"'绳'彩飞扬""小小发明家""舞动腰鼓""青春摄影""悠扬古筝""韵律彩扇""红烛学社"等二十多个师生社团，社团活动在教师的指导下成为学生成长的"维生素"，实现了社团建设的课程化。

一、行圆课程

"行圆"取自《淮南子·主术训》，对应核心素养中的"实践创新"。目标是对学生进行行为规范教育，鼓励学生独立思考，让其成为有思想的人，突出日常规范的自我管理，培养学生的自律意识。内容包括军训、班级法庭、安全救护、星满校园、荆河志愿者社团等多种模块课，借助植树节、"五一"劳动节、春季校园绿化美化等，创新教育活动方式。学校环保教育特色：保护母亲河——荆河环保教育，发动团员青年、学生会成员到荆河沿岸开展爱绿护绿活动；组织兴趣小组开展荆河水污染、城市湿地建设、荆河沿岸植被恢复等实地调查，形成调查报告，结合世界粮食日、水日、地球日、气象日等分类举办征文展、做手抄报，让学生受到了良好的环境教育，也提高了他们的环保意识，受到家长、社会的高度认可。利用"三八妇女节"、母亲节等开展关爱女性，对老人尽孝心、送爱心活动，弘扬感恩精神，抓住教育契机，触动学生心灵，促进学生成长，实现综合实践课程的拓展。

以传统节日为契机，团委组织开展了系列活动：结合中秋佳节开展了以"庆国庆·迎中秋"为主题的手抄报及征文活动；结合世界节水日、全国交通安全日、全国消防日举行了相关的宣传活动；为丰富校园文化，继续开播"校园之声"广播站；组织"滕南中学小记者"和"艺术社团"，开展丰富多彩的社会实践活动，同时加大青少年学生的心理健康教育，目的是培养身体健康、心理健全的中学生。本学年，学校先后荣获枣庄市五四红旗团委、优秀团总支、学雷锋活动先进单位等荣誉称号。

在滕州市"好家风好家训好家教"传承比赛中，我校张瀛予、董隆佩、李敏、王耀斌、吕高辉获优秀奖；黄兰被评为滕州市"推普标兵"，并荣获"消防演讲比赛一等奖"。本年度郭其邦、王爱华被评为枣庄市第十届中小学生实践与创新技能大赛优秀辅导教师；单杰、闫涛、王静、王磊、马洪、刘希尧、巩吉侠、康艺砾、孔令国、刘强被评为滕州市第十届中小学生实践与创新技能大赛优秀辅导教师；高刚被评为滕州市"书香滕州"优秀阅读者。

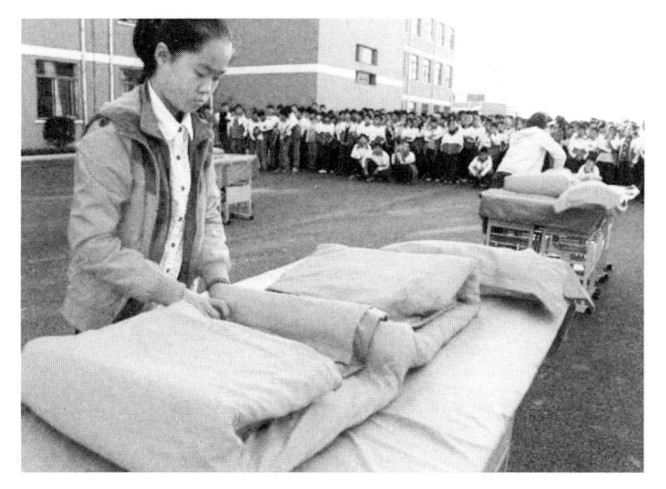

滕南中学劳动技能大赛

二、志远课程

"志远"取自张载《正蒙·至当篇》之"志存高远"，对应核心素养中的"责任担当"。目标是培养学生追求远大的理想、诚信笃志的信念和品质，培养学生为他人、为社会服务的责任和意识。内容包括爱国主义教育、担当教育、高雅教育、美德教育、普法教育。利用三月"学雷锋活动月"，通过黑板报、主题班会、征文等形式，抒发对雷锋的敬重，"弘扬雷锋精神　争做四德标兵"师生签名活动拉近了师生之间的距离，颂扬了传统美德。利用清明节、五四青年节等节日，开展学生集体宣誓，组织"铭记历史、爱我中华"征文活动，团员青年到市烈士陵园参加祭扫等系列活动，抒发爱国情怀。将升国旗、德育主题、班团会、节庆等活动课程化，大大提升活动品质。在校外建立了市烈士陵园、博物馆、荆河敬老院、姜屯一职高、荆南社区等10个社会实践活动基地，组织学生进行社会实践，实现历史、思想品德的学科拓展。

传统美德教育。通过主题班会、征文比赛、书法绘画、摄影展等形式，引导学生抒发对教师、对祖国的热爱与敬重，利用师生签名、宣誓等活动有效促进良好班风、学风的形成。

爱国主义教育。利用国庆节等节日及抗战胜利纪念日等纪念日开展爱国主义教育活动，利用升旗仪式、主题班会等抒发爱国情怀；组织"铭记历史、爱我中华"征文评选。

感恩教育。利用国庆节、重阳节等开展对家人、老人尽孝心、送爱心活动。鼓励学生做力所能及的家务，弘扬感恩精神，促进学生健康成长。

普法教育。学校邀请专家开展法律知识讲座，让中学生知法懂法；组织学生参加安全网络知识竞赛、学宪法网上答题等活动，使学生的法制观念、自律意识得到提升。

学校积极开展感恩教育、诗文诵读、才艺比赛、"迎全运、爱滕州、讲文明、树新风"、文明礼仪伴我行、小手拉大手、文明迎全运、诵读践行"弟子规"、法制宣传报告会、交通安全报告会、"远离网吧，拒绝污染"、"崇尚科学，反对邪教"、爱国主义教育影评等系列主题教育活动。这些活动在学生良好习惯的养成中起到了至关重要的作用。

三、科学课程

国家课程的定向拓展课程和兴趣拓展课程对应核心素养中的"科学精神"。目标是让学生拓展科学知识视野，提高科学探究力，了解科学研究方法，体验科学探究过程，形成科学的态度、情感和价值观，提高运用科学知识解决实际问题的能力。内容包括科技创新课程、探究体验课程、人与环境课程、趣味数学课程、机器人技术、航模技术等。

课程实施一年后，滕南中学有200多名学生在各类才艺、创新大赛中获奖。我校学生在"小哥白尼"杯创新大赛中，曾荣获 4 个一等奖，学校荣获优秀组织奖。李颂同学连续三届在全国青少年科技创新大赛中获金奖，被授予"中国科协主席奖"，成功入选山东省第四届"少年科学院院士"。袁文锋、王爱华、王静获枣庄市第九届中小学生实践与创新技能大赛优秀辅导教师。倪光峰、刘文生获山东省第三十三届青少年科技创新大赛优秀青少年科技创新成果辅导奖。王司琪同学凭借制作的"多用把手碗"荣获第 24 届山东省青少年科技创新大赛初中组一等奖。

四、人文课程

人文课程的目标是让学生通过学习，提升自己的气质修养，继而形成准确的表达能力、稳定的心理素质、良好的思维方式等。我们开设了语文阅读与写作衔接育人课程和英语名著阅读课程，提高了学生进行名著阅读的兴趣，强化了学生的听说读写等能力。

为了提升师生幸福指数，学校领导努力为师生营造公平、民主、和谐、愉悦的氛围；为开阔师生视野，学校不断派老师外出参观学习，不断组织学生参加研学旅行活动以提升学生在学校的幸福指数，提高学生综合素质。

学校开设了新思维英语、戏剧表演（柳琴）等 20 余门综合实践选修课程。选调和聘任专业老师上课，学生根据自身需求选择课程，实行自主选班上课。其中，《新思维英语》是经省教育厅批准引进，重在提升学生国际视野和英语口语能力的课程，由澳大利亚籍专职教师在地方课程中针对不同年级开设安全教育、环境教育、传统文化教育、人生规划指导等课程，对地方课程进行延伸、拓展。通过课程建设的方式构建主题教育活动，有计划有步骤地开发了《四会读本》《弟子规》《健康教育》《心语》等系列教材，受到专家的好评、家长和学生的喜爱。开设"汽车尾气与大气污染的调查""墨子与滕州"等研究性学习课程，把滕州市综合实践基地作为实践活动基地，每学年组织学生参加为期一周的集中实践活动，进行22个模块的操作训练，培养学生的劳动意识、创新意识，提高学生的创新实践能力。

在充分领悟党和国家教育方针政策的基础上，我结合自身思考和学校的实际情况，把墨子文化、鲁班文化作为构建学校特色校本文化的重要基因，依据多元智能理论，遵循因材施教的原则，着力构建了独具特色的"精·和"校本文化，提出了"精承中华文化，和生国际视野"的办学愿景，引导教师立足于学生生命个体，追求学生个体成长的和谐，丰富师生校园文化生活，提升师生的文化自觉，从而实现文化育人，全面提高教育教学质量发展目标。

开展国际理解教育。新时代的中国，越来越接近世界舞台的中央。山东枣庄市教育局出台了《开展中小学国际理解教育的指导意见》，滕南中学将以此为依据，制定国际理解教育三年规划，设计年度推进目标，集中人力、物力，打造一些特色活动、特色课程，努力把国际理解教育开发成我校的精品校本课程。通过国际理解教育课程的实施，让学生放眼世界、了解世界，通过对世界的认识来进一步了解自己和理解他人，培养一批具有家国情怀、国际视野的世界公民。

一是营造校园氛围。积极发挥校园广播、网站校报、文化长廊作用，宣传普及国际理解教育基本常识。结合重大国际时事、重要纪念日，开展校园读书节、艺术节、双语节等校园节展活动，探索开展以国际理解教育为主题的各类校园教育活动。打造以"精承中华文化，和生国际视野"为主题的"精·和"校园文化，使师生身居滕州，不出国门就能感受到浓浓的国际文化氛围。

二是组建高效优质教育团队。学校将邀请国际理解教育专家来我校进行专题讲座，提高我校教师对国际理解教育认识水平。挑选实施国际理解教育的重点学科教师、校本课程负责人进行重点培训，提高这些教师项目实施水平。

三是发挥好课堂主渠道作用。立足课堂学科教学，尤其是语文、英语、政治、历史、地理、艺术等学科，强化不同国家文化、政治体制、历史、地理、风土人情等常识渗透教育，让学生系统、全面地了解外部世界。学校将定期进行学科渗透专题沙龙研讨，继续为每名学生印制中、英两版《阅读成长笔记》。

四是积极开发国际理解校本课程。学校计划从民族文化、差异文化、人权教育、和平教育、环境教育五大领域开发与设计国际理解教育校本课程，力争三年内将国际理解教育校本课程打造成学校"361"课程体系的精品课程。

五是拓展教育资源，开辟更为广泛的学生体验活动场所。引入高等院校、厂矿企业、家庭、社区等多方资源，充分利用教师、家长、外国专家及社区志愿者等社会各界人士的人力资源，丰富学生同社区乃至国内和国际各方面相关教育的交流。

利用滕国故城、薛国故城、北辛遗址、孟尝君陵园、毛遂墓、龙泉塔等我市众多的历史文化遗迹以及滕州博物馆、墨子纪念馆、鲁班纪念馆、汉画像石馆、王学仲艺术馆、墨砚馆、北沙河惨案纪念馆、国防科技教育基地等各类文化场馆或阵地，积极开设校外课堂，经常性组织广大中小学生开展实地参观考察，增强滕州历史文化教育的贴近性和感染力，不断激发广大中小学生认识滕州历史、传承家乡文化的积极性和自觉性，增强他们爱家乡、爱滕州的骄傲感和自豪感。

充分利用书吧"筑梦园"内的"名师名生墙"讲好南中成长故事；利用名人谈读书的廊壁文化，引领师生拓宽视野共成长；从南中的迁校、改建发展历史中感受学校的不断壮大和提升，在"追梦园"解读好"让'精·和'精神助力每个孩子梦想腾飞"的精彩故事，实现"名人育人""校史育人"的价值。为张扬学生个性，促进学生特长发展，借助校本课程开发和实施，每年举办滕南中学文化节。

五、艺术课程

"关注每一个，提升每一个"的前提是让学生喜欢学习、喜欢学校。

学校通过开设特色课程、组建师生社团，给每一个学生搭建一个合适的梯子，让他们都绽放出独特的生命光彩，产生学习兴趣，发展个性特长，让学生"走进来、留得住、学得好"。

开设艺术课程的目标是培养学生积极向上、情调高雅的爱好和特长，提升学生艺术素养，培养学生审美能力，塑造学生健全人格。内容包括器乐课程、声乐课程、舞蹈课程、国画课程等。学校成立了舞动腰鼓、青春摄影、悠扬古筝、韵律彩扇、舞蹈、国画、素描等10余个艺术社团，按计划开展活动，每年举行一次大型校园艺术节。科学、人文、艺术课程是一般文化学科的拓展。

我在北辛中学工作时，建立了多种形式的社团组织。课外活动是艺术教育的延续和补充，近年来，学校致力于培养学生的创新精神和实践能力，注重"两手抓"：一手抓课堂教学，一手抓课外艺术活动。为了促使全体学生全面发展，促使每一个学生的个性都得到发展，根据学生的艺术特长，学校组建了260人的舞蹈队、140人的管乐队、250人的战鼓表演队、120人的民乐队、200人的合唱队、120人的绘画活动小组、100人的书法活动小组。为了做到活动经常化、多样化，面向每一位学生，努力培养"合格＋特长"的学生。学校组建了艺术专题的特色班，要求每位艺术教师都辅导好一个兴趣小组，每天下午课外活动时间，音乐、美术等兴趣小组开展活动。学校统一制定活动方案，设计各项表册，把课外艺术活动纳入整体教学流程管理，做到"三定""三有"，即定时间、定地点、定责任，有考勤、有记录、有奖励。该校由于办学有特色，学生有特长，艺术教育有特点，被滕州市教育局确定为"体育、艺术2＋1项目"试点学校。

开展丰富多彩的艺术活动。为了给广大师生提供展示艺术才华的舞台，让每一位学生都有参与的机会，让每一位有艺术才能的学生都有表现的场所，学校以活动为载体，积极开展艺术教育，每学期都要举办两次以上的全校性的单项艺术活动，内容包括爱国歌曲演唱比赛，团歌、校歌歌咏比赛，器乐表演比赛，舞蹈比赛，绘画书法比赛，等等；利用节假日开展艺术活动，五一节、教师节、国庆节、元旦、春节，都要举行师生书法、绘画展，举办文艺节目；每年五月学校都要举办大型校园文化艺术节，舞蹈、声乐、器乐、相声、小品、绘画、书法等内容丰富多彩，形式多种多样，向家长和社会充分展示了学校艺术教育的辉煌成果。

艺术教育硕果累累。在滕北中学这片沃土上，北中人用辛勤的汗水，培育出了灿烂的艺术教育之花，并结出了丰硕的艺术教育之果，仅2009年学校就参加滕州市级以上文艺节目演出20余次，多次荣获优秀组织奖，有100多名学生荣获省级以上才艺奖。参加山东教育电视台录制的阳光体育大擂台节目，荣获优秀组织奖，并在该台播出；舞蹈《水乡鼓阵》荣获"山东省第三届中小学生艺术展演"三等奖；器乐合奏《柳琴风韵》在枣庄市中小学素质教育展演中荣获一等奖；由206人组成的战鼓方队《盛世红荷》参加了"十一届全运会"火炬传递演出活动，在中央电视台和山东电视台播出，并被选送为枣庄市委、市政府教师节表彰大会展演节目。马文娟同学凭借一曲古筝独奏《将军令》荣获中国青少年艺术节银奖；全市中学生安全书画评比中，学校有11位同学荣获一等奖；全市第二届青少年金话筒才艺大赛中，该校24名同学进入决赛；"枣庄小记者"王一茹等30余名同学的作品在《枣庄日报》上发表。2009年11月山东省教育厅体育卫生与艺术教育处张德珠处长来滕北中学视察时，称赞滕北中学的艺术教育工作在全省遥遥领先。

在滕南中学时，舞蹈社团代表枣庄中学生参加山东省文艺演出获二等奖并获得滕州市第四届舞蹈大赛一等奖，韩奇老师辅导的电脑制作大赛，荣获2017年山东省中小学电脑制作活动初中组网页设计一等奖一个，三等奖两个，枣庄市一、二、三等奖13个，荣获2017山东省中小学电脑制作活动最佳组织奖。张馨悦获全市中小学征文书画摄影大赛特等奖，陈蕾、吕彦颖等25人获得全市中小学征文书画摄影大赛一等奖；邓萍老师带领的冯小茹、董恒硕、孙恺阳、刘浩冉四名同学通过层层选拔参加了山东省诗词大赛，获得一等奖。

邢艳慧、苗芬被评为滕州市第二届中小学优秀艺术社团星级评选二星级艺术社团优秀指导教师。艺术体操社团获2020年滕州市第一届"七彩星杯"啦啦操比赛初中组第一名的好成绩，25人获得全市中小学征文书画摄影大赛特等奖、一等奖；组织学生参加了山东省诗词大赛，获得一等奖。

滕州市诗词大赛

六、竞技课程

2007年，我在一次常规的体质跟踪监测中，发现滕南中学学生身体素质明显下降，耐力素质更差。跳绳是枣庄学业水平测试内容，项目简单易行，花样繁多，深受学生喜爱，能锻炼多种器官，可以预防肥胖症、骨质疏松等青少年常见病。为此，学校开设了阳光大课间跳绳活动，在体育节上增加"花样跳绳"等形式新颖的项目，学生自发成立了"绳"彩飞扬跳绳社团。经过多年的课程开发，滕南中学的"阳光跳绳"不仅跳出了健康，而且跳出了"情感"、跳出了"态度"、跳出了"价值观"，使学生有了全面发展。就像九年级韩宇浩同学说的："跳绳让我找到了快乐！和同学们在校园里跳绳才有这种幸福的感觉，我们爱跳绳！"

"阳光跳绳"的开展不断给滕南中学带来惊喜，在山东省第12届中学生运动会上，学校跳绳代表队荣获多人绕8字跳绳第3名，单人双摇和团体跳绳均获第5名。同年，滕南中学"阳光跳绳"被省教科所评为省级特色课程。由跳绳引发的蝴蝶效应让滕南中学坚信学生的需求就是滕南中学的课改方向，让每一位学生全面和谐发展就是滕南中学的育人宗旨。学校要给每一个学生搭建一架合适的梯子，让他们具有登高望远的能力和视野，让他们都绽放出独特的生命光彩。而能够承载这一梦想的，是课程。能够让"智慧校园，魅力课程"百花齐放的，是课程的实施。近年来，滕南中学依据多元智能理论，遵循因材施教的原则，扎实有效地开展了国家课程校本化、校本课程系列化、社团建设课程化工程，形成了具有学校特色的"361"校本课程体系。

学校组建了田径社团、篮球社团、足球社团、"绳"彩飞扬、"舞动腰鼓""青春摄影""悠扬古筝""韵律彩扇"等20多个师生社团，社团组织活跃在南中校园。每天早晨六点左右，滕南中学的运动场就活跃起来了，泛黄的灯光下人影攒动，篮球、田径、足球社团开始训练了。社团凸显了因材施教、分类教学、人人成才的育人理念。学生社团作为学生综合素质培养的一个重要载体，是课堂教学的延伸，是实施全面发展的素质教育的重要途径。学校依托"361"课程的"361"社团建设，老师们结合自身特长，从学生兴趣和意愿出发，围绕学校发展目标，组建师生特色社团，提高了学生的综合素养。社团活动在教师的指导下成为学生成长的"维生素"，实现了社团建设的课程化。丰富多彩的"361"社团活动，以动手实践、体验为核心。各项文体活动稳步开展，乒乓球比赛、篮球比赛、趣味运动会、男女接力赛、学生艺术节、书法比赛等活动不断充实完善，为学生提供展示自我、树立自信的平台，以此推进社团活动特色发展。

学校社团积极参加上级组织的各类展演比赛活动，成果喜人。宋伟老师，接近30年教龄的体育人，仍然坚守在教育教学第一线，奋力拼搏，带领田径队夺得滕州市中小学生田径运动会团体总分第一名、枣庄市中学生田径联赛团体总分第四名；任彬彬老师作为入职三年的青年教师，长期带领篮球社团认真训练，2020年获得滕州市中学生篮球联赛初中组第一名，在枣庄市中学生篮球联赛中进入半决赛，创造滕州市近十年来参赛最好记录；乒乓球社团荣获枣庄市第一名，足球社团荣获滕州市第二名并使学校获得全国青少年校园足球特色学校等荣誉称号，篮球社团荣获滕州市第一名，羽毛球社团荣获枣庄市第三名。袁文锋、王爱华、王静被评为枣庄市第九届中小学生实践与创新技能大赛优秀辅导教师，倪光峰、刘文生获山东省第三十三届青少年科技创新大赛优秀青少年科技创新成果辅导奖。

学校从制度保障、经费投入、场地协调、成员遴选、指导教师队伍建设等方面给予社团更多的支持，打造硬核力量；多角度发掘学生的个性，聚焦重点，精准发力，在"规定动作"的基础上，突出科目特色和校域特色，使社团活动成为一道特色鲜明、色彩靓丽的风景。

第四节　阅读与写作

"孔子曰：'君子有九思：视思明，听思聪，色思温，貌思恭，言思忠，事思敬，疑思问，忿思难，见得思义。'这就是我们今天学习的内容，孔子告诉我们君子有九种思虑……"课前五分钟，孔艺老师带着《论语》走进了教室，和同学们一起诵读，一起品味，君子的品格在吟诵中浸染了学生的心灵。

孔艺，中学语文高级教师，枣庄市语文兼职教研员，现为滕南中学九年级教导处副主任。荣获全国中小学语文教师课堂教学大赛一等奖，被评为枣庄市教学能手、滕州市首届教学名师。

为提高学生的读写水平，提升学生人文素养，丰富"精·和"文化底蕴，学校开展了"阅读与写作衔接育人"主题活动。

建设书香校园，创设读书氛围。关于阅读，《义务教育语文课程标准（2011 年版）》是这样说的："要重视培养学生广泛的阅读兴趣，扩大阅读面，增加阅读量，提高阅读品味，提倡少做题，多读书，好读书，读好书，读整本的书。"课标要求，初中生要广泛阅读，读各种类型的读物，课外阅读总量不少于 260 万字，每学年阅读两三部名著。学校全力打造了"筑梦园""追梦园"图书阅览室；充分利用楼梯转角的空间，建设了"转角图书屋"；利用班级教室内空间，成立班级特色图书角；设立了"图书超市""交换空间"，实现图书资源共享，让校园处处充满书香。积极与书店加强联系，高标准建设了温馨书吧，同时建立了电子阅览室，以满足学生不同的阅读需求。借力网络平台开展阅读活动，利用"孔艺名师工作室"微信公众号平台开展"名著导读"活动。定期开设阅读与写作讲座，对家长进行培训，提高家长对读写育人活动重要性的认识，并向其推荐优秀书目，真正构建起学校、社会、家庭三位一体的阅读体系。

举办文学活动，丰富校园生活。借助滕州市书展活动，鼓励每位教师收藏名著书籍，争创书香家庭。孔艺老师、宋传亚老师荣获"滕州百位藏书家"荣誉称号，高刚老师被评为"书香教师"。邀请了张在军、孔凡菊等专家做了关于阅读的专场报告会，开拓了师生视野，让全体师生受益匪浅。采取课前五分钟古诗词背诵、每日一句积累、背诵《论语》《古文观止》、班级阅读日志、班级微播报等形式，让"阅读与写作衔接育人"扎根于班集体。开展读书征文活动，创办读写报刊，印制《荆风雅韵·学生刊》《杏坛物语·教师刊》杂志，开发名著导读课程，编制"名著导读校本课程化丛书"。印发了滕南中学教师阅读笔记本、学生阅读笔记本，开展师生共读一本书活动。定期举办读书征文、主题演讲、诗文朗诵、经典诵读、优秀作文展等活动，及时总结表彰，评选出"阅读之星""未来小作家""书香班级"。积极参加市局组织的各项征文活动，在滕州市"好家风好家训好家教"传承比赛中，张瀛予、董隆佩、李敏、王耀斌、吕高辉获优秀奖；张馨悦获全市中小学征文大赛特等奖，陈蕾、吕彦颖等25人获得全市中小学征文大赛一等奖；学校成功举办"滕州市第三届书展暨庆祝建国七十周年诗歌朗诵会"和"中华经典诵读诗词大会"；邓萍老师带领的冯小茹、董恒硕、孙恺阳、刘浩冉四名同学通过层层选拔参加了山东省诗词大赛，获得一等奖。

"阅读与写作衔接育人"活动是一场有益于学生终生的持久战，任重而道远，把每一名学生都培养成合格的阅读者，是教育者的梦。不忘初心的滕南师生必将砥砺前行，让"书香"扎根于滕南校园，使每一位学生受益。

多年来，孔艺、宋传亚入选滕州市"倡导全民阅读，建设书香滕州"活动"100 名优秀藏书家"；高刚、刘荣获得滕州市"我与汉语拼音"征文评选辅导奖；孔艺、高刚、杨瑞获滕州市 2018 年"我爱记诗词"大赛优秀辅导教师；杨瑞被评为滕州市第七届"荷娃伴我读·暑期同读一本书"活动"书香教师"。

为了更好促进学生全面发展，学校认真落实中小学学科衔接育人体系的要求，结合市局阅读与写作衔接育人的活动，依据本校的学生特点要求全体教师上好阅读课，实施衔接育人。以阅读课为龙头，引导学生广泛阅读，进行整本书阅读，不断完善知识结构，培养良好的阅读习惯，形成科学、高效的阅读习作方法，为学生的终生学习和长远发展奠基。孔艺等老师在七到九年级共安排了 12 次名著导读，各学期应完成的名著导读内容如下表。

学期		名著	方法
七	上	《朝花夕拾》	消除与经典的隔阂
		《西游记》	练习精读与跳读
	下	《骆驼祥子》	圈点与批注
		《海底两万里》	快速阅读
八	上	《红星照耀中国》	纪实作品的阅读
		《昆虫记》	科普作品的阅读
	下	《傅雷家书》	有选择地阅读
		《钢铁是怎样炼成的》	摘抄和做笔记
九	上	《泰戈尔诗选》	如何读诗
		《水浒传》	古典小说的阅读
	下	《格列佛游记》	讽刺小说的阅读
		《简·爱》	外国小说的阅读

为了更好地推进整本书阅读，抓住阅读时机，落实市教体局《做好全

市中小学全科阅读工作的指导意见》，推进孔艺名师工作室开展的"滕南中学语文整本书阅读"活动，提高学生人文素养，具体内容设计如下。

滕南中学的整本书阅读

一、整本书阅读的目标

整本书阅读乃至整个阅读教学总目标，那就是"**践行立德树人目标，提升学生语文核心素养，培养合格阅读者**"。我们愿意这样阐释理想中的"合格阅读者"：一是有良好的阅读习惯的人，即有浓厚的阅读兴趣，能耐心地、完整地阅读整本书的人；读完一本书之后能够"顺藤摸瓜"，找其他类似的书来看的人；能够学会读一类书的方法的人。二是能把阅读所得纳入自己的语言系统的人，即能内化成自己的东西的人。三是能够构建新思想的人，即能够把阅读所得转化成新的精神产品的人。

二、整本书阅读体系的构建

我们围绕整本书阅读的目标，构建了统编教材7~9年级课外阅读体系，想通过这个体系的构建，解决读什么的问题。

整本书阅读体系的构建，包括单元课文、单元阅读策略、单元整本书阅读书目、单元阅读任务驱动等。其中，单元整本书阅读书目的来源，完全从同类信息出发，关联整本书，即遵循统编教材1+X的阅读模式。这里的"1"，指教材的单篇文章，"X"指与"1"具有共同点的整本书，或者同题材、同作者，又或者同主题、同人物等。"1"在单元教学中的教学价值，便是"X"的阅读着力点，所有"X"都是对"1"的深入拓展。比如，选读跟课文相关的同一作者的整本书目，可以体会作者的文章特点或语言风格；选读同体裁文章的整本书目，可以进一步了解这种体裁的特点；阅读跟课文出处相关的整本书目，可以由部分到整体，让视野更开阔，认识更深刻；选读跟课文题材相关的整本书目，可以横向比较，同中求异；选读同一人物的整本书目，可以对人物形象的认识更深刻。还有跟课文主题相关的整本书目，跟课文形式相关的整本书目，等等。这一体系的构建，由一篇文走向一本书，由一本书走向一类书；由一篇文走向一群文，由群文走向群书。这一体系的所有书目，跟课本有着千丝万缕的关联，避免了推荐书目的盲目性和随意性，使学生的阅读根植于课堂，拓展到课外，跟传统意义上的课外阅读有了完全的区别。

体系中的书目有两种形式，一种是出版社正式出版的书目，另一种是我们根据学生年龄特点或阅读背景所做的选编书目。现代书目包括了文学类和科学类书籍，文言诗文书目关注了中国古典文学的发展，包括诗经、楚辞、古诗十九首、乐府诗、唐诗宋词、庄子、孟子、论语、史记、古文观止等古典名篇。

三、构建不同的阅读场，促进整本书阅读落地生根

把阅读分作四种不同的形式，四种不同的阅读场，包括课外阅读、课前经典细读、阅读专题指导课和晨诵。

课外阅读　更多指向假期和周末学生对阅读体系中推荐的整本书目的自由阅读。由教师推荐，学生个人或小组选读，由读写特长生或小组长领读。是对整本书目的整体感知，属于浅阅读层次。

课前经典细读　是师生利用语文课前十分钟，对经典篇目中的关键篇章段落的共同研读。

阅读专题指导课　即导读课。每周一节，是对所读名著的专题研讨。针对阅读专题指导课，我们构建了三种课型：引读课、推读课、提读课。

（1）上好读前导读课，即引读课。

（2）上好读中推动课，即推读课。

（3）上好读后成果展示、提升课，即提读课。

晨诵　多指向古典文学类，如《论语》《古文观止》。

四、通过任务驱动，搭建阅读内容与阅读者之间的桥梁

期待通过开展经典诵读、校园朗读者、学子讲坛、微剧场、读书分享会、国学讲堂、诗词鉴赏会、我是演说家、笔记展评、主题读书汇报等各种活动，以任务驱动的方式激发学生的阅读兴趣，使学生慢慢喜欢读书，爱上读书。

整本书阅读期待通过思考、实践、反思、再实践，最终形成更科学的校园阅读体系，也期待通过这一体系的构建和实践，形成强大的校园阅读场，使学生享受高品位的阅读生活，在相对统一的基础上，构建起学生的个体阅读史，让学生在成为合格阅读者的同时，实现精神的成长。

同时，积极深入推进英语学科名著阅读教学改革。2012年5月30日至31日，北辛中学"新思维"英语口语演讲大赛举行。从初赛、复赛脱颖而出的40名选手参加了本次英语口语演讲决赛，比赛包括自我介绍、即席主题演讲、外教现场提问等内容。选手们流畅的口语、准确的发音、得体的肢体语言、与外教的和谐交流，赢得在场师生的阵阵掌声。我调入滕南中学后，积极推行英语教学改革，推动英语名著阅读，加大口语教学力度，已取得较好效果。陈颖、高腾飞、巩吉侠、杨红获十五届"星星火炬"英语风采大赛指导教师二等奖。

第六章
"精·和"课堂建设三部曲

　　课堂是实施教育教学的主阵地,从结构课堂到内涵课堂再到文化课堂模式的不断升级,学校在课堂教学模式的版本提升上实现了三连跳。

　　1.0版本的"结构课堂"。2008年,学校提出了"一案三环节"教学模式,主要目的是规范教学行为,让老师明确课堂上要怎么教。"一案"即"讲学案","三环节"即"情境导入,展示目标""自主学习,合作探究""归纳总结,拓展提高"三个主要教学环节,实现了教有所依(课堂依托,授课载体)。老师们按照这个课堂模式,能够明确目标,重难点突出,但是学生学习的主动性没有被充分激发,处于被动学习阶段。

　　2.0版本的"内涵课堂"。2013年,学校提出了"问题导学 当堂训练"智慧课堂模式,以启迪学生智慧为灵魂,以问题为主线,以"问题解决"为基石,以讲学案为载体,使学生在解决问题的过程中掌握知识,形成自主学习能力,课堂气氛也比较活跃,解决了学生怎么学的问题。但是却难以做到全员参与,难以实现"关注每一个,提升每一个"的育人理念。

　　3.0版本的"文化课堂"。2019年,学校探索打造"精·和"新课堂教学模式。融合学校"精·和"校本文化建设,以新课堂达标要求为切入点,按照课程标准、课堂标准、教师专业发展标准、教学质量标准的要求,引入教学评一致性课堂教学策略重塑课堂,借助小组竞优的学习方式,实现了课堂模式转型升级。

第一节 1.0版本的"结构课堂":一案三环节

随着新课改的不断深入,如何进一步推进课改,跟上素质教育的步伐,走出一条适合滕南中学自己的素质教育之路,实现滕南中学的可持续发展,这是每一个南中人都在思考的问题。为此,自2007年9月以来,我校先后派教师400余人到外地学习,几乎每一位任课教师都参与了这一活动。当时,有的老师就问:今天学洋思,明天学东庐,后天学杜郎口,我们何时才能拥有自己的教学风格?老师们的质问触动了学校领导:如何减负增效,面向全体学生,真正让学生成为学习的主体?经过广泛研讨论证,学校形成了一致意见:改造课堂。于是"一案三环节"课堂教学模式应运而生。

众所周知,以往的课堂教学模式是一种以教师和书本为中心的教学模式,并形成了教师单向灌输、学生被动接受的局面,只是把学生当作"人

力"而不是"人才"来培养，缺乏对学生良好的个性品质以及健康的人生态度和价值观的培养。知识经济时代需要在新课程背景下培养出品格健全、个性十足、发展全面的学生，为此，我校采用了"一案三环节"课堂教学模式。这种课堂教学模式主要由三个环节构成：

第一环节：情境导入，展示目标（3~6分钟）。

（1）创设情境，引出新课，揭示学习目标，明确学习任务。

（2）出示讲学案，明确学习流程。讲学案作为知识载体，"三案合一"，即承担教师的教案和学生的课前预习导案、课堂学习的学案三层任务。讲学案的精髓在于"学教合一"，实施的关键在于将课前预习和课堂学习落到实处；讲学案至少应提前一天发放给学生，以培养学生的自学探究能力。

第二环节：自主学习，合作探究（15~20分钟）。

（1）学生自学。①依据讲学案的要求学生自读课文，看注释，看例题，做试验，做到基本理解教材内容。②找出疑难问题，标记后作为下阶段合作探究的内容。个别问题老师可点拨解决，倡导学生在分析解决问题的同时生成新的问题。③试做讲学案中的即时练习。

（2）将学生自学中解决不了的难题、在自学中生成的问题及教师预设的问题形成合作探究的议题。教师点拨精讲，规律引路，讲倾向性问题，讲盲点，讲误区。

（3）学生分组讨论、交流。师生之间、生生之间、师生与多媒体之间、组与组之间多维互动学习，通过合作探究，力争突破难点、解决议题。课堂上学生小组合作交流，展示自己的学习成果，达到"兵教兵"的效果。对一些仍有分歧和疑问的问题，提交给老师，老师可以把这些问题带给全班同学进行交流。在一个组不能解决的问题，在另一个组可能能够解决，这样就达到了"组组交流"的效果。

（4）自主完成针对性即时练习。针对学生在自学中暴露的问题以及练习中的错误，教师引导学生讨论，会的学生教不会的学生，教师只作评定、补充、更正。教师为学生自学、思考、讨论、答疑当好"参谋"，让学生由被动变为主动，真正成为课堂学习的主人。

第三环节：归纳总结，拓展提高（15~20分钟）。

（1）归纳总结。尽量让学生总结、谈论得失，师生点评，使知识系统化、网络化，上升到理论层面。

（2）拓展提高。学后的训练是检验学生学习效果、巩固所学知识、化知识为能力的必要手段。①要求学生快速、高效、独立完成。②老师巡视督查，提醒纠正不良习惯和做法，同时发现亮点、鼓励创新。③当堂完成作业，教师尽可能地现场批改部分作业，及时反馈矫正。"一案三环节"课堂教学模式的实施，在一定程度上不仅促进了教师对课堂教学的反思，而且有利于学生的可持续性发展。

课堂教学改革是一个规模浩大的系统工程。我们必须充分顾及学校的现实，把握课堂改革方案的精髓，为己所用。为进一步推进素质教育，深化课程改革，规范办学行为，建构高效学习课堂，滕南中学加快了创建实施"一案三环节"教学模式的步伐，不断加大实施的深度和力度。

教导处制定《课堂教学改革方案》，总体思路：先试点，后推广；小步走，分层进。学校定期组织召开实验学科教师会议。各实验学科组长畅谈实施"一案三环节"课堂教学模式的教学感悟，研究制定了《滕南中学"一案三环节"讲学案检查细则》《"一案三环节"课堂教学评价细则》和《"一案三环节"课堂教学模式"六要六不要"》。学校将各组发现的问题作为小课题分别交给相应学科组进行研究，同时出台了《实验学科组集体备课规定》《实验学科教师反思规定》《课改实验班班主任规定》等多项制度。

扎实开展教研活动"三课"评比活动。为积极推进教学改革，提高课堂效率，学校强力推行"一案三环节"的"三课"（即骨干教师示范课、青年教师汇报课、最佳一堂公开课）展评活动，每学期举行"三课"达200余节，人均2节以上，参与观摩学习2336人。学校每学期都要组织召开"一案三环节"模式启动会，教研组长、备课组长专题会，"一案三环节"高效课堂展示，"一案三环节"教学推进会、阶段性研讨会，举行师生"一案三环节"讲学案展评，"一案三环节"课改阶段性反思总结会等。教师认真撰写课改小论文、教学反思、教学案例、心得体会，学校每月编辑出版《教研资讯》《教师讲学案汇编》《学生学案汇编》等，展示教师的实验成果，并进行优秀"讲学案"评选。"讲学案"见证了我们实验探索的艰辛。

实施至今，教师们一致认为："'一案三环节'教学模式简明流畅、实用高效，一改以往教师主导课堂教学的局面，学生真正成为学习的主人。"

通过不断努力，老师们在思想上有了很大的转变，课改的土壤越来越肥沃。"先学后教，多学少教，以学定教"的理念已在老师们头脑中扎下了根，"让学生动起来，使课堂活起来"成为老师们课堂教学的共同追求。

"一案三环节"教学模式体现了在课堂教学中以学生为主体、以学生发展为根本的教学思想，减轻了学生过重的课业负担，强化了其学习能力，倡导了自主、合作、探究式的学习方式，充分调动了学生学习的积极性，大大提高了课堂教学效率，得到了学生、专家的认可。"'一案三环节'课堂教学模式的实践与探索"已确立为省级重点课题。"一案三环节"模式的实施，既使学生学习起来轻松、愉快，又提高了学生的学习能力和学习成绩。与此同时，教学活动的不断开展也使一大批优秀教师脱颖而出。在枣庄市优质课评选活动中，我校有11位教师参与并全部获奖，其中又被选出8位教师参加了枣庄市优质课展评活动，并荣获一、二等奖，3人获枣庄市课改标兵称号。在全市"名师"评选中，初中段共评出15人，我校所申报的3位教师全部榜上有名，占全市的五分之一。在山东省优质课评选中，我校青年教师陈颖、冯宜轩运用"一案三环节"模式脱颖而出，受到专家评委的高度评价，这也是对学校教改成果的阶段性检验。

课改似一阵春风，吹绿了教育的田野；课改似一缕阳光，照亮了沉闷的课堂；课改又像一把剪刀，剪去了课程繁难偏旧的多余枝叶；课改更像一位调琴师，调好了琴弦，使其再次奏响美丽的乐章，演绎出欢快动听的歌。"一案三环节"课堂教学模式是我们将外校教学经验和我校实际结合的结果，虽然已初具雏形，但我们应有清醒的认识，它不是一蹴而就的，也不是一帆风顺的，肯定会出现很多问题，需要坚持不懈地实践下去。面对学校未来的发展，我们将继续以课改为契机，以课堂教学改革为依托，走出一条内涵发展之路!

1.0版本课改为什么会成功?

首先,课改扎根于"本"。一所名校的特色校本文化往往能够引领和熏染置身其中的教师,为其专业发展留下鲜明的特征和印记。校本文化默默地嵌入教师的灵魂深处,成为教师独特的印证、独特的符号和独特的学校精神。体现在教学上,就是教师精心备课,精准落实教学重点,精巧突破教学难点,精妙设计师生互动,共建精品课堂。"和而不同"的价值取向注定了要"关注每一个,激励每一个,提升每一个,成就每一个",促进学生个性发展,张扬学生自身精彩;课堂上师生和合相生、和谐合作、共同成长,教师用自己的人格魅力、教学艺术熏陶感染着每一个学生。

其次,提高教学管理精细化水平。精心组织学科"课程纲要"编写。学校要求每位教师必须认真学习和研究课程标准、学材,准确把握课程的地位和价值,明确好课程安排与整个课程安排之间的逻辑关系,处理好课程目标、课程内容、课程实施、课程评价等四个课程元素。一定要以学生为中心编制课程纲要,让学生感到自己就是学习责任的承担者。新学期开学前,每位学科教师要通过个人独立钻研,编写出一份任教学科的学期"课程纲要",并在备课组进行交流研讨、修改完善,学科主任进行把关指导,最终形成本备课组教师共同使用的课程纲要。最后,学校汇编成册,成为本学期各学科教学的纲领。

再次,扎实开展"精·和"新课堂教学研究。我校组织开展了名师领航示范课、学科主任立标课、全员参与的学标练课,在整个课例研究活动中,我们要求各个学科主任充分发挥教研组的集体智慧,加强共同学习、合作研究,营造教研组浓厚的研究氛围。在研课过程中,教师按照"新""精""和"不同的维度,做好教学评一致性的课堂评价,如教师所提的问题串设计,学生探究学习的时间、次数,教给学生学习的方法,评价的方法和次数等。开展课堂上打假活动,比如假提问(老师问老师答、老师问学生齐答、老师问没人回答),假活动(师生假活动、生生假探讨),假达标(即时达标假、当堂达标假),让教师明白课堂教学要"兴奋在学生问题的暴露中，胜算在问题的解决中"。

最后，扎实开展实效性集备通课活动。开展半天无课日教研活动，做到有计划、有记录、有检查、有落实、有反馈，每次活动都做到定主题、定主讲、定时间、定地点。集体备课研讨内容为：下一周教学课件、随堂检测、单元检测、微课等。其中对于单元检测、微考试卷的印制，要求是"自主轮流命制，冠名审核印制"。落实"个人主备、形成初案—集体研讨、形成共案—个人修改、形成个案—反思修改、完善存档"的集体备课机制。建立学科资源库，设立年级、学科邮箱，由教学教研室和备课组长检查，一周一公示。

一是制定《滕南中学课堂教学行为规范二十条》，包括教师课堂教学行为规范十条和学生课堂学习行为规范十条，对教师的教和学生的学提出明确要求。学校每个教室的黑板上都有一个"小组合作竞学 PK 榜"，这是学生课堂自主合作学习的激励杠杆。教师由"包教"转为"导学"，教师如同"导演"；教学的过程始终贯穿学生的活动，学生是"演员"，是课堂教学这一大舞台的主角。

二是在所有学科推行"导练循环教学案"备课模式，落实集体备课。按照"集体周备—轮流主备—审核共定—个性实施—反思完善—电子归档—循环使用"的环节要求设计、保存、使用教案。

三是每学期举行教师全员课堂教学"过六关"赛课活动。课堂教学"过六关"包括以下六方面：一是过"备课关"，要求教师按课程标准、教材、教情学情备课；二是过"模式关"，要求教师落实学校推行的"自主探究合作竞学型"课堂教学模式，落实"感悟导入、自主探究、合作竞学、巩固训练、测试评价"五个环节；三是过"语言关"，要求教师优化课堂教学组织和评价语言，强调语言的诱导性、启发性、鼓励性；四是过"板书关"，要求教师规范板书核心知识要点；五是过"现代教育技术关"，要求教师结合学科特点熟练运用多媒体辅助教学；六是过"育人关"，要求教师树立全员育人理念，关注每个学生，让每个学生听懂、学会、会学，同时渗透情感态度与价值观的教育。

第二节 2.0版本的"内涵课堂"：
问题导学　当堂训练

9月21日，王静老师早上6点多来到学校。今天的课程是《芽的类型和发育》，这节课是学生实验。为了让学生体验获取知识的过程，提升学生的探究能力，王老师又拓展开发了两个实验。她要提前准备实验器具和实验材料，她先去了小花园，精心剪取了红叶石楠的枝条，这是为了让学生可以同时观察顶芽和侧芽的位置及木本植物茎的结构。为了保证学生的观察效果，王老师提前买了卷心菜，她把这些卷心菜搬到了实验室，开始精心准备观察的实验用具。为观察导管的作用做好演示实验，王老师又核对了一下实验现象，以保证最好的观察效果。一切准备就绪，上课的铃声刚好响起，王老师和她的学生们一起走进实验世界，开启探究旅程！

王静，学校生物组学科主任，枣庄市兼职教研员，滕州市教学名师，获国家级优质课二等奖。上好每一节实验课是王老师和其他理化生老师多年来坚持的教学习惯，是学校长期坚持实验课程常态化、制度化的必然结果。

为切实做好实验教学工作，学校精准发力，精准施策，全面做好实验教学。一是加强学校管理。强化组织建设，成立实验教学领导小组和工作小组，并明确各自的工作职责。强化责任意识，打通实验、监管、反馈渠道。单独设计理化生教师的实验教学专项制度，并对学生的实验情况进行抽测，结果记入教师的个人实绩考核。细化过程管理，升级管理举措。从实验申请到实验过程、实验反馈，落实到人，扎实有效。同时把市局每年一次的实验抽测纳入学校管理制度，切实在源头上把实验教学重视起来。重视实验保障，夯实器材管理。加大实验投入，完善教学设施。二是探索"赢在新课堂"下的实验教学模式。在新课堂理念的引领下，扎实开展"一课一研"活动。各学科组在集体备课时认真研讨基于课程标准的教学评一致性的实验教学新模式，并积极实践、反馈、完善，取得优异成绩。张瑞老师获得滕州市实验优质课评比一等奖，马洪老师获得山东省实验说课优质课二等奖，张瑞老师的实验说课《探究杠杆的平衡条件》被山东省教育厅选为优秀实验案例等。三是落实"新课堂达标"要求，开发STEM课程，提升学生的核心素养。STEM教育是面向所有学生的培养综合素质的载体。根据课本所学的相关知识，学生在家自制酸奶、水培花卉、酿制葡萄酒、自制电动式手持小风扇等。张成美指导学生的创新实验"发酵技术""呼吸作用释放能量"获山东省一等奖。学生创新制作的太阳能发热器、雨量器等多项小发明在枣庄市获奖。

实验课是提升学生核心素养的重要平台。在开全、开齐实验课的基础上，努力探索科学高效的实验课教学模式，把实验教学课堂变成提升学生综合素养的重要阵地。

这是课改第二部曲2.0版，课堂教学模式之再提高。

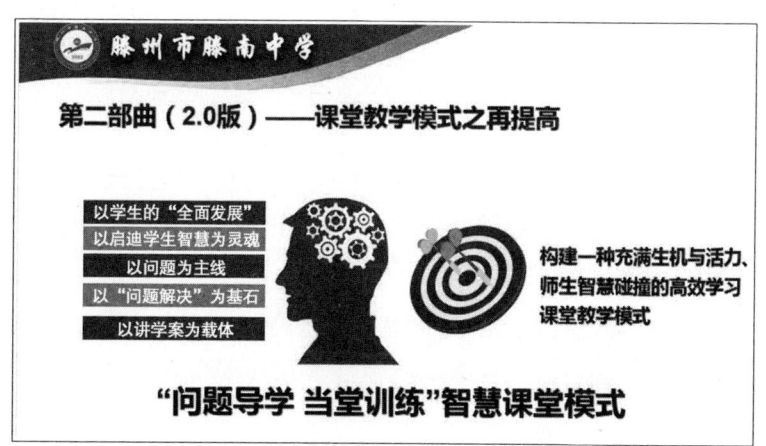

"老师，我有个问题！""老师，我也有个问题！"如今课堂上，学生们争先恐后举手提问，已经成为滕南中学校园内一道美丽的风景线。

"培养什么人、怎样培养人、为谁培养人"是教育的根本问题。课程只回答了育什么人的问题，课堂则直接回答怎样育人的问题。为了让每一位学生听懂、学会、会学，在原来的基础上不断提高，并且享受到学习的快乐，滕南中学特别推行了"问题导学　当堂训练"的智慧课堂教学模式，"问题导学"即提出问题，是根据学生的情况并围绕教材的基本结构、重点难点而提出的引导和激发学生认真读书，正确思维，实现预定教学目标的导学问题。"当堂训练"是对重点知识当堂完成练习，通过运用去巩固和提高，转化为学生的素质，形成学生的能力。

深化我校升级版"问题导学　当堂训练"智慧课堂教学模式，坚持"先学后教、以学定教"的教学思想，倡导主题式、项目式教学，努力构建学生主动参与、乐于探究、勤于动手的学习方式。按照学校"问题导学　当堂训练"智慧课堂教学模式、学科模式、课型模式的路线图，扎实推进"三级建模"工作，遵循以"教为主导、学为主体、练为主线"的原则，倾力打造"五多"课堂（多到学生中去，多让学生展示，多让学生提问，多让学生讨论，多让学生思考），形成具有"轻负、高效、优质"特征的新授课、评讲课、复习课、习题课课堂教学模式。扎实开展名师"领航示范课"、学科主任"立标示范课"、全员教师"学标练课"、青年教师"学标赛课"等系列听评课活动，学科教师观课议课，形成浓厚的教研氛围。

各学科组教研活动定地点、定时间、定内容、定中心发言人、定板书、定课时课件、定检测练习、定作业布置（八定），学校根据参加人数、次数、质量评选先进学科组。全面建立"个人主备、形成初案—集体研讨、形成共案—个人修改、形成个案—反思修改、完善存档、形成补案"的集体备课机制，通过开展优秀教学设计、备课案例研究等举措，全面提高备课质量。

通过点燃问题导线，引爆智慧课堂。课程是回答育什么人的问题，而课堂则直接回答怎样育人。"问题导学"分为两个层面：一是教师根据学情、围绕教材的基本结构、重点、难点而提出问题，引导学生认真读书，激发学生积极思考，争取实现预定教学目标；二是学生根据学的情况再提出问题，引导生生互议，师生点拨，解除疑惑。"当堂训练"是教师根据学习目标而设计的有针对性的题目，让学生当堂完成，及时训练巩固，检验学生学习效果，提升学生的能力。智慧课堂的特点，一是合作竞学，二是活动限时（师生活动1∶3），三是及时反馈，对预设的学习目标当堂进行回归性检测，关注学困生，让每一位学生听懂、学会、会学，在原来的基础上不断提高，都能在检测中获得成就感，进而整体提高课堂的效率。

"问题导学 当堂训练"智慧课堂模式，为课堂注入了丰富的教育内涵，让老师知道怎么才能教好，以学生的"全面发展"为本，以启迪学生智慧为灵魂，以问题为主线，以"问题解决"为基石，以讲学案为载体，使学生在解决问题的过程中掌握知识，形成自主学习能力，构建一种充满生机与活力、师生智慧碰撞的高效学习课堂教学模式。"问题导学 当堂训练"智慧课堂模式突出了讲学案的引导性、学习的自主性、小组的合作探究性和学生的充分展示性。学生学习什么知识，什么时候学，怎么学，学多深，学多宽等，都是在问题、项目、任务的驱动下进行的。把握问题解决过程，就是把握学生全面发展的全过程；注重问题解决，就是注重学生全面发展的价值。

语文课对文本问题的解读细腻深刻，体现出浓厚宽广的语文味；数学课通过生活问题数学化、变式精练等多种学习方式让学生徜徉在演绎推理的快乐学习中；英语情景问题课让学生身临其境，快乐地用英语交流；理化生实验探究问题教学激发了学生探索科学的欲望；政史地老师的互动式问题教学让学生领悟了历史的变迁，明辨了是非，体验了世界风光；体育老师的模块化体育教学让学生的体能得到明显提升；音美老师的音美体验课激发了学生对美好事物的追求……众多南中优秀教师用他们的教学技术和人格魅力，深深感染了南中学子，使南中教学水平和质量得到快速提升，位居全市前列。

为进一步深化、细化教学模式，对不同学科、不同课型做积极探索，我校举行了"问题导学"智慧课堂教学"5·5"系列展示活动，分层次推进课堂教学改革，进一步优化课堂教学水平，其中，领导示范课11节、学科主任立标课12节、名师骨干智慧课26节、学科教师学标练课167节，青年教师学标赛课60节，参与活动教师达1200余人次。通过教师备、讲、说、议、评五环节课堂教研活动促进了校本教研扎实深入的开展，同时促进教师课堂教学水平迅速提升。通过教师说、议、评活动促进了校本教研扎实深入的开展。许多教师通过参加校内课堂教学大赛，走向了枣庄市、山东省，甚至是全国的舞台。孔艺荣获全国语文优质课一等奖，同时被评为枣庄市骨干教师；刘磊荣获首届滕州工匠；在第八届枣庄市教学能手评选活动中我校朱琦、侯瑞祥、侯凤琴、王静、王烨、孙金娣等六位教师荣获枣庄市教学能手称号。苗芬、张靖、赵腾腾、党卓送报的"问题导学"智慧课堂教学课例被评为枣庄市"一师一优课"优质课；唐振芹送报的"问题导学"智慧课堂课例荣获枣庄一等奖并推送参评山东省"特色示范课堂"；宋传亚老师在滕州市教师基本功大赛荣获二等奖；高刚老师在滕州市青年教师优质课评比中荣获一等奖；孙瑞芳老师关于"问题导学"智慧课堂教学模式撰写的论文《点燃问题导线　引爆智慧课堂》在《中国教育报》上发表。

第三节 3.0版本的"文化课堂"：教学评一致性与小组竞优

一、教学评一致性

2019年，滕南中学探索打造"精·和"新课堂教学模式。我们以枣庄市教育局推广开展新课堂达标活动为新的契机，结合学校"精·和"校本文化建设，在原有"问题导学当堂训练"智慧课堂教学模式的基础上，按照课程标准、课堂标准、教师专业发展标准、教学质量标准的要求，引入教学评一致性课堂教学策略，重塑课堂，实现了课堂模式转型升级。这是教改的第三部曲（3.0版）——课堂教学模式之求完善。

所谓教学评一致性，就是课堂教学设计，一切以学生为主体，以学习目标为导向，再评价任务，再设计教学活动。目标是课堂教学的灵魂，评价是重要的保障手段。评价任务是学习目标的具体化，有利于引导学生主动参与学习过程。

课堂是教育改革的主战场，一端连着学生，一端连着未来。课堂是学校教育的主阵地，也是决定教育改革最后能否取得成功的决战场。一所学校要实现内涵发展，最核心的竞争力就是课堂。优质高效课堂是名校创建的必由之路，是教师专业发展的核心动力。

该模式主要包括三个教学环节（课标引学、问题导学、评价促学）、六步教学流程（情境导入→明确目标→任务驱动→小组竞优→评价促学→拓展提高）、五个关键操作要素（自主学习、合作交流、展示汇报、精讲点拨、即时训练），课堂凸显学生"在学习、真学习"。目前，学校已经形成了新授课、讲评课、复习课等不同课型的"精·和"新课堂教学模式。

标准引领，让学习有的放矢。我们以枣庄市新课堂达标活动实施意见为依据，制定《滕南中学"精·和"新课堂达标手册》《滕南中学课程纲要编写要点》《滕南中学"精·和"新课堂学科课堂标准》《滕南中学指向课标的教案设计评议要点》《滕南中学分层作业教学意见》《滕南中学小组竞优量化细则》，精准研究、精准落实教学过程中的各个环节。

一是编写纲要，有纲可依。精心组织备课组进行"课程纲要""单元方案""课时计划"的编写，要求每位教师必须认真学习和研究课程标准、教材，准确把握课程的地位和价值，明确课时安排与整个课程安排之间的逻辑关系，处理好课程目标、课程内容、课程实施、课程评价等四个课程元素。以学生为中心编制课程纲要、课时教案和评价标准，突出学生的主体地位。

二是课堂评价，扎实高效。扎实开展"精·和"新课堂教学研究。按照"新""精""和"不同维度，做好教学评一致性课堂评价，如：教师所提的问题串设计，学生探究学习的时间、次数，教给学生学习的方法，评价的方法和次数，等等。

三是一课一研，综合集体智慧。扎实开展半天无课日教研活动，落实集体备课和"一课一研"，做到定主题、定主讲、定时间、定地点。重点研讨下一周教学课件、随堂检测、单元检测、微课等。其中对于单元检测、微考试卷的印制，要求"自主轮流命制，冠名审核印制"。落实"个人主备、形成初案—集体研讨、形成共案—个人修改、形成个案—反思修改、完善存档"的集体备课机制。

四是同课异构，辐射带动。大力推进区域校际联研活动。为促进联研学校互通互联，推动区域教育协同发展，滕南中学积极开展"同课异构深度联研"活动，一年来，成功举办了联研共同体学校校长论坛，以及与官桥中学、柴里矿区学校的"同课异构 名师送课联研"等活动。学校之间资源共享、相互学习、取长补短、共同提高，为滕南中学课堂模式的改进与完善搭建了一个更为广阔的平台。

通过以上措施，全体教师对每一节课教学目标的把握精准到位，从精准目标开始，让学生的学习有的放矢，全面提升学生的核心素养。

问题导学，让目标任务有章可循。 "兴奋在学生问题的暴露中，胜算在问题的解决中。" 优化问题导学是我校课堂教学的主要路径，问题导学操作流程主要有如下六问：引问（明确提出问题）、自问（自主生成问题）、互问（合作探究问题）、新问（再次生成问题）、追问（拓展问题）、再问（小结检测问题）。

（1）引问：提出问题，明确目标。教师提出问题或引导学生提出问题，唤醒学生的问题意识，形成问题情境；通过情境引入，向学生明确本堂课的学习目标。

（2）自问：自学质疑，生成问题。学生根据导学案，自主学习，通过阅读教材，分析理解问题并进行质疑，自己无法解决的问题要做好记录；教师要根据本节课内容、知识体系、学生已有的知识以及学生无法解决的问题，设计导学案，引导学生利用合适的方法解决本节课的重难点；同时针对学生的问题，有目的地巡视各小组，适时进行方法和思路点拨，再发现共性问题，师生共同解决。

（3）互问：小组交流，质疑释疑。对自学环节中生成的问题，尝试在组内讨论，不同层次学生对相同问题的不同见解进行思维碰撞，小组长负责组织组内交流并收集组内无法解决的问题或产生分歧的问题；组内未能解决的问题，尝试寻求其他小组的帮助，教师适时指导。具有普遍性的疑难问题，教师可采用两种方式处理：一是教师参与组际交流，在学生相互讨论、解决疑点的过程中，指点迷津；二是分配任务，一个组一个问题，各小组集体完成后，让已经解决问题的小组做一次"小教师"，面向全体同学讲解，教师再适当点评，完善解题思路。

（4）新问：尝试迁移，再次生成问题。对于难度较大的问题，教师要善于借用学生渴望释疑的心理，针对疑点，抓住要害，激励学生认真思考，帮助学生找到解决问题的思路和方法；或以问题为案例，由个别问题上升到一般规律，以达到触类旁通的教学效果，使学生在教师的指导下归纳总结新旧知识之间的内在联系。在这个环节中，教师要循循善诱，不断以自己的热情感染学生，激起学生不断探究的信心和勇气，达到师生情智的深度交融，教学相长。

（5）追问：拓展问题，引领二次探究。依据课堂实际，适时进行"二度提问"，引领学生挖掘文本，还原深化学生的思维过程，让学生学到的知识在运用中得到巩固和发展。

（6）再问：检测小结，分层达标。引导学生将所发现的问题"串起来"，把知识梳理成线，形成网络。此外，还要对学生的学习过程、学习方法、小组讨论发言等进行总结，提高学生的学习兴趣。

另外，在精心设计评价的基础上，把评价结果及时展示出来以便及时研判学情，及时调整教学计划，同时也让学生明确自己"到了哪里?"，离"目的地"还有多远，然后迅速调整学习状态，及时到达"目的地"。把评价结果展示在黑板上的小组竞优栏里，可以激发学生的学习兴趣和竞争意识，让更多的学生真正参与到学习中来。

教学评相一致的课堂能引领教师不仅仅知道教什么，更知道为什么而教，从而明确教师的两项任务：一是课前学习目标叙写的基本规范，主要包括行为主体、行为表现、行为条件以及表现程度。如何叙写学习目标，我们一直未给予充分重视，但学习目标是一节课的灵魂，是箭矢所指的地方，包含谁来学、学什么、范围条件、表现程度。二是在课堂上，要从四个角度分析教学评一致性的主要特征：过程中与目标的关联性，学习的方式（自主、合作、探究），评价的表现（学生写、说、交流以及做的表现如何），教师的作用（发起学习、组织学习、评价学习以及反馈矫正学习的作用）。

近年来，省、市、校都在提倡基于教学评一致性的高效课堂模式。达成教学评相一致的高效课堂需要注意什么呢？首先，课堂目标要精准、清晰、可评测。教学评相一致的准绳是什么？当然是教学目标。其次，课堂教学的开展可以是板块式交叠的。最后，课堂评价是嵌入的、全程的。评价不仅是诊断，也是驱动，要真正让评价体系发挥作用。做到了这些，那么，课堂也就慢慢地靠近"高效"二字了。

二、小组竞优

经过不断的实践、探索，针对班额大，教师平时只注意少数尖子生而忽略大多数学生，造成学生学习成绩日益分化的现象，我大胆进行教学改革，在北辛中学尝试了"虚拟班"教学法，把一个大班分成平行的八个学习竞赛小班，建立了整体创优机制。每个小班设一名班长，小班同学互相支持，相互配合，共同提高。我每周对各小班的情况进行点评，每月评出优秀竞赛小班并进行表彰。这样每个小班都是一个竞争实体，同学们不甘落后，你追我赶，班内形成了强烈的比、学、赶、帮、超的学习氛围。

在"虚拟班"的基础上，1997年，我创建了"自主探究合作竞学型"课堂教学模式，大大提高了整体教学成绩，所教学科每次考试均以较大优势居同级同科第一，辅导的学生先后有11人在全国奥赛中获特等奖和一等奖。

2001年山东省教改现场会在烟台召开，我在大会上全面、深入介绍了在北辛中学设置"虚拟班"、推行"自主探究合作竞学型"课堂教学模式的过程和经验，得到与会专家的高度关注。经过进一步深入探讨，专家组一致认为，这种既切合实际又能够激发学生学习兴趣的教学模式值得大力借鉴和推广。

自1982年建校以来，北辛中学经过历届领导和教师的共同努力，已经拥有了一定知名度。特别是2005年与北辛路中学合并后，北辛中学的优质教育资源辐射范围更广，学校的美誉度进一步提升。但我们也清醒地认识到，要真正成为老百姓心目中的品牌学校，北辛中学还有很长的路要走。素质教育的深入实施，要求我们必须从"时间+汗水"模式转变到"科学+规范"模式上来，必须走内涵发展之路。经过反复研究，我们决定从课堂教学改革入手，走一条向课堂教学要质量的特色发展之路。

为了解决教学中存在的问题，北辛中学领导不断安排听课，对全体学生进行问卷调查，结果发现多数教师仍是"满堂灌"，而且课堂上许多环节十分低效甚至是无效、负效的，学生的学习机械而被动，部分学生已出现厌学倾向，学习效率极低。

如何构建高效课堂，让学生积极、有效地学习？这个严峻的问题摆在了所有人面前。对此，北辛中学选派领导班子成员和骨干教师南下北上，前往众多名校考察，在学习借鉴他人经验的基础上，终于摸索出了一套适合自身发展的教学模式。

2008年秋季开学伊始，北辛中学在课堂教学中大胆尝试了"小组合作竞学"模式。经过一年半的探索和实践，逐渐形成了"自主探究合作竞学型"高效课堂教学模式，并在全校推广。为推动这一模式的实施，北辛中学在2010年春季启动"自主探究合作竞学型"课堂达标活动，全校每位教师都要达标，都要熟练运用这种模式，目前最后一批达标活动已到了"学标练课"阶段。

诞生背景

"自主探究合作竞学型"课堂教学模式到底是在什么样的时代背景下诞生的呢？

实践证明，"自主探究合作竞学型"课堂教学模式是在素质教育和新课程改革的大背景下出现的一种高效课堂模式。素质教育提倡"把时间还给学生，把能力还给学生"。学生是学习的主体，是学习活动的第一要素。自主学习需要时间，能力提高需要锻炼。要想让课堂鲜活、生动，必须让学生充分思考。新课程改革明确指出以"自主、合作、探究"的学习方式来代替由来已久的教师个人"表演"。它体现了行为主义观点，认为学习不是机械的、被动的"刺激—反应"过程，而是个体积极地对环境进行探索；它体现了建构主义观点，强调以学生为中心，学生是信息加工的主体，是知识意义的主动建构者；它体现了认知主义观点，认为学习在于学生内部认知的变化，教学要重视学生的主动性和学习的内在动机。同时，它倡导关注每一个学生，因材施教，给每一个学生提供锻炼、展示的机会，体现了尊重、平等理念；它主张分层作业、分层考试，使每个学生各得所需、各显其能，体现了全面发展理念；它推行小组合作讨论、组间交流，促进学生观点碰撞、思维融通，体现了合作共赢理念。

课堂是全体学生的课堂，北辛中学把具有"生生共商，师友互助，合作共赢"鲜明特色的小组竞优作为面向全体学生实施课堂教学的有效载体。班级是实施教育的课堂主体，可一个班几十个人，很难兼顾"关注每一个，激励每一个，提升每一个，成就每一个"的育人理念。小组竞优则把教育主体进行了细化，将教师的关注面平等分解成九个小组。科学划分小组，建设组内文化，及时评价总结，把对班级的泛管理转变为对小组的精管理。每个小组都是课堂上的一个关注点，小组之间互相竞争，小组之内师友互助。小组竞优的出发点是学习、纪律、卫生、思想品德、文体活动等各个方面的全面竞争，落脚点是面向每一名学生，结合点是问题导学与教学评一致性，切入点是科学合理的分组，契合点是小组文化建设，闪光点是学生综合素养的提升。

主要环节

"自主探究合作竞学型"课堂教学模式，以学习小组为基本组织形式，强化学习过程中的自主探究、多维互动、合作竞学，让学生真正成为学习的主人，为学生终身学习奠定基础。该模式主要包括以下几个环节：

1. 感悟导入

根据学科特点和学生实际，创设情境，运用漫画、故事、音乐、视频、情境表演，或由社会现象、生活现象切入，激发学生学习兴趣，设疑激思，巧妙导入。

在导入的同时，明确本节课学习目标，让学生先入为主，了解本节课所要解决的问题，为下一环节"自主探究"指明方向。

2. 自主探究

在明确学习目标之后，学生可依据枣庄市教研室编写的"助学"有关内容，也可依据任课教师在"导练循环教学案"中的设计有针对性地预习课程，自主学习教材。本环节由两部分组成：

（1）自主学习教材内容。

（2）自主学习展示。①组内展示：向同组同学展示自主学习的具体内容，交流自己的思考所得，以及自主学习的发现。对于自主学习过程中发现的问题和困惑，组内交流，能解决的及时解决。②组内展示：由记录员列出共性的问题和困惑。组内展示应尽量使每个成员都有机会发言。

3. 合作竞学

这是一节课的核心部分。通过多维互动（师生互动、生生互动），探究知识，培养能力，实现学生和教师的共同成长。

（1）设计问题，创设问题情境。紧密结合课程标准和教材，通过各种教学活动，引导学生合作探究。问题的设计要坚持"贴近学生、贴近生活、贴近实际"的原则，且要有梯度性、层次性、探究性，力求教学内容活动化，课堂活动内容化。

（2）合作探究。在学生充分自主学习思考的基础上，每个学习小组成员合作互动，有比较充足的时间讨论交流。在这个过程中，既有对教师所设计问题的研讨交流，又有自主学习过程中对疑难问题的解决。如此，保证了课堂探究时间真正用于学生的有效学习。

（3）成果交流。在学习小组自主探究的基础上，每个小组选出中心发言人，对探究的成果进行展示交流。

（4）评价点拨。师生对小组发言情况进行评价。在评价过程中，要鼓励学生积极发表不同见解，肯定不同见解的合理性。同时教师要适时引导、点拨，解答学生的疑惑，及时捕捉、提炼新的教学资源。

4. 巩固练习

巩固练习不是简单做题，而是根据学生有效学习的要求进行同步的、有针对性的训练，以达到精选、精讲、精练的目的。这一环节应由以下几方面组成：①基础知识练习，关注本节课的知识点。②变式训练，形成基本的知识和技能。③联系生活实际，综合运用，分析解决问题。

5. 测试评价

立足于学习中发现的问题和三维目标要求进行基础性、综合性的达标测试，反馈矫正。这一环节主要包括：①根据学习内容和学习目标形成基础训练内容。②用不同题型全面考查学生在学习过程中的达标情况，以及在学习中的差异。③体现能检测学生学习有效性的重点内容，发现学生自主发展、自我评价的问题，激发学生自主探究的兴趣。

成功条件

"自主探究合作竞学型"模式想要获得成功，需要以下几个条件。

一是以转变观念为前提。树立"教为主导"的教学观，"学为主体"的学习观。改变传统教学模式中以教师讲授为主、学生练习为辅的方式，把教学过程真正变成学生自主学习、合作探究和能力提高的过程。

二是合理分组是关键。自主学习型课堂教学模式的核心是合作探究，而合作探究的关键是合理分组，这就要求教师"着眼互补，异质分组"，促进学生优势互补。在具体操作过程中，班级每六人或八人分为一个组，原则上按"1、2号为优秀生，3、4号为中等生，5、6号为后进生"三个层次进行编组。班主任综合分析每个学生的具体情况，依据学生的知识基础、综合能力等因素，将其编入一个异质小组，每人固定一个编号并将分组名单上报教务处备案。这种分组固定编号排位的办法，解决了过去班级中存在的"后三排"现象，使班级中学习小组成为课堂上学习的团队。在小组内，同学们能够互相关心、互相帮助。

三是科学有效评价是保障。评价时既要关注学习过程又要关注学习结果，促进教师教学思想的转变；将学生的参与度、思维的深度和广度等作为评价教学优劣的重要标准；在对学习结果和教学质量的评价上，突出小组成绩，将其进一步量化。为确保评价的公平公正，抽样是公开的，由教务处组织，班主任参与，随机确定抽取的小组和学号。这样的评价体系使得教师能够随时关注小组内学生的动态，同时带来教师的学生观的变化，引导教师关注每一个学生尤其是后进生，使教育真正面向全体学生。

四是强化分层作业和分层考试。在面向全体学生的前提下，坚持因材施教、分层指导。作业按习题的数量和难易程度分类，小组内学生分为A、B、C三个层级，作业分别侧重"探究性、理解性、记忆性"。考试分层进行，每次考试根据三个层级设计题目，同时考试成绩以等级形式呈现，最大限度地保护学生的自尊心。

价值和意义

经过三年的探索与实践，"自主探究合作竞学型"课堂教学模式建设已经取得了阶段性成果：

（1）实现了教与学方式的转变，教师的"满堂灌""独角戏"不见了，而师生互动、学生自主的"大合唱"深受欢迎。这一教学模式的推广，凸显了学生的主体性，优化了教学环节，使课堂由低效、无效甚至是负效变得有效和高效。

（2）学生的学习成绩有了明显提高。以小组合作探究学习和捆绑式评价为主的课堂组织模式，使小组成员的学习成了一种集体行为，每个人的表现与小组的集体荣誉息息相关，后进生在小组内其他同学的帮助下不断获得成功，自信心和积极性空前高涨，而优秀生也因帮助他人而获得了更多的成就感。这种模式真正践行了"不让一个学生掉队"的理念，消除了"前三排、后三排"现象，合格率不断提高。

（3）促进了教师的思想解放和专业成长。通过网络交流、论坛交流、研讨会交流，全体教师投身教改，乐在其中，校本教研蔚然成风，职业倦怠从此不见了踪影。教师专业水平迅速提高，名师队伍不断壮大，有多位教师荣获市级以上荣誉称号。

（4）促进了学校美誉度的进一步提升。北辛中学已发展成为滕州市初中窗口学校、鲁南名校，正向着"山东省教学示范学校"全力奋进。

不断发展

"自主探究合作竞学型"课堂教学模式在北辛中学深受欢迎，随着该模式的进一步推广，其独特的"小组合作竞学"模式也迅速升级为"小组竞优"模式，并且在滕南中学取得了更大的成功。

2020年12月10日，滕南中学骨干教师走进联研共同体柴里矿区学校，开展同课异构送课活动。优秀教师宋元滕、刘晋作为代表参加了此次活动。宋老师讲授的是八年级语文名篇《愚公移山》。他利用课下时间，仅用5分钟便对全班30名学生完成了分组，为每个小组的学生进行了编号，并在黑板上画出小组评价表格。在课堂上，宋老师娴熟地运用"小组竞优"模式，充分调动小组成员的竞争意识，通过多种多样的小组活动，把评价任务落实到每个小组的每一位成员身上。在小组竞优活动中，小组既是教学评的一个组成部分，又是一个整体；而学生既是小组评价的个体，又是一个自我发展的主体。这样，课堂、小组、组员之间就形成了闭环，学生的思维被调动起来了，讨论交流活跃起来了，整个课堂充满了欢笑与活力。

宋元滕老师是2018年入职的一位年轻教师，"让课堂上每一名学生都有所收获"是他的座右铭。"堂堂必用、课课小结"是宋老师在"小组竞优"模式运用过程中对自己的要求，而这也成了新课堂的一道美丽的风景线，成了学校新课改的一个缩影。

班级是教育的主体，而"小组竞优"模式把教育主体进行了细化，将教师在课堂上的关注面平等分解成若干小组，每个小组都是教师的一个关注点；小组之间互相竞争，小组之内生生互助，通过层层渗透，将受教育的主体细化为每一名学生。小组竞优的出发点是实现教育教学水平的新提升，立足点是全方位提高学生素质，如学习、纪律、卫生、思想品德、文体活动等。为了实现这个目标，学校不断对小组竞优工作进行系统的完善。

一是科学合理分组。新学期伊始，学校要求班主任将学生分成九个小组，每个小组六人，编为1~6号。各班级根据自身情况，因地制宜，以小组为轴心精心排位，同时班级座位月循环，形成了学生小组座位的相对稳定与定期流动。

二是建设小组文化。小组有组名，小组成员要动手让小组名牌上桌。小组名牌各具特色。每个小组都有口号，由组内成员讨论决定。每个小组都有目标，成为组内成员共同奋进的方向。

三是及时评价总结。实行"小组竞优"模式后，学校推行"堂堂评价，日日总结"活动，配合原有的阶段检测，对学生的评价做到了及时、按时、准时，达到了以评促教、以评促竞、以评促优的目的。

2020年12月31日九届一次教代会上，滕南中学正式决定将"小组竞优"模式作为一项制度大力推广，正式将小组竞优专项纳入教职工实绩考核。在全校的深入推动下，邵慧敏、张平、李彦君等一大批"小组竞优"模式教学先进教师脱颖而出，八年级（15）班、八年级（23）班、七年级（8）班、七年级（16）班等成为小组竞优的先进班集体。滕南中学以"小组竞优"模式为载体，再一次按下跨越式发展的快进键，开启了教学管理的新探索。

应用广泛

"小组竞优"模式的应用范围十分广泛，成效显著。赵腾腾老师就把"小组竞优"模式成功地应用于英语教学活动中，取得很好的效果。

在此之前，滕南中学八年级学生的英语成绩已经出现了严重的两极分化现象。因为疫情的影响，学生成绩两极分化现象更为严重，基础知识不牢，无法理解语法，不会使用语法，更有甚者十分害怕英语，丝毫没有兴趣，课堂上鸦雀无声的场面时时出现。为了充分调动学生的积极性，赵老师在"小组竞优"模式上下了很大功夫。

第一，合理分组，个性命名。在以往的课堂上，班级是实施教育的主体，可一个班几十个学生，学习基础、学习方法、学习习惯各不相同。所以，教师很难兼顾贯彻"关注每一个，激励每一个，提升每一个，成就每一个"的教学要求。"小组竞优"模式则把教育主体进行了细化，将课堂的关注面平均分解到九个小组，每个小组都是一个关注点，小组间互相竞争、互相帮助，每一名学生都是课堂的主体。

在原来的基础上，赵老师把六个小组又细分为A，B，C，D，E，F组，用英文字母冠名，这样更有利于学生从内心接受英语。把每个小组的1～9号，编为A1～A9、B1～B9之类，并让小组成员结合自己的班级名称，给本小组起一个英文名。例如八年级（3）班，班名是星火，有些小组就给自己小组起名为 star，star light 等。这样既可以增强小组凝聚力，也可以让学生通过英文名字理解文化的多样性。

第二，小组互助，生生争优。兴趣是最好的老师，没有兴趣就无法真正调动学生的内驱力。为了充分调动学生的学习热情，赵老师主要采取了以下方式：

（1）小组竞赛，激情早读。大声朗读是学习英语的必要条件之一，敢于朗读、勇于朗读才能学好英语。赵老师和学生约定，20 分钟的早读时间，10 分钟大声朗读，10 分钟快速记忆和默写。声音最大的两个小组加 1 分，作为当天的基础分。由六个小组的 1 号作为评论员，赵老师还采用"A1 去四组，D1 来一组；B1 去五组，E1 来二组"的方式，督促各小组积极进行评价。10 分钟的快速记忆和默写，采用小组轮流制。按照规定内容，每位同学书写相应内容，哪个小组最早结束即为胜利组，胜利组可以获得 2 分的基础分，并免写基础作业。失败组要扣 1 分，再布置相关作业。学生兴趣高昂，真正实现了激情早读的目标。

（2）作业互查，监督管理。批改作业是每位教师都要面对的难题，推广"小组竞优"模式后，采用小组互查的方式，由竞争小组去检查，并加以反馈，检查小组的小组长有加分、减分的"大权"。英语作业质量得到明显提升，再也没有不完成作业的情况了。

（3）检查反馈，落实提升。落实是学习的重中之重，课堂上学习的内容比较多，就需要学生不断地丰富自己的知识体系，夯实基础，借助师友互助的方式，检查反馈。每天都有英语作业，要求师友给学友提问当天学习的单词和重点语句，默写反馈，并对表现优秀的个人和小组进行加分。为了小组荣誉，小组长积极要求每位组员都要按时完成作业，效果显著。

这样，学生就由原来归属班级变为归属小组，由原先空泛的集体荣誉感变为具体的小组存在感与荣誉感，有效增强了作为教育个体的内驱力与爆发力。

除了日常教学之外，"小组竞优"模式在班级管理过程中也取得了极大的成功。

班级的日常管理工作是非常琐碎的，如果所有事情全部由班主任完成，显然是不可能的。而班级就像一个大家庭，每一个同学都是不可缺少的。因此应该积极培养学生的主人翁意识，使其积极为集体服务；同时，大力培养干部，充分发挥学生的主动性，让他们主动管理班集体。

（1）制定规则，全员遵守。没有规矩，不成方圆。因此制定科学的班级考评制度至关重要。学期伊始，就要充分利用班会、晨会，带领学生认真学习《中学生守则》《中学生日常行为规范》，并根据学校相关规定，从学习、纪律、卫生、作业、考勤、好人好事等方面对学生在校期间的行为进行量化考评，做到"有法可依、有法必依、执法必严、违法必究"。对学生的考评结果一周一汇总并及时在"学习园地"中公布。具体措施由小组成员拟定，小组长执行，教师负责监督。

在班级总则下，各小组长带领组员制定本小组的量化细则，每天在值日班长公布本日执勤情况后，对本小组成员进行督促，按照既定的规则进行奖惩。

（2）组长负责，捆绑评价。班级实行小组管理制度，组长负责，小组成员进行"捆绑"评价。在执行的过程中做到"制度面前，人人平等"，客观公正地评价每一名学生。在学习小组之间开展"先进小组"评比活动，依据考试结果评选出"学习优胜小组"三个（两个是小组成员成绩总和优秀组，一个是进步最快的小组）；每月按照小组综合量化评选三个"卫生优胜小组"和三个"安全优胜小组"，激发学生参与的热情，提高凝聚力。由班长每周统计各个小组的最后得分，每周公布一次，每月总结一次、评比一次。"文明小组"的成员在班级各类评比中享有优先权。同时各小组依据自身情况召开不同的周分析会、月分析会和学期分析会，及时发现不足并找到解决办法。

（3）适当分组，合作互助。组织学生进行小组合作学习，首先应对全班学生进行适当分组。为保证组内成员的互补和小组间的公平竞争，在分组时要考虑学生的学习态度、学习能力、个性特征等。应遵循"同组异质、异组同质"的分配原则，保证每个小组在大致相同的水平上展开合作学习，以增强合作的动力，增强取胜的信心，这样才能取得良好的合作效果。

（4）自己负责，增强荣誉。为让小组成员互相支持和配合，树立"为小组荣誉而战"的意识，使小组成员不仅要为自己的学习、生活负责，还要为小组其他同学负责，这就要强化小组的内部建设，要把"权力"下放到小组长，由小组长进行组内人员的分配。在集合全组成员智慧的基础上，确定本组的分工（包括各科课代表、卫生、纪律、学习组长等），组内各科课代表负责收取各科作业，检查需要背诵的内容，并汇报给课代表，教师负责监督。

还可以讨论设立个性组名、组徽、组训和本组的竞学措施，全组人员集体签名。制作自己的名牌，激励自己。最后将各小组的卡片张贴上墙，供全班学生监督学习。

每周一张小组周报，回顾主要得失，同时提出希望和要求，进一步规范学生的行为，提高学生凝聚力。

（5）内外兼修，砥砺前行。管理班级要坚持"内外兼修，由外促内"的原则。外是班级的文化。全班同学一起构建本班的班级文化，教室内外都由学生们自己设计，自己制作，形成良好的学习氛围，调动学生的学习热情。教室内以学生书画为主，以"净、竞、敬、静"为班级总目标，以"将落实进行到底"为班级的学习目标，创建浓厚的学习氛围。

（6）小组值班，全面监督。实行小组值班制度，每天都由一个小组负责全面监督大家在各方面的表现。小组长推选本组的两名成员作为主要督查员，其余小组成员配合检查，记录在册。各小组结合本组的组规进行相应的奖惩，教师负责督促检查。

一个班级就像一个微缩的社会，要想把它"塑造"成一个整体，全体师生需要共同努力。我们始终要以平和的心态去品味班级工作中五彩斑斓的美好和苦涩，借助"小组竞优"模式的东风，使我们的梦想变成现实。

推广"小组竞优"模式的深层原因

那么，我们为什么要积极推广小组合作竞优模式呢？

（1）小组合作竞优模式给课堂教学注入了活力，并且符合教学评一致性的要求。

传统教学是教师的"一言堂"，学生积极性不高，学习效率低下，而小组合作学习让学生由被动学习变为主动学习，把个人自学、小组交流、全班讨论、教师点拨等要素有机地结合起来，多样的学习方式让每位学生都能积极参与其中，激发了他们的学习热情，使课堂一下子充满了活力。

（2）小组合作竞优模式解放了教师，成就了学生，让学生真正成为学习的主人。

在传统的教学中，教师占据讲台位置，滔滔不绝，结果学生学习效果差强人意，其实是我们封住了学生的嘴巴，限制了他们的思维。而小组合作竞优模式让教师由台前退到幕后，让学生真正成为课堂的主人，极大挖掘了个体学习潜能；然后生生相互交流，学生就有更多的机会发表自己的看法，锻炼了语言表达能力，同时学会了倾听，了解不同的观点，扩展了视野，促进了思维的发展。小组合作竞优模式为学生提供了一个轻松、自由的学习环境，而且将课内学习延伸到课外，使他们在学习的过程中得到了更多的快乐。

（3）在课堂管理中，"小组竞优"模式可以充分改善课堂气氛和学生参与度，达到提高课堂效率的目的。

用分数牵引学生的思路，鼓励他们勇于竞争，为了胜利一路不断努力奋进。课堂上，对于简单的问题，要求全员参与。对于稍难的问题，可让小组成员举手发言；在所有小组都有同学举手前，绝不单独提问某位同学；如果回顾之前所学的知识或进行训练，也可直接提问某组的同学，便于了解该学生对知识的掌握程度，并且进行横向对比。更重要的是，对于疑难问题，往往没人举手，即便有人回答也是支支吾吾。遇到这种情况，进行小组讨论是最好的方式，但是如果学生没有讨论习惯和动力，效果就不理想了。这时如果落实了"小组竞优"模式，就会是另一番场面了。每节课教师要对每个小组的表现及时进行总结和反馈，这样学生的积极性会被极大地调动起来，课堂效率也会随之提高。

（4）小组合作竞优，有利于班级量化管理，增强了班级战斗力和凝聚力。

初中生的集体荣誉感往往很强，基于这个特点，滕南中学积极开展了"小组合作竞优"活动，堪称"小组合作竞学"模式的升级版。小组合作竞优模式不仅能够将学生间的学习竞争关系转变为"组内合作"和"组间竞争"的关系，而且可以让整个班级管理与小组挂钩，从学习到纪律、卫生、课外活动等，进一步丰富"竞"的内涵。

每个小组都是一个整体，每位小组成员的表现都关系着小组的荣誉，通过这样捆绑式的管理，实现了学生间的相互监督，极大地激发了学生的集体荣誉感，从而达到了使学生自我约束的目的，使整个班级管理不需要教师的干预，依然有条不紊。

评价体系的建立

小组合作竞优模式要想取得成功，评价体系的建立一定要及时跟进。对此，滕南中学大力推行堂堂评价、日日总结，并配合原有的阶段检测，使对学生的综合评价做到了及时、按时、准时，实现了以评促教、以评促竞、以评促优的目的，并进一步将小组竞优活动纳入了教师的教学实绩考核。

在班级管理过程中，应注意以下四个方面的评价。

（1）学生到校早读评价。按规定时间到达的学生所在的小组加分，入班即读的学生加分，迟到、读书不专心的学生小组会被扣分。最后由班长或班主任统计，使早读课达到你追我赶，人人争优的目的。

（2）完成作业评价。要固定收交作业时间，这个时间交不上，由学习委员、课代表负责每人次扣小组量化，多科作业完不成的学生上报给班主任。

（3）午自习评价。扰乱纪律被记名者，固定科目午自习不补其他学科作业者，由纪律委员对小组进行量化扣分。

（4）卫生打扫评价。凡值日不到岗，逃避值日或卫生区打扫不彻底，打扫卫生期间打闹、散漫者，由卫生委员负责评价扣分。

另外，还可以实行小组承包制。例如，每组轮流承包班级事务一天，包括关灯、关闭多媒体，班级卫生巡查，课间巡查，等等，都可以纳入小组评价体系。

除此之外，评价标准可以是多维度的，教师甚至可以把自己对班级的要求转化为评价的标准。例如晨读时，可以规定给大声朗读的小组加分，可以给课堂上积极举手的同学加分，可以给作业全部得 A + 的小组加分，也可以给自习课纪律良好的小组加分。

评价还可以是多人负责的。其中，班主任和教师是评价的主体，任课教师每节课都要有评价。每节课后，学生应要求教师给予评价，而教师则可以通过评价来约束学生在课堂上的表现，实现课堂效率的提升。早上就餐时，班主任可把时间交给督学来评价，这样即使没有班主任的监督，学生也可以受到评价体系的制约，在一定程度上也有利于督学开展工作。中午就餐后的自习时间可以交给班干部来评价，背诵副科的大课间可以交给课代表来评价。参与评价的人多了，班主任的助手也就多了，各项活动才能落到实处。

评价必须要及时，晨读发现的问题拖到下午放学后再评价，就失去了意义。每天要有日评价，班主任可根据当天的情况，及时进行小结，对落后的小组进行点评，监督其及时改正；每周末要有周评价，对落后的小组可进行适当惩罚。只有持之以恒，这项活动才能推动下去。

"小组竞优"模式对我们每个人来说，都是一种全新的教学和管理方式，需要我们不断地进行探索和研究，以实现学生学习方式、学习习惯的转变，进而促进学生全面发展。

收获、问题及解决办法

"小组竞优"模式起初为"小组竞学"模式。近年来，经过滕南中学的反复实践，不断深入研讨，最终确定为"小组竞优"模式。虽然只有一字之差，却是质的飞跃。"小组竞学"模式的立足点是单方竞争学习成果，学生比拼的主要是学习成绩；而"小组竞优"模式的立足点是学习、纪律、卫生、思想品德、文体活动、学习状态等，追求全方位提高学生的综合素质。

我们知道,"小组竞优"模式是"高效课堂教改实验"积极倡导的学习方式之一。小组合作的目的是提高全班同学的整体合作能力以及自学能力,让学生掌握正确的学习方法。因此我们要充分考虑每个学生的情况,根据不同情况提出问题,既不要过于简单也不能过于困难,保证每个学生都能够积极参与其中,每个人都积极发言并认真听取其他同学的意见,注重培养学生的思维能力。

在讨论结束后进行班内展示时,不仅要求学生充分发表见解,还要求他们讲出思考方法。另外,应积极鼓励成绩暂时落后的同学进行展示,教师要给予充分的肯定,以增强他们的学习积极性,这样就保证了全班同学都能参与到学习中去,体会到学习的乐趣,让每个小组成员都能有所收获。

我们的收获体现在以下各个方面:学生在小组合作学习的过程中,逐渐学会了互相帮助,学习气氛日益活跃,自主学习能力不断增强,对学习的兴趣有所增加;增强了对学生的约束力,尤其是作业完成情况有所改善;教师的工作强度有所降低,比如收发作业、背诵课文、检查更正等工作可交由小组长去完成,既减轻了教师的工作负担,又锻炼了学生的管理能力,整体效果较好。

当然,在推广"小组竞优"模式的过程中也遇到了不少困惑,学生参与度尚且不足。通过观察不难发现,通过小组合作学习确实增加了学生参与的机会。但是,优秀学生参与的机会更多,他们往往扮演着帮助者的角色,而后进生则成了听众,只能从优秀生那里获得信息,得不到独立思考的机会,这导致后进生在小组合作学习中获益较少。在小组活动中,优秀生发言的机会更多,代表小组汇报的次数也更多。优秀生有了发挥自己潜能、展现自己才能的舞台,相对而言,后进生则往往被忽视,无形中也失去了思考、发言、表现的机会。

有些小组,在合作之前缺乏必要的准备就匆忙展开讨论,秩序混乱,没有中心。而在评价过程中,往往出现重视整体评价、忽略个体发展的问题。教师在教学过程中往往把评价和奖赏过多地放在小组整体表现上,以致忽略了个体的发展。其实，小组合作学习只是一种形式，它是为全体学生的全面发展服务的。那么，我们应该怎样处理小组合作与个体发展之间的关系呢？

（1）帮助学生掌握合作技能。教师应事先做好安排，讲清楚合作规则，让学生掌握必要的合作技能。

（2）教育学生学会谦让。应该让优秀生明白，合作学习不是一开始就把自己的意见说出来，要给其他学生考虑的时间，尽量让后进学生先把自己的想法说出来，然后再由组内其他同学补充，经过讨论得出结论。

（3）告诉学生应该学会倾听。孩子们总是急于把自己的想法讲给大家听，总是怕别人听不到自己的声音，结果课堂上一片喧哗。要告诉学生静静地听别人说话，如果有不同意见，也要等对方说完再发言，而且要边听边思考：他想的和我想的有什么不同呢？谁的更有道理？谁的想法更巧妙？

（4）明确分工协作。小组合作首先要求小组成员养成独立思考的习惯，避免小组交流时盲目从众的现象发生。小组分工是小组合作学习的前提。小组成员必须明确自己在小组中的角色，勇敢地承担起自己的责任。在小组活动中，学生会扮演各种不同的角色，如小组长、记录员、发言人等。小组长应由组织能力较强的学生担任。小组长的主要职责是对本组成员进行分工，组织全组人员有序地开展讨论交流。记录员的职责是将小组合作学习过程中的主要内容记录下来。发言人的职责是将本组合作学习的情况进行归纳总结，然后在班级汇报交流。

（5）增强学生自主学习能力。自主、合作、探究是新课程积极提倡的有效学习方式，其中自主是学习的基础。因此，要想有效地开展小组合作学习，还应重视发展学生的自主能力。值得一提的是，学生自主能力的培养要注意循序渐进，不可拔苗助长。

（6）善察学生合作需要。在日常的教学活动中，我发现学生的合作热情并不高。原本以为是方法出了问题，后来有一位学生道破了"天机"："这么简单的问题不用讨论也知道，为什么还要讨论呢？"因此，在学习过程时，不是任何问题都要进行合作学习，只有在学生无法独立解决的情况下，才需要进行小组合作学习，那样学生才有合作的热情。

因此，在教学过程中，我们要善于发现学生的需要，有选择地让学生进行合作学习。对于学生力所能及的那些问题，就让学生独立解决；学生力所难及的问题，则让学生合作解决；而学生力所不及的问题，则需要教师加以引导。

（7）共同锁定合作目标。既然是合作学习，那就要有一个共同的目标，大家达成共识，围绕一个共同的目标不断努力。

（8）教师适度参与。教师是课堂的组织者、引导者和合作者，要组织学生开展丰富多彩的学习活动，引导学生进行自主合作探究，与学生共同解决学习中遇到的困难。因此，在小组合作学习过程中，教师应适度参与，这样既能及时了解学生的学习进度，又能给学生一种无形的期望，激励学生积极讨论交流，提高合作的效率。

总之，小组合作学习是一种行之有效的学习方式，是培养学生良好学习习惯的好办法。我们要通过不断指导、长期熏陶，积极引导学生吸收其中的精髓。教师之间也应该经常开展小组合作式的学术探讨，不断反思、改进，使自己逐步走向成熟，不断适应新课改的要求，不断地丰富和完善小组合作学习的教学实践。

"小组竞优"学习模式完美体现了"精·和"新课堂的"精、和、新"，对于这种全新的教学和管理方式，我们需要不断地进行探索和研究，以实现学生学习方式、学习习惯的转变，促进学生综合素质全面发展。

第四节　培养学生高阶思维的课堂创新

为贯彻落实党中央"双减"决策部署，深入推进新课堂达标活动，在教学中提升学生思维品质，努力打造高效课堂，全面提升教育教学质量，学校特制定了《关于培养学生高阶思维能力、深入推进新课堂达标活动的实施方案》。以习近平新时代中国特色社会主义思想为指导，以立德树人为根本任务，以新课堂达标活动为载体，以教与学方式的改革为手段，建构"教学评一致性"的深度学习课堂，提升学生的思维品质，全面提高学生综合素养。

高阶思维是指发生在较高认知水平层次上的心智活动或认知能力，主要是指创新能力、问题求解能力、决策力和批判性思维能力。依据思维方式的复杂程度由低到高设定为记忆、理解、应用、分析、评价和创造，其中记忆、理解和应用为低阶思维，分析、评价和创造为高阶思维。

在深化新课堂达标活动中，教师要优化教与学的方式，在关注对基本知识的学习、理解、训练和运用的同时，更加注重思维的分析、评价和创造，培养学生的高阶思维能力，实现课堂教学的优质高效。

一、在"深度备课"中注重高阶思维培养的设计

备课时要突出思维主线设计，在学习目标、评价任务、学习过程三方面注重学生高阶思维能力的培养。

1. 制定学习目标

提升高阶思维能力是深度学习的首要目标。教师基于课程标准和学情确立学习目标，既要关注知识的记忆、理解和运用，更要关注分析、评价和创造，让高阶思维能力的提升贯穿到每一个学习目标的制定中。

2. 设计评价任务

评价任务要与学习目标相匹配。评价任务的形式要丰富多样，并注重高阶思维的培养，做到内容问题化、问题思维化、思维活动化。活动要跟着问题走，分层次、分步骤，可评、可测、可操作，通过展示、交流、分享活动，形成思维成果。

3. 设计学习过程

学习过程的设计要有利于思维的进阶。合理创设问题、活动、任务、项目，让学生经历深度的思维加工过程，并把评价任务嵌入到学习过程设计之中。

二、在教学实施中落实高阶思维培养

1. 在问题解决中培养高阶思维

问题是开启高阶思维的最大动力。一要创设符合学生认知的问题情境。坚持知识问题化，问题情境化，引领学生在解决现实问题的过程中，激活已有经验，经历由浅入深、步步递进、由点及面、由表象到本质的思维过程，并不断去发现、创新，形成高阶思维。二要用问题铺设学生思维的台阶。在教学过程中，教师要围绕一两个可分解的主问题巧妙设计"问题链"，适时对学生进行连环追问，引发学生思维共振和质疑论辩，引导学生走向深度学习；或进行一题多问、一题多变、一题多解等开放性的问题设计，并对问题进行分类，使学生在比较中进行分析、归纳、概括、抽象，训练学生的发散和聚合思维。

2. 在多维互动中训练高阶思维

高阶思维发展的场域由多人共同参与。师生间、生生间要建立相互尊重、平等对话、协同合作的学习关系，在平等对话中促进高阶思维发展。教师要引导学生在交流中学会倾听不同的见解，互相交流辨析，大胆质疑，提出个人观点，在讨论争辩中解决问题，达成共识。在多维互动中，让学生经历设计方案、动手实验、收集数据、分析论证、交流反思、总结经验等过程，培养问题意识和批判质疑、勇于探究的精神，提升解决问题的能力，发展学生实践和创新思维。

3. 在可视化知识建构中提升高阶思维

利用记忆图像化、知识结构化、解题模型化，提升学生的学习力。在学习过程中，教师要引导学生用思维导图画出分析思路、解题思维步骤，生成问题解决策略模型。教师依据学生思维导图的分享解说，关注每个学生的知识建构过程、学习进展状况和思维活动，因材施教，更好地促进各层次学生的成长。

学校要把培养高阶思维，深化新课堂达标活动作为今后一个时期教研、培训工作的重要内容，加强理论学习，不断转变教师观念，适时开展调研、培训会、报告会、展示会等活动，搭建有效的学习和培训平台，不断推进高阶思维培养研究深入进行。

第五节　全员全方位育人模式的创新

一、"七个两分钟"：简单事，天天做

单靠学科知识并不能实现学生的全面发展。培养中学生的综合能力和生活（生存）技能，比起中考有着更为深远的意义。如果教育不能惠及学生的终生，就是短视的功利教育。

多年来学校"关注个体的全面发展，实现发展的全体性"，除对学生进行各种学科知识教学外，更多的是注重学生的综合能力和生活生存技能教育。即在全体学生中开展了每天"七个两分钟"活动：每天进行两分钟课前演讲，每天写两分钟日记，每天练习两分钟硬笔书法，每天读两分钟中外名著，每天做两分钟家务，每天学两分钟生活（生存）技能，每天健身两分钟。学校制定了"七个两分钟"活动实施方案，每一项都规定了责任主体，严格督促检查、开展各种活动，抓好评比量化、表彰奖励等环节。每天"七个两分钟"落到实处，参与者感受的是快乐，增长的是才智，培养的则是终生受用的良好习惯。

1. 每天至少做两分钟家务

要求每名学生都要做力所能及的家务，家务包括家庭事务和班务及自己的内务。每位学生除了完成规定的值日任务以外，每天还要为学校、班级至少做一件事，例如，扶扫把、擦讲桌、捡废纸等。必做内务，例如每

天要整理自己的床铺、洗内衣袜子等，定期理发洗头、刷鞋、整理学习用品、剪指甲等；要求衣着整洁，身上没有汗臭味。提倡做力所能及的家务，如擦地、洗碗、做饭、清理房间等。在做家务时，与家长沟通感情，学会自己主动找家务做，享受家务劳动的乐趣。班务由班长、团支部书记负责检查，家务及内务由班主任通过日记、通讯、家访、家长会等形式进行检查，学校定期发放联系卡反馈情况。

2. 每天至少写两分钟日记

每天写一篇日记，天天坚持，不可间断。为了减轻学生的负担，日记可长可短，日记形式可以是叙事、描写、抒情、想象、摘录、剪贴等各种写法，形式不拘一格。内容是学生学习、生活的真实体现，可以写自己做家务的感受或读名著的感受，语文课代表每周检查两次，语文老师每周检查一次，级部分管主任每周抽查一次，对写的好的同学进行表扬奖励，每学期开展一次日记交流欣赏会，让写的好的同学朗读自己的日记，全班同学进行评议交流。通过每天写日记，激励学生不断地进取，提高写作水平，培养良好的写作习惯。

3. 每天至少唱两分钟红歌

在教室进行，学校要求各班在每天下午第一节课前合唱国歌、团歌、校歌或其他励志的红色歌曲，要求学生唱准节奏、熟记歌词、歌名，唱歌时情绪饱满、精神振奋，树立勇往直前的胜利信念，同时学军人的作风，唱出气势、精神振奋、刚强有力。由政教处、团总支负责检查量化，每周公布一次检查结果。这项活动，能鼓舞学生的士气，增加学生的爱国、爱集体热情。

4. 每天至少读两分钟中外名著

要求学生每人自备一本中外名著或伟人传记（包括科学家、英雄人物），每天利用课外时间自由阅读，并做好读书笔记。读完后可以与同学交换看。学生结合写日记每周写一篇读名人、伟人传记的感悟。各班每月开展一次读书交流欣赏会，每人推荐一本好书，每月举行一次以"读书感悟"为主题的班会，使学生了解伟人的风范，得到知识的充盈，同时学习名人和伟人的成功之处，找到自己心中的"偶像"，树立自己学习的榜样，激励自己不断努力，不断进步。

5. 每天至少进行两分钟演讲

此项活动由班主任、语文老师及小组合作学习的组长负责，以小组合作学习的形式落实。

演讲（讲故事）是口头表达能力的训练。要求每位学生每天利用课外时间练习两分钟演讲（或讲故事），利用每天语文课的前两分钟进行演讲，让学生自由选择内容进行演讲（讲故事），看谁的口齿伶俐、吐字清晰、条理清楚、内容完整。要求学生演讲时，做到大胆、大声、大方，听的同学要专心，听完后要把自己的感受跟演讲的同学交流。演讲可以锻炼学生口才，提高学生的语言表达能力。

6. 每天至少练习两分钟硬笔书法

此项活动由级部分管主任、班主任及班干部负责监督落实。

为进一步规范和提升学生的汉字书写能力，激发学生学习硬笔书法的兴趣，提高学生硬笔书法水平，要求学生每天晚上至少练习两分钟硬笔书法，每天早上由班主任负责检查落实，每周级部负责抽查，学期末学校举行一次硬笔书法展评，对优秀学生给予表彰奖励，鼓励学生好好学习书法。

7. 每天至少朗诵两分钟优秀古诗文

此项活动由级部分管校长、班主任及班干部负责监督落实。

经典诵读已成为我校的一大特色，特别是我校开展的每天诵读《弟子规》活动，受到各级领导及家长的好评。本学期利用课间操时间继续开展背诵《弟子规》及优秀古诗文活动，使全体学生能理解、会背诵、活用《弟子规》，陶冶学生的情操。要求学生每学期会背不少于 20 首优秀古诗文。

"七个两分钟"是学生习惯的培养，更是学生综合素质的提升，是我校全员岗位育人和综合实践活动的具体体现。学校要求各科室、各级部、各班级及有关老师按照方案严格落实，做好督促检查、评比量化、表彰奖励，确保这项活动在我校长期扎实开展。

二、自助选课与"走班制"授课

学校严格按照《山东省义务教育课程设置及教学指导意见（试行）》《山东省义务教育地方课程和学校课程设置指导意见》《山东省普通中小学管理基本规范（试行）》等文件要求，落实课程方案，开全课程，开足课时，不随意增减课程门类和课时。坚决杜绝课程表"两张皮"现象的发生，同时我校对音体美、理化生实验、综合实践活动课、地方和学校课程的开设，高度注视，专门召开会议，统一布置安排，有两名副校长分别负责艺体综合学科、实验教学，艺体综合科配有 2 名专职主任、实验教学有 3 名主任专门负责。配足、配齐各类课程的专任教师和兼课教师，并实行异班兼课。同时实验开课率、实验演示率、分组实验率达到 100%。

课程设置是实现学生全面发展与个性发展相统一的关键。学校为学生开发开设内容丰富的"自助餐"，使学生可以自主选择与主动发展。结合学生需求和学校实际，整合课程方案，研发并开设了《研究性学习课程——当地常见自然灾害调查》《环境教育读本》《中学生礼仪教程》《人生规划》《青春期心理健康》《安全教育读本》《弟子规》《齐鲁文化》《古诗词欣赏》《图说北辛文化》等校本课程。同时积极开设特色课程，开设了戏剧表演、声乐、器乐（军乐）、美术、书法、足球、篮球、田径、机器人技术、计算机编程、七巧科技等 20 余门综合实践选修课程，选聘专业老师上课，学生根据自身需求选择课程，实行自主选班上课。

学校积极进行家庭课程资源和社区课程资源的开发，把家庭和社区课程资源进行有机的结合。开办家长学校，召开家长会和家庭教育报告会，建立教师家访制度，形成校内外家庭与学校的教育合力；把滕州博物馆、市奥体中心、墨子纪念馆、北辛敬老院、市政广场、烈士陵园定为学校社会实践活动基地，让学生参与社区服务，了解社会，开阔眼界，提升素养。

为确定"接地气、见成效"的校本课程，还给学生自主学习的机会和权利，实现自助选课。

"走班制"授课，转变上课方式。为有效满足学生自主发展需求，把校本课程落到实处，赋予学生更大的活动空间、更多的发展机会。学校采用校本课程"走班制"学习形式。学期初，每位教师从学生兴趣和意愿出发，结合自身特长，围绕学校发展目标，或单独或合作申报一门自主开发的课程，学校根据"生"意调查结果，确定具体开设的科目，设立"361课程超市校本课程菜单"，列出课程类型、科目名称、课程内容、课程开发者、上课地点等有关信息，发放给学生。学生根据自己意愿，以自助餐形式选择1~2门课程、选择喜爱的老师。这样，学生就有了自由成长的空间，满足了学生更多的个性需求。学校按照课程特点确定上课时间、上课地点、授课教师和上课方式，具体按校级和年级两个层面实施。校级层面的校本课程面向全校学生，跨年级、跨班级，采用师生双向选择走班形式，建立学生选课与教师指导相结合的方式，引导学生有针对性地选择学习。年级层面的校本课程采用学生自选课程、自选老师，以走班流动形式开展教学，既满足学生的主观意愿，又促进各年级各班学生间的交流互动。使学生实现由"坐学"向"活动式学习"的转换；每周一、周四下午连续两节课统一开设校本课程，分别在"阶梯教室""实践基地""科学探究室"等地点举行，使学生在乐学、勤学、善学、博学中张扬个性。学校按照课程特点确定上课时间、地点、授课教师和上课方式，面向全校学生，采用师生双向选择走班形式，引导学生有针对性地选择学习，使学生学习实现由"被动坐学"向"走动式学习"的转换。

学校积极筹措资金，加大教学设置的配备。每学年按照生均公用经费3%的经费额度添置音、体、美、综合实践的教学用具和器材，并且所需经费列入学校预算。学校各室齐全，按照配备标准配齐各项设施和设备，并达到了一类配备标准。建有图书室、理化生实验室、仪器室、体育器材室、音美器材室、微机教室、语音教室、音乐教室、舞蹈教室、劳技室、绘画室、多功能多媒体教室、机器人探究实验室等各项教学场所和功能用室。学校配有高标准400米标准塑胶田径场1个，足球场1个，室外排球场1个；室外篮球场3个，乒乓球台16余张，乒乓球室1个。同时，多媒体进教室实现了班班通、堂堂用的良好局面，能最大限度地满足师生的需要。

各功能室制定了管理使用制度，图书、仪器、器材的借还和使用都有记录，在严格管理的基础上，充分发挥教学设施设备的功用。所有仪器、器材设备均有专人管理，使用记录详实。学校定期对管理人员进行培训，每学期组织专业人员对管理使用情况进行检查。为发挥仪器设备的效能，除正常授课使用外，学校还在课余时间、双休日、节假日免费对学生开放，极大地提高了仪器设备的使用率。

学校按照课程方案要求配齐、配足了各门课程专（兼）职教师，特别是音、体、美、实验、综合实践专（兼）职教师，现有音乐专职教师9人，美术专职教师9人，体育专职教师19人，实验专职管理员7人，音体美器材专职管理员8人，综合实践专职教师5人，教师年龄职称结构基本合理。学科教师搭配科学合理，做到老中青结合，职称结构结合，并建立了相应的激励机制，鼓励教师从事一线教学，积极开展教学改革和教学研究。

三、规范学习行为，注重学段衔接

在西岗中学时，我校制定了《西岗中学学生课堂学习行为规范十条》，并以此作为学生学习的规范性纲领。每学期初，教导处、级部组织学生学习，然后学生对照规范一一查找不足，并写出整改方案。

初一新生怀着兴奋、自豪的心情跨进中学的校门，进入新的环境，看到的是新的校园，结识的是新同学，讲课的是新老师，他们对周围的一切都充满新鲜感，充满新的希望。

初一新生普遍满怀对未来中学生活的美好憧憬和进取向上的愿望，无论在小学表现怎样，都希望给新老师和新同学留下良好的印象。

学习内容上面临困难。小学只有语文、数学两门主科。进入七年级后，有语、数、英、思想品德、历史、地理、生物、体育八门中考科目，还有音、美、计算机、安全环境、综合实践等科目，学习内容明显增加。二是学习方法上的困难。学科增多，知识量增大，光靠死记硬背和临阵磨枪的突击战就不足以解决问题了，面对明显加快的学习节奏许多孩子会感到手足无措。要求学生准备两种笔：黑笔是用来做作业、记笔记的；红笔是用来及时纠错，记重点画重点的。三种本：练习本、笔记本、错题集。根据不同的学段，初一笔记少做些，初二、初三笔记本就要多做一些。有的学生上课无精神，做与上课无关的事，看手机、看小说、传纸条、打瞌睡，这都要严查。

住宿生活带来的困难。住宿制生活需要孩子自己整理内务、打扫寝室卫生、洗衣服等，还要室员之间相互适应、相互理解，这些都对同学们的生活自理能力、适应能力和沟通能力等提出了更高的要求，部分同学难免会感到紧张和不适应。

身心新变化。进入初中，学生的身心进入发育期，青春心理开始萌动，独立自我意识明显增强，他们自以为已经长大成人，要求和成人平等交流思想，特别希望得到成人的尊重和理解，但自身的自控能力、情感和意志行为又相对脆弱，容易冲动，他们自身充满了矛盾。他们正处在由儿童向少年过渡的时期，一方面没有摆脱儿童期的幼稚，一方面又想表现自己的成熟，所以，对这一时期的学生进行教育，无论是家长还是教师，既不能把他们看做年幼无知的小孩，也不能把他们看做成熟少年，要根据他们的年龄特点实施科学教育。

每天校长"走课"、值班干部"查课"、班长"记课"，严查课堂"四无学生"，即无课本、无文具、无练习本、无精神的学生，并把督查结果纳入班级量化，使学生养成良好的学习习惯，进一步规范课堂教学管理工作，切实提高课堂教学效率。

根据学生基础和课堂掌握情况，分层布置作业。坚持"四有四必"原则：有发必收，有收必批，有批必评，有错必究。提倡用好《助学》材料，生物、地理、历史、思品当堂完成《助学》，不留课下作业，语数英要分层布置作业，批语用鼓励性的语言，反对教师向学生推荐其他资料，减轻学生的课业负担，提高学习效果。

改革考试制度，提高考试的针对性。针对教学中、练习中、作业中反复出现的知识点，像过筛子一样归纳分类，进行"微考"。落实的才是有效的，学生写出来的才是掌握的。改革试卷讲评制度，年级组、学科组通力合作，根据学生对知识点的掌握情况，进行分类讲解，提高了讲评的针对性和实效性。

第七章
建设"精·和"校园

在"精·和"文化的引领下,着力建设现代化的校园,配置现代化的设施设备,构建现代化的校园景观,完美呈现洁净校园、生态校园、法治校园、文化校园、和谐校园。为了实现县域教育均衡化发展,体现名校和名校长的责任和担当,滕南中学与峄庄中学、龙泉实验学校等融合办学,"强校扩优"取得巨大的成果。

第一节　现代化校园

　　时光匆匆，沧桑变幻。这里，曾走出了著名书画家岳石，也曾培养了中华人民共和国成立 60 周年阅兵式女子方阵中的钟燕楠……当承载着无限荣光的滕州六中在历史长河中渐行渐远之时，一个崭新的西岗中学傲然矗立。西岗中学每年中考均有 100 名以上学生考入滕州一中、滕州二中，学业水平考试综合量化连续两年取得滕州市同类学校第一名，2014 年学业合格率达到了 90.98%，已连续两年位居枣庄市初中学校第一名，成为枣庄市合格率提升的典范学校。

　　西岗中学的成绩，来之不易，作为一所农村中学，西岗中学面临的困难很多。

　　我超前谋划，高点定位，大力改善办学条件。

　　城乡学校竞争，被县域教师比喻为大象和蚂蚁的搏斗，城乡的硬件设施相差很大。学校硬件设施指静态固定的辅助教学任务的设施，比如学校面积大小，教室的多少，操场有多大，活动中心多大，机械、简单的医疗设备、体育设备是否齐全，等等。具有良好硬件的学校能带动学生的学习积极性，提高学生学习效率，并为学生创造良好的学习氛围；优良的硬件设施，尤其是教学硬件能使学生更乐于学习，在教学中为教师与学生提供更多便利；整洁的校园环境也是硬件设施的重要组成部分，良好的环境有利于树立良好的学校形象，提高学校信誉度。

学校建设首先要标准化，意义在于让县域学校不至于在竞争起点上就输得太远。

寄宿制学校，则被认为是应对学校减少、很多孩子离校远问题的现实选择，能解决农村学生上学的安全隐患，保证学生有充裕的在校学习时间，同时能保证正常的生活和作息。另一个问题是，寄宿制学校需要加强文化体育设施配备来丰富学生的课余生活，现在的很多孩子放学以后不知道干什么，素质教育也很容易流于空谈。

西岗中学大门

学校的学生宿舍、学生用床等硬件投入方面，与客观需要相比，都还有很大差距，尤其是开水房、浴室和食堂方面的建设需求更为急切，原来西岗中学的食堂太小，厨师只能把饭菜抬到操场上，孩子们排队打饭，到宿舍吃，一下雨就很成问题，弄不好可能酿成卫生事故。

推进标准化建设的同时，也要尊重县域学校的发展实际，比如，给每个学校配备一套价值万元的高档音响设备，这当然很好，但如果可以选择，还不如给每个班配备一台录音机，让孩子们跟着磁带读读英语单词。体育设施、文化设施和物理、化学、生物实验设备的建设也是一样。不要好高骛远，不求高档，但求实用，实现最大教育效益。

我启动了规模巨大的校园改扩建工程，拆除了所有楼板式建筑，建起了教学楼、实验楼、学生公寓、学生餐厅，扩建了塑胶跑道操场和体育看台，设计了四季花园广场，硬化所有路面，粉刷所有楼体，更新所有教师办公桌椅和学生课桌凳，充实完善了音、体、美、卫器材和各类功能设施，各种设施水平全部达到省级规范化学校标准，一座规范精致、生态温馨、壮观漂亮的新西岗中学呈现在眼前。

西岗镇不断加大教育投入，先后建设了三幢学生公寓、两层学生餐厅、一幢综合楼。目前的西岗中学校园，可以与城区任何一座中学相媲美，真正让农村的学校达到了城区的标准。

校园的一草一木、一砖一瓦都包含文化元素。步入西岗中学，处处可以感受到浓厚的文化底蕴和育人氛围，每一名学生都能在潜移默化中得到熏陶。"西岗中学"四个大字是由我校校友岳石先生题写的；"精彩人生从西岗中学启航"的牌匾赫然悬挂在学校的显要建筑上；学校大门内侧有包含全校1196名学生的笑脸墙，彰显了"让每一位学子共同享有人生出彩的机会"的理念。置身西岗中学校园，可以感觉到无论站在哪个点上，眼前都是一幅完美和谐的图画。校园建筑的主色调为杏红色，显示了西岗中学的每一位学子在这块肥沃的土地上日渐成熟，走向成功。根据天圆地方设计的四季花园，昭示着"春生、夏长、秋收、冬藏"的自然规律，同时也寓意着在教育上要做到遵循教学规律，让所有的学生都自然成长。花园中心的雕塑"学海扬帆"，由风帆、书本、浪花和校徽诸元素组合而成，代表着拼搏和奋进，寓意着西岗中学全体师生用青春的船桨拨溅激情的浪花，在知识的海洋里励志扬帆，驰风蹈浪。仁礼园、墨香园、硕果园；弘儒楼、临墨楼、明德楼；朗旭路、敏慧路、敏行路……内涵丰富，润泽人生。

今日的西岗中学，布局合理，校园宽阔，环境幽雅，景色迷人。至善楼、博学楼巍然耸立，气势恢宏；至理楼高大雄伟，美轮美奂；学生宿舍弘儒楼、临墨楼前后相连，大气美观；田径运动场开阔大气，焕然一新。校园内苗木众多，形态各异，美不胜收。园中绿树葱茏，四季常青，雪松高大挺拔，枝条舒展，似长袖起舞；仁礼园内，浓荫片片，芳草如茵。每当夜幕降临，校园内灯光闪烁，风移影动，甚是可爱。每至春季，青草逼眼，花香袭人，引来鸟鸣声声，蝶舞翩翩，其间小道蜿蜒，曲径通幽，步移景换。课余暇日，同学们三五成群，流连于此，或诵读诗书，或畅谈理想，或品味人生。

西岗中学校园

西岗中学花园

西岗中学不仅环境优美，而且教学设施先进。每间教室均配备了多媒体系统、电子监控系统、千兆校园网系统，学生课桌椅及教师办公桌椅等全部进行了更新，教师每人一台笔记本电脑，真正做到了人手一机。同时，学校还配备了音乐室、微机室、美术室、手工室、烙画室、师生阅览室、校园电视台、英语口语室、心理咨询室及劳技教室等公共教室。

2006年西岗中学成为"山东省规范化学校"，硬件设施达到省内领先水平。为让西岗的孩子在家门口享受和城区一样的教育，学校向教育阵地的硬建设递进，向育人氛围的软环境延伸。

为追求校园管理的精细化，学校创新性地开展了班级管理纪律、卫生、学习、两操、就寝、就餐等赛旗活动，规范了学生校园行为，即"挺胸抬头快步走，潜心缄口溢笑容"。制定了西岗中学20字校园常规，即"干干净净、整整齐齐、安安静静、板板正正、平平安安"，力求达到：学习生活环境干干净净、一尘不染；师生活动整整齐齐、精神焕发；学习办公秩序安安静静、凝神聚气；举止行为板板正正、为人示范；校园生活朝气蓬勃、平平安安。

近年来，滕南中学办学条件不断改善，硬件设施建设也不断完善。滕南中学建于1982年，坐落在美丽的荆河南畔，是原城关镇中心中学、荆河街道中心中学。

学校积极对校园及校园周边进行了美化、硬化、绿化，为师生创设良好工作、学习环境。从2013年开始，滕州市委、市政府和荆河街道办事处高瞻远瞩，在原址上对滕南中学进行了改扩建。学校第一期工程投入2400万元，第二期教学楼、餐厅及辅助工程投入6720万元。目前，学校新建校舍建筑面积4.2万平方米，拥有114个教学班，有综合办公楼11396平方米，教学楼25992平方米，餐厅2332平方米，北综合楼2320平方米。

学校审计前结算近6000万的二期工程建设已全部完成。学校投资198万，建成了涵盖池塘、景亭等景观的园林式花园两处。种植回填土1800多方，绿化面积2000多平方米，种植绿篱12万棵、各类花木640多棵。建假山一处，景石若干共计260吨。栽种名贵树种15棵。校内架空城上绿化面积约400平方米，校内新种植青竹约600棵，新栽白蜡24棵。铺设柏油路面4300平方米。新增高级课桌凳800套，办公桌椅50套，新安装空调23台，投资约20万元新安装教学用多媒体20套。建设了西大门，规划了车库，改造扩容了校内广播、监控系统，新增监控70多个。新安装了热水器8台；餐厅新购餐桌70套，新增油烟净化器1套。

学校的办学条件进一步得到改善，为师生提供了温馨的校园生活环境。学校还进一步充实了内部设施建设。操场新安装中华灯七套，新建高标准文化长廊、校园书吧、学生阅览室、教育楹联，极大地改善了办学条件，浓厚了校园育人氛围。学校安装了高标准的电动车充电桩，为师生创设良好工作、学习环境。

学校各不同功能区布局科学、合理，各类建筑充满现代气息。有标准教室89个，超过100平方米的各类功能室36个，其中实验室10个，包括化学3个，物理3个，生物3个，探究实验室1个；微机教室3个，学生用计算机283台；音乐教室3个，舞蹈房2个，器乐排练室2个，美术教室3个；教师用计算机达到人手一台，多媒体89套，电子白板5块；播音系统1套，录播室1个，多功能报告厅1个；图书馆有藏书室2个，阅览室2个，校园书吧1个，各类馆藏图书12.1万册，电子图书30万册，学生人均图书量超30册，各种报刊杂志160种。各功能室防火、防潮、防腐、防盗设施完好，基本达到一类标准。

学校还积极加强信息化建设，实现优质资源班班通，所有教室使用触摸式一体机，功能室建有多媒体。网站出口带宽达到100M，所有教室建成多媒体宽带联网环境，接入教育城域网，有服务器，实现网络全覆盖。

学校电教设施齐全，建有录播教室等，微机室按标准配备，微机课开设规范，各类设施由专人管理维护，借还、维护记录规范。校园网设施及网站内容及时更新。学校教育管理信息化水平高，全国教育信息化进展系统数据准确、更新及时。

现代化校舍的投入使用为学校发展提供了机遇。完善的校园设施，为师生开展丰富多彩的寓教于文、寓教于乐的教育活动提供了重要的阵地。办学条件的改善极大地激发了师生的工作、学习热情和幸福感。目前，学校注重创设净化、美化、绿化、人文化的校园环境，学校的硬化、绿化、美化、校园文化等配套工程日臻完善。

学校硬件建设坚持以创建"山东省规范化学校"为目标，同时配备了完善的学校后勤管理制度，学校各种教育教学资源达到最佳配置，能为教师、学生提供优质的教育教学条件。

学校进一步改善办学条件，为师生创设出优美、生态、绿色、洁净、秩序、文明、平安的校园环境。一座"壮观大气、布局规范、设施完善、管理一流、质量上乘"的现代化滕南中学呈现在全市人民面前。

第二节 建设文化校园

西岗中学十分重视校园文化建设。文化是学校的灵魂,是学校的精神内核,良好的、浓郁的文化氛围能使学生长期受到熏陶、浸染,起到春风化雨、润物无声的作用。

学校通过举办丰富多彩的文体活动,开展形式多样的主题教育,营造了深厚的文化氛围。这里文化之树枝繁叶茂,文明之花斗艳争奇。校园里,时时可闻朗朗的书声,处处可见学习的身影。这里不仅是知识播撒的沃土,而且是才情萌发、个性培养的温床。"校园之声"不时飘来悦耳音乐、温馨话语。《大爱无敌》中,篇篇美文,字字珠玑。视通万里,纵论家国天下事;思连千载,写尽胸中锦绣篇。信心操比武,幕天席地,沙场点兵。意志在这里磨炼,精神在这里升华。绿茵场内,蛟龙起舞,雄狮翘首。环形道上,健将奔跑如飞,这里是力与美的世界,这里是欢呼与喝彩的海洋。书画展,丹青焕彩,翰墨飘香。轻歌飘扬,曼舞翩跹。脚步为之停留,目光因而定格,这里是陶冶情操的熔炉,这里是诞生欢乐的所在。

几多艰辛,几多感慨。如今的西岗中学已是天道酬勤,硕果满枝。近年来,学校标准化建设和教育教学质量均走在枣庄市前列,先后荣获"全国励志教育示范基地""山东省规范化学校""山东省绿色学校""枣庄市教学示范学校"等荣誉称号,连续五年被枣庄、滕州两级市教育局授予"初中素质教育质量优胜奖"和"教学工作先进集体一等奖",连续两年被滕州市委、市政府授予"素质教育先进单位"称号。在滕州市办学水平督导评估中，已连续两年获得同类学校第一名。

我在滕北中学（北辛中学）工作时，同样大力加强学校文化建设，努力让"业精人和"的校训内涵融入全体师生的工作学习中。

让我们看一下滕北中学10号教学楼的走廊文化环境设计，感受一下滕北中学走廊文化设计的独具匠心。

10号楼是教学区，走廊体现了活泼明快、视野开阔、趣味性强、实用性强、寓教于乐的氛围要求。一层主题设计体现名校精神。以图文并茂的形式悬挂了中外著名大学的办学理念、办学精神，激励学生树立远大的志向，立大志、立长志，勤奋努力、坚持不懈，在学业上敢于争先。二层主题设计体现立德——德行天下。立德乃成人之本，立志为成长之要，立德树人是学校的根本任务。内容为中国春秋战国时期伟大的思想家和教育家——儒家学派孔子、孟子的德育思想展示，包括孔孟的德育成就、德育哲言等，分为学习篇、修身篇、处事篇等。结合仁义诚信、团结友善等德育模块，向学生展示中华传统美德，提升学生人文素养。三层主题设计体现立志——志存高远。有志不在年高，立志当存高远。选取名人立志故事，如鲁迅、周恩来、冰心等，激发学生树立远大志向，明确人生规划方向。四层主题设计体现立行——重在躬行。立行就是把立德所确立起来的价值观和树立的远大志向转化为实际行动。

滕北中学将走廊一米五以下的瓷砖墙壁全部划分给了各个班级，由他们自己设计布置，鼓励他们彰显个性，展示团队精神。在班主任老师的启发和带领下，孩子们充分发挥自己的聪明才智，查找资料，整体规划，又剪又贴。在这个过程中，孩子们的艺术才华得到了充分的锻炼和升华。可以说，滕北中学的走廊文化是最鲜活的校园文化。

滕北中学楼独具特色的梯文化根据各楼性质、功能的不同，结合学校的办学特色，以尊师重教、团结同学、激励成长的德育引导，体现初中生积极向上的精神面貌。

与教学区的性质与功能相适应，楼梯悬挂风景画或与学习相关的内容，如"多思好问善练，求知求活求精""业精于勤荒于嬉，行成于思毁于随""学会生活，学会创造""学会做人，学会求知"等，还有一些温馨小提示，如"别让你的笑声打扰同学的学习""安静的环境，我们共同保持"等。

办公区楼梯则体现了和谐、静雅的氛围，悬挂了高雅的风景艺术画或与教育相关的名人名言，如"环境正是由人来改变的，而教育者本人一定是受教育的""示范为教育之母"等。

与实验区的性质和功能相适应，实验楼区除了悬挂双语名言（双语名言分为奋斗篇、理想篇、学习篇、时间篇等），还有一些宣传语，如"知之者不如行之者""实验是科学之父""耳闻不如目见，目见不如足践""探索、求知、明理""坐观垂钓者，徒有羡鱼情"，以及一些温馨小提示，如"请爱护实验仪器""轻声慢语"等等。

教室是追求知识的殿堂，教室文化是营造可见性校园文化的最佳环境，墙壁文化和课桌文化就成为滕北中学的两门校本课程。班主任和任课教师共同组织发动学生，各班对自己的教室文化进行构思策划，制定出具体方案，任务明确，分工明确，要求明确。然后孩子们自己动手，想象，书写，剪切，勾画，刀刻，描绘，粘贴，布局，上墙，让每一面墙壁都成为孩子们施展艺术才华、展示自我的乐园。走进滕北中学的教室，你会看到教室的墙壁上内容丰富，不拘一格，有绘画、书法、摄影、科技、手工、作文、卫生知识、英语对话等等。墙壁文化每周更换一次，不分优劣，尽管上墙。墙壁虽然是方寸之地，但在孩子们心目中却是展现自己才华的大舞台。以前有些学生喜欢在课桌上乱涂乱画，屡禁不止，学校针对这一现象让老师们想办法，于是出现了现在的课桌文化。学生将课程表、座右铭、我的肖像、我的理想、我的生活乐趣等，用彩纸精心绘制，压在透明塑料桌布下面，激励自我，提高情趣。

寝室是透视住校生生活的窗口，是精神文明建设的重要基地。滕北中学积极创建健康向上的寝室文化氛围，丰富寝室文化生活，要求辅导员真正参与宿舍工作，常设辅导员信箱，让辅导员有机会了解学生学习、生活的诸多方面，并对其出现的问题予以解决。以丰富寝室文化氛围为中心，还举行一系列活动，比如"我爱我家"寝室设计大赛、"寝室文化之真我风采"征文大赛以及诗歌、朗读、小品、书画、摄影、简报、小手工艺术品制作等才艺展示大赛，形式新颖多样，内容丰富多彩。多姿多彩的寝室文化活动，不仅给学生指引了正确的发展方向，灌输了"安全、和谐、文明、进步"的理念，还锻炼了学生的动手能力，有效地推动了寝室文化的健康发展。另外，要求每个寝室均有个性化的寝室名、寝室铭，以此培养学生创新能力和审美情趣，营造高品位的宿舍文化氛围。

滕北中学以"为师生服务，保师生健康"为宗旨，健全领导组织，从抓好餐厅建设入手，配齐各种设施，分类管理。实行餐厅责任目标管理，完善了食品卫生、人员管理、卫生宣传等多项规章制度，规范服务人员行为，增强其责任意识，使餐厅管理工作科学化、规范化。由于学校就餐学生较多，所以采用了流程管理方式，将就餐整个过程分成若干个环节，每个环节设岗定人，实行区块负责制，做到分工明确，责任明确。另外侧重餐厅内部环境建设，为营造浓厚的餐厅文化氛围，每个餐厅张贴、悬挂格调清新、高雅的字画作品，让学生在进餐时品味艺术的魅力，陶冶学生的情操，实现"就餐时物质和精神食粮一起'补'"。

滕北中学以校本课程理念带动校园文化建设，从多角度拉动学校整体工作向前发展，促使学校的特色化建设日益凸显，逐步形成文化育人、知识育人、精神育人的多重育人框架体系，使滕北中学真正成为孩子生活的乐园、人才成长的田园、素质教育的果园。

现在的滕南中学，以"精·和"精神为引领建设校园文化。

"精·和"精神，精益求精的工匠精神，和而不同、和合相长的价值。"精·和"谐音"荆河"，取义"业精人和"。"精"的含义包括四个方面：精心造就精致，精致铸就精品，精品成就精英，精英写就精彩。"和"的含义包括四个方面：相生相长的创新成长性文化，刚健尚正价值取向的价值自信性文化，认同差异和谐合作的包容发展性文化，天人合一兼济天下的命运共同性文化。办学理念是"让'精·和'精神助力每个孩子梦想腾飞"，办学愿景是"精承中华文化，和生国际视野"，办学目标是"以人为本，质量为重，办学生喜爱、教师幸福、人民满意的现代学校"。

滕南中学校门口两侧写着篆体的"业精""人和"。务本楼、敦行楼楼顶写着"精承中华文化，和生国际视野"。问学楼楼顶写着"精心、精致、精彩、和谐、和善、和美"。校园建筑处处体现"精·和"精神。

滕南中学"一训三风"也体现了"精·和"文化：校训"业精人和"，校风"精无止境 和而不同"，教风"精心育人 和合相长"，学风"精以为学 和以为人"。

四个花园分别是精园、和园、任园、腾园。

精园，取"荆"之音，取"精"之义，取名"精园"，希冀在滕南师生中倡导"精益求精，精无止境"的工匠精神。精以为学，精心育人，精诚团结，精忠报国。正所谓"精心育精品，精品出精彩"。

和园，取"河"之音，取"和"之义，取名"和园"，希冀在滕南师生中倡导"和而不同，和合相长"的团队精神。包容共进，和善和美，身心和谐，以和为贵。正所谓"业精人和，大美滕南，美美与共，天下大同"。

任园，取"人"之音，取"任"之义，取名"任园"，希冀在滕南师生中树立"以天下为己任"的责任意识。胸怀天下，勇于创新，敢于担当，舍我其谁。正所谓"天下兴亡匹夫有责，任重道远我的责任"。

腾园，取"滕"之音，取"腾"之义，希冀滕南中学能展现"人才腾涌，一飞冲天"的发展愿景。龙腾虎跃，人才辈出，万马奔腾，鹏程万里，"海阔凭鱼跃，天高任鸟飞"。

墨子在《墨子·所染》说："染于苍则苍，染于黄则黄，所入者变，其色亦变。……故染不可不慎也。非独染丝然也，国亦有染。……非独国有染也，士亦有染。"他提出了著名的"素丝说"，认为人性如素丝，有什么环境，就染成什么颜色。

  对人的管理有两种，一种是显性的行政式的管理，一种是隐性的环境熏陶。后者就像"随风潜入夜，润物细无声"的春雨，滋润着学生的心田，陶冶着学生的性情，其影响是潜移默化的，所以更容易被学生接受。我校十分重视环境育人，着力打造可以育人的环境，一是卫生环境，二是人际环境，三是文化环境。环境育人是有目的地利用环境、有计划地建设环境及开发环境的育人功能并驾驭环境育人的活动。其育人主体为学校文化。进一步优化育人环境，以主题文化影响学生，让学生耳濡目染，受到潜移默化的教育。开展读书活动，打造书香校园，让先进文化在校园传播，在师生中入脑入心。开展健康有益的文体活动，组建各类学生社团，通过健康丰富的校园文体、科技节、社团活动营造出良好的育人氛围。在成功创建滕州市三星级"环境育人星级学校"的基础上，争创省市级"环境育人星级学校"。

  学校是历史博物馆，是美术馆，是美丽的集散地。用文化把善念凝结在学生的记忆中，使价值观念、思维模式、科学技术、人文思想、文学艺术、道德规范、传统习俗、风土人情等体现在建筑、文字、图画、草木等载体中，积淀在人的灵魂里，让历史的深度、文化的厚度、生活的气息弥漫在校园里。

第三节　建设平安和谐校园

校园安全是教育发展的前提和保障。加强学校安全管理，堵塞学校安全隐患漏洞，确保国家财产和师生生命安全，是教育部门和学校的神圣职责。学校应当牢固树立"生命高于一切，安全第一"的思想，认真做好安全教育、安全管理和安全事故的防范工作。

安全工作关系到学校的稳定发展和师生的生命财产安全，应当作为重中之重，学校必须切实肩负起对学生的安全教育、管理和保护的职责，实施安全网格化管理体系，做到安全工作时时有人管、事事有人抓。

滕南中学坚持"安全第一，预防为主"的方针，积极开展安全工作"四个一百"工程，即做到安全工作师生参与率100%、责任书签订率100%、过程考核率100%，结果落实率100%。抓住安全教育月、开学第一课、防灾减灾日和假前、节后等契机，采用国旗下讲话、主题班会、征文比赛、手抄报比赛、朗诵比赛、疏散演练等形式开展内容丰富的安全教育活动，做到安全教育有计划、有主题、有效果，安全教育深入人心。认真落实安全检查"1211"工作要求：校长每月检查一次，分管校长每月检查两次，安全办每周排查一次，安全班长每天检查一次。严格按照"各负其责、及时排查、预防为主、工作在前"十六字安全工作方法，把检查作为做好安全工作的一个重要抓手，做到查重点、重点查、查反复、反复查，横向到边，纵向到底，不疏不漏，不留死角。

学校实施了行之有效的安全工作制度，坚持不懈地搞好学校安全工作，加大校园安全的管理力度，进一步落实安全工作责任制和自查制度，及时排除安全隐患。

建立校园安全工作管理的三道防线：一是领导管理防线。学校安全工作领导小组进一步完善安全防范制度、值班制度、上下楼梯制度等各类各项安全制度条例，同时加强安全责任追究制，责任追究到人。二是宣传教育防线。安全教育，警钟长鸣。学校积极开展安全教育系列活动，定期举办安全教育防范讲座以及安全教育图片展和安全教育征文展。三是学校、社区、派出所三方联合防线。加强与社区、辖区派出所的合作，增强安全防卫的人力资源。

学校重视落实安全工作制度，做到安全管理到位，安全责任到人。经常性开展安全警示教育，做到安全工作时时讲，处处讲，人人管，人人抓。主动与相关部门沟通、协调，加强校园周边环境治理，确保师生安全。学校积极开展安全检查，及时消除安全隐患，实行安全责任追究制和安全管理一票否决制。上好开学安全第一课，深入开展法制、交通、食品卫生、防火等安全教育，做好禁毒、防邪教宣传，创建"平安校园"。

滕南中学注重以活动为载体，加强对学生的安全教育。利用各种会议、宣传橱窗、板报、广播室等宣传阵地，加强对学生进行交通、用电、防火、游泳等方面的安全常识及自救自护知识教育。开展消防疏散演练，加强各种逃生演练，提高应急避险能力。深入开展以"查隐患、抓整改、重落实、保安全"为主要内容的安全隐患整治活动。

学校还建立了专项资金账户，加大资金投入，进一步强化人防、物防和技防"三位一体"的防范体系。在人防方面，学校负责保卫工作的领导亲自抓，以学校聘请的保安人员为主，以政教、安监、后勤人员为辅，全面监控校园安全。在物防方面，学校对安全工作需要的器材设备经常性地统一组织检查，及时购置和维修所需设备。在技防方面，经常对学校监控设施进行检查，严密监控各个部门的情况，充分发挥各种监控设备的效

消防安全演习

能，防止发生任何意外。全面推进校园建设工程，不断充实内部设施，科学合理地布局教学、运动、生活区域，按省级规范化学校标准配置各种内部设施和器材，高起点、高标准地硬化、绿化、美化校园，规范设计校园文化，打造洁净校园、秩序校园、生态校园、平安校园。

学校落实完善校园安全工作"预警、应急、责任追究"三大机制，加强对师生的安全教育，组织开展各种防灾安全疏散演练，教给学生安全常识及自救自护的知识。深入开展以"查隐患、抓整改、重落实、保安全"为主要内容的安全隐患排查整治活动。逐步提高安保装备水平，提高安保人员的素质，完善覆盖全校的安全信息监控体系，提高校园安全防范能力。完善教育风险转移机制，做好学生平安保险和校方责任险工作。

学校建立了一支以主要领导为统帅的安稳工作队伍。把安稳工作知识培训变成常态，把培训工作纳入校本培训计划。不断强化安稳工作"责任人"的责任意识，提高安稳专业知识水平和安稳管理工作能力，提高全体干部教师的安全防范意识、应急处理能力、安全管理水平。

学校安全工作是全社会安全工作的一个十分重要的组成部分。它直接关系到青少年学生能否安全、健康地成长，关系到千千万万个家庭的幸福安宁和社会稳定。安全责任重于泰山，马虎不得，大意不得，侥幸不得。

加大消防硬件设施投入，人防物防技防水平显著提高。学校投资1万余元，建设了微型消防站；建立消防"一呼百应"机制，接通了消防联动平台。又争取到了消防大队资金支持，在学校建立了全市第一座消防体验馆。

强化学校综合治理工作，加强安全法制教育，继续聘请法制副校长，把法制教育纳入学校工作计划，积极开展各项综治活动，进一步巩固和强化"平安校园"创建成果。聘请市人民检察院检察长姜广俊担任法制副校长，并聘请了法律顾问。建有高标准的禁毒教育馆廊，配备了警务联系电话，和巡警联动，实现一键报警。积极与街道办事处、派出所、安监中队、交警大队、消防大队、综治办等部门通力合作，加强学校周边环境治理。

学校上下保持防疫第一的安全意识，在安全的前提下，做好教育教学工作，两手抓，两手都要硬。实行网格化管理，包楼层、包班级，实行无空档管理。

疫情防控期间，我校成立5个工作小组和5个联动管理专班。主动作为，除上级部门配备的防疫物资外，投资12.5万元购置了防疫物品。制定和完善疫情防控"十项管理制度"，安排专人每天进行消毒。严格工作流程，认真测量体温，正确佩戴口罩，实行教师学生外出审批制度。统筹做好教育教学和疫情防控工作。

学校召开志愿者服务专项会议。开展教师志愿服务活动，将七、八年级无网课教师和行管组教师统一组织起来，分配到校园安全巡查、卫生检查、防疫物资保管发放、学生体温检测、课间活动指导、消杀溶液配置、突发情况应急处置等岗位上，定岗、定位、定职责，各个岗位人员配备充足，保障九年级开学后的正常秩序，做到教学工作和防疫工作两不误。

2020年5月7日，滕南中学全体领导班子、联防联控专班早晨6：00到校，护导学生入校，东至赐宴街，西至新兴路，均有护导人员组织学生有序入校。学生戴口罩自行在校门口疏散排队间隔1.5米，按照分流路线走测温门，完成体温检测。进校后，按照班级所处教学楼和楼层位置，走规定的分流路线，到达班级门口，由班主任测体温，并做好记录。进教室后，按照座次就坐。本校教职工（含保安、保洁、园林护工、餐厅工人等临时工作人员）一律凭工作证、健康码，测温正常后方可入校，无证不得进入。

上课前班长检查教室门窗开关情况，确保开门开窗、通风上课。充分利用教室空间，教室内第一排学生和讲台之间的距离尽量保持在 1 米以上，保持学生课桌之间最大间距。任课教师随时关注学生身体状况，教育引导学生正确佩戴口罩，纠正学生不规范佩戴口罩行为。所有局管干部对整个教学区每间教室、隔离室、临时处置教室逐一督查，落实网格化管理。

课间，一切活动，如如厕、洗手、接水等都要排队，按照次序进行，间隔至少 1.5 米。学校根据就近原则，充分利用空间划分课间活动区域，并设立安全管理员。安全管理员、值日班主任、教师志愿者全程巡查，监督学生单行单列靠右行走，有序进行课间休息，保障所负责区域学生课间活动安全有序。

加强就餐管理。科学规划就餐路线，分组就餐，每桌两人。餐厅做好清洁消毒，物资采购，保障所有学生的午餐需求。学生遵守就餐规定，按照分流路线错时到达餐厅。班主任负责组织本班学生测温后按照指定就餐轮次、时间到达餐厅门口，督促本班学生饭前规范洗手，保持间隔 1.5 米排队进入餐厅，有序到餐位就坐，用餐完毕，戴上口罩后方可离开就餐座位，返回各自班级进行自习和午休。

按照放学时间安排，实行错峰分段出校，由班主任分组将学生带往校门，全体领导班子在校门外学生通道护导学生，保证学生行进途中保持 1.5 米以上距离。家长在校门外指定区域等待学生。

重视食品安全。

西岗中学 2011 年投资 252 万元，建成 2100 平方米学生餐厅，2012 年 9 月投入使用。餐厅分上下两层，能同时容纳 1300 余名师生就餐。投资 50 万元，配备了现代化厨房、餐桌椅等用具。学校高度重视食堂食品卫生安全管理，坚持阳光采购，与盈泰集团建立了大型食材的供货关系，保证了食材的物美价廉和安全。积极推行"阳光厨房"工程，安装了 200 万像素

16画面的监控系统,确保全程无死角管理。学校精心安排每周食谱,并进行公示。同时对每天的食材价格进行公示,确保了学生餐费使用的合理透明。定期召集家委会成员到校指导工作,并与学生一同就餐,及时征求家长意见,改进管理工作。

  滕南中学本着"安全、健康、服务"的原则,不忘"健康每一餐,营养每一天"的初心,秉承"以人为本,合理绿色膳食"的理念,积心积力:加强食堂软硬实力建设,完善岗位管理制度,打造优质服务,合理绿色膳食,丰富餐厅文化,提前做好工作预案。身为滕南中学"益膳园"的管理者,闵主任用心融入了"精"的配置,融入了"和"的管理,融入了"美"的食物,做好了一份"爱"的事业!

  饮食是一种需要,更是一种文化。教育,要深入到各个层面,每一面墙、每一个角落都要填充"教育"内涵,让滕南中学成为教育的纯美"氧吧",让置身南中的孩子们无时无刻不接受教育,给每一个南中学子都贴上"美"的标签。走出南中,他们就是滕州的名片;走向全国,他们就是国之栋梁!

  滕南中学安全工作始终"坚持把师生安全和身体健康放在第一位",在"精·和"文化引领下,形成"安全第一,预防为主,综合治理"的安全管理理念。完善以"纵向到底,横向到边"的安全管理模式,形成全覆盖、全过程的安全管理体系,通过营造安全教育氛围,在潜移默化中培养学生安全观念,把日常琐碎的安全管理工作,有机地融入到校园文化建设中,为师生筑起安全屏障。邱潇锐在全市消防演讲比赛中获得第一名,学校获得优秀组织奖;在山东省、枣庄市教育局、食药局的联合检查中,学校均获得好评,荣获"全市平安校园先进单位"称号,并被评为食品卫生先进单位。几年来,滕南中学获得了全国青少年学生法治知识网络大赛杰出组织奖、滕州市安全生产工作先进单位等荣誉称号,在市局安全动态考核中位居全市第一名。2022年2月,2021年山东省校园安全工作先进集体名单公布,滕南中学位列其中。

第四节　实施"强校扩优"行动

　　滕州市是教育大市，拥有 21 个镇街、170 多万人口。近年来，为了促进城乡教育均衡发展，政府做了许多探索，如设立教研协作区、组建学校发展共同体等。为贯彻落实《山东省教育厅等 4 部门关于实施强校扩优行动建立完善基础教育协作机制的指导意见》（鲁教基函〔2021〕34 号）和《滕州市教育和体育局关于推进城乡义务教育融合发展的意见》文件精神，充分发挥优质学校的辐射带动作用，有效缩小城乡、校际差距，教育部门积极推动教育均衡化。

　　峄庄中学是一所有着四十余年文化底蕴的农村初级中学。峄庄中学始建于 1975 年，是滕州市西部一所偏远的县域初中，随着城市化进程的不断加快，学校发展受到冲击和制约，教育教学质量处于全市低位，师生精神面貌颓废，家长对学校满意度不高，生源数量急剧下降，2019 年只招了 23 名新生，学校规模逐渐萎缩，干部教师多，人浮于事，一度成为枣庄市中考合格率最差的学校之一。为破解这一难题，各级党委政府和教育主管部门，采取优先发展策略，加大投入力度，极力改善了办学条件。学校也出台了一系列配套措施，深化管理体制改革，但办学水平仍滞后不前。

　　2019 年 8 月 19 日，滕州市教体局召开推进城乡义务教育融合发展工作会议。会后，滕南中学与峄庄中学领导班子对接座谈，制定出两校融合发展实施方案。按照市教体局推进城乡义务教育均衡发展要求，2019 年 8 月 24 日，在峄庄中学召开全校教职工参加的动员大会，传达市教体局文件要求。2019年9月26日，滕南中学担负"大校带小校、名校带弱校、城区学校带县域学校"的新使命，与大坞镇峄庄中学深度融合，成立"滕南中学峄庄校区"，建立首批城乡融合发展体，开启集团化办学新模式，探索一套"名校＋县域薄弱校"教育协作发展的新路径，实现了"让农村孩子在家门口享优质教育"美好愿景。

  滕南中学和峄庄中学融合体的建设是我作为校长的责任所在，依托这个平台，在行动中研究和在研究中行动，是工作取得成效的保证。作为齐鲁名校长，应有发挥辐射带动作用的使命和担当，我提出了融合课题的研究。滕南中学与峄庄中学深度融合，成立首批城乡融合发展体，通过整体输出滕南中学优质教育教学资源，实行部分管理干部、学科教师工作学校互换，进行教育教学管理、教师队伍培养，全面提升峄庄中学的办学品质，促进农村薄弱学校优质发展，开辟实践依托名校资源，实现教育均衡发展的有效路径，为全市县域内推广提供经验和样板。

  盘活学校发展的支点是管理，管理的核心是优秀的管理团队。联盟后，学校成立滕南中学峄庄校区，选派一支业务素质精良、教学管理成熟的团队到峄庄校区挂职交流，深度融合。

  召开峄庄中学全校教职工岗位竞聘大会，确定了教学岗位、非教学岗位到城区或镇域小学交流轮岗人员。滕南中学组建了滕南中学峄庄校区教育教学管理团队，学校选派以段卫东校长为首的优秀团队到峄庄校区开展管理和教学工作，成员均为滕南中学备课组长、教学骨干教师、教学名师，整体水平绝对一流。营造氛围，加大宣传力度：制作了"滕州市滕南中学峄庄校区"校牌，悬挂了宣传标语，以美篇的形式把每一阶段的工作宣传到位。

  思维是问题解决的突破口，思想是思维运行的动力源。学校要实现新的发展，就要在破解关键问题上探索新思路，发展的第一要素是人，是在校的每一位教职员工，要在提高教职工积极能动性上寻求新方法，在教育管理的有效性上开辟新途径。

  立足全市教育均衡发展的高度，以两校工会代表的调研与施策出台了《滕南中学与峄庄校区建设高质量教育融合体实施办法》，办法进一步明确了滕南中学与峄庄校区两校融合发展的双方责任与实施细则,特别是在下一步具体实施融合的进程中明确了方向,统一了两校教职工尤其是领导班子的思想,为两校融合的顺利实施提供了强有力的人才保障。

管理团队立足校情,本着"直面问题找办法、围绕质量求突破"的工作思路,充分调研,多方论证,梳理出学校教育质量停滞不前的诸多原因:一是生源减少、质量下滑,教师缺乏成就感和职业幸福感;二是师资结构不均衡,教师丧失工作激情与活力;三是领导班子进取意识和创新意识淡薄,缺少群众公信力,工作执行力不到位;四是家庭经济条件较好的学生进城求学,经济条件较差的学生家庭教育缺失。管理团队针对核心问题精准发力,走出以人为本、强化机制、重点攻关的新型管理之路。

管理学校,关键在干部队伍。通过支委会、领导班子会、教师会等不同层面的会议,学校规划了"一年脱困难、两年进中游、三年挤前列"的发展目标与愿景。为此,我们强化领导班子的引领示范作用,树立"向我看,跟我干,我的岗位是示范"的意识,同老师们一道奋力拼搏,率先垂范、引领示范,让领导干部工作作风引领学校发展。同时,我们着力抓好三个队伍建设,即"班主任队伍、备课组长队伍和班级教学团队",形成了优良的教风。

"给每个学生展示的舞台,塑造身心健康、个性鲜明、品德优良、学有所长的学生"是学校一直追求的目标,学校积极创设活动载体,将德育目标全面融入到学生的学习生活中去。学校坚持"抓管理,提质量,保安全,促发展"的工作思路,利用德育展室、校园文化墙、德育展板等德育阵地,努力营造浓厚的德育氛围。结合中华人民共和国成立70周年、中国共产党成立100周年相继开展了军训、感恩教育(广播播放感恩歌曲)、良好习惯养成、庆国庆朗诵比赛等活动,加强了学生爱国主义教育和理想信念教育;适时举行了跑操比赛、拔河比赛、星满校园评比、中考誓师大会等系列活动,为不同层次的学生搭建展示的平台,张扬了学生的个性。

峄庄校区地处我市西北部,生源的家庭经济条件不好,大部分家长外出打工,无暇关注孩子的教育与培养,留守儿童较多,部分学生长期跟着爷爷奶奶生活，家庭管理不到位，部分学生学习劲头不足，成绩较差，甚至出现辍学念头。因此，学校根据实际，组建了家长学校，成立了"校—级部—班级"三级家委会，建立家校共建机制，形成家校共建合力。通过家长会、家访、致家长一封信等形式向家长传递家庭教育理念，转变家长的观念，积极配合学校做好教育工作，提高教育教学的效果。同时，学校建立"家长助学护学"岗，开设家长信箱，开展模范家长评选活动，有效地架起家校之间的沟通桥梁，达到了家校联谊、共创健康育人环境的目的。全体教师开展了每学期两次的全面家访和个别问题学生的重点家访工作，对于有残疾等情况的儿童积极开展了送教上门服务，赢得了家长和社会的高度认可。

细节决定成败。学校着眼于在校的每一个细节，学校管理团队将滕南中学的一日常规、教学常规十二条等创造性、检索性地应用，从听课规范、作业规范、自习课规范、就餐规范、就寝规范等着手，在点滴中提高学校管理水平。

开学初，学习完善了备课、作业、考试、课堂教学等常规管理要求，制定了《峄庄中学学生在校一日常规》《峄庄中学学生课堂学习常规》《峄庄中学业务检查制度》《峄庄中学领导深入教学制度》，结合新课堂达标活动，加强业务学习，提升教学理念；规范了查课巡课制度，值班领导每节课入班检查学生听课学习状态，杜绝学生"三闲四无"现象出现，提高课堂效率；学校规范了"四清"落实，利用学科《助学》做到堂堂清，利用晚自习进行日日清，利用周日下午到校进行周清检测，每月组织单元测试，考后及时批阅，及时反馈表彰，大大激发了学生的积极性。

联盟校间"业务互帮、优势互补、管理互促"是实施强校扩优行动的重要举措。一是搭建教学资源的互通平台。滕南中学以教学联盟教研体为依托，提供教学资源，共享学历案与课堂练习等，让教学资源在峄庄校区得到最大程度的利用。二是搭建学习交流的互学平台。开展滕南中学和峄庄校区联研活动，依托滕南中学开展的"半天无课日，集中大教研"活动平台，到滕南中学参加学科教研活动，营造了浓厚的教研氛围，教师专业素养得到提升；建立学科组结对互学制度，各学科组互相借鉴；举办双方年级部、教研组、备课组的教学管理经验交流会，指导教学活动，促进教学管理的提升。

2019年冬季，突如其来的新冠肺炎疫情改变了我们正常的工作和生活，学生寒假后不能到校，利用空中课堂开展居家学习。面对新情况，学校领导班子出点子、想办法，主动担当，积极作为，主动联系市新华书店，运来了新学期学生使用的教材，在两天时间内分组到村发放到学生手中，保证了学习的正常进行。通过调研，个别学生家中条件较差，没有空中课堂需要的网络接收设备，学校积极筹措，为两名留守儿童配置了上网的设备，保证了全体学生能正常进行线上学习。从2020年2月10日空中课堂开课到5月7日学生复学，学校召开会议二十余次，研究调度学生线上学习情况，在解封之后组织全体教师五次入村入户检查学生作业，了解学情，受到了各村的热烈欢迎。学校利用村广播召集学生及家长到村委集合，检查作业，与家长和学生座谈交流，调动孩子们学习的积极性，调整他们的心理状态，与家长交流家庭教育常识，赢得了家长的好评。大坞镇雷山村书记说："感谢峄庄校区的老师们的辛勤付出，感谢滕南中学的支教团队，是教育融合发展给我们带来了实实在在的实惠，让我们的孩子不需要再舍近求远选择学校了！"

农村里个别不能入校就读的孩子给家长带来了很大的困难，学校坚持让每一个适龄孩子都接收优质教育的原则，开展了送教上门服务，通过送教上门，感受到这些孩子对知识的渴求，感受到家长们的期待。桥头村一个女孩肢体残疾、智力水平低下，她的父亲外出打工，母亲在家务农，农忙时，母亲会把她独自锁在家里，所以她与周围的人接触很少，每当老师们带着教具进入她家时，她都高兴得手舞足蹈，用不太清楚的发音表达心中的激动。老师们一个字一个字地认真教她，一笔一画地教她书写，每当老师结束半天的教学要离开时，她总是抓住老师的手不肯松开，让老师们心情久久不能平静。

城乡融合促发展，县域教育有希望。滕南中学峄庄校区校容校貌有了明显改善，校园更加整洁有序。老师们克服工作条件的不便，工作更加努力、责任意识、担当意识明显增强，敬业精神和奉献意识更加突出。峄庄的孩子们更加阳光自信。学生学业成绩有了较大提升，九年级中考成绩总评在全市进步了9名。周边老百姓对学校的认可度明显提升，社会对学校支持力度不断加大。

一晃几年过去，峄庄中学在与滕南中学和融共进中务本求新，得到快速发展，校容校貌有了明显改观，师生面貌较大改变，教师乐观敬业，学生阳光自信。社会对学校的认可度明显提升，市财政拨付专项资金13万元建设县域少年宫，枣庄民建组委向学校捐助办公电脑10台，有效改善了学校的办学条件。2020年秋季入学新生比上一学年翻了近一番，2021年招生又上新台阶。现在的峄庄中学正以全新的面貌逐步走进老百姓的心里，以更加饱满的热情、更加昂扬的斗志、更加规范的管理，向着"学校管理规范化、教学工作特色化、学生素质优良化"的更高目标阔步前进！

城乡融合带动薄弱学校办学水平的提升是一项长期而又系统的工程。近年来，峄庄中学虽然取得了点滴进步，但与其他地市兄弟单位相比还有较大的差距。我们将继续探索新思路、新方法、新途径，更新观念，强化管理，实现学校办学水平再上新台阶、再有新发展。

为什么教育局会选择滕南中学承担融合任务？滕南中学创建于1982年，是一所设施一流、环境优雅的城区公立初中，因教育质量高、社会影响好而成为枣庄市初中教育的窗口学校。另外，我有农村薄弱学校工作经历和管理经验，也有城区学校的工作经验，有创业精神。1991年我大学毕业，被分配到滕州市城区一所普通中学——滕西中学任教，2005年从滕西中学调到城区龙头学校北辛中学（原滕北中学）任业务校长，2012年被局党委选派到农村薄弱学校西岗中学任校长，2015年调到城区市直学校至善中学任党支部书记，2018年2月起任滕南中学校长。多单位、多岗位的经历和磨练使我有情怀、有信心去做这项研究，西岗中学的经验，尤为重要。2012年12月至2015年10月，我在滕州市最偏远、最薄弱的西岗镇西岗中学任校长。当时西岗中学的状况是：师资力量老化，生源流失严重，在校学生基础薄弱、学习热情不高，对未来比较迷茫。报到伊始，我就和老师们一起确立学校的发展目标：办好老百姓家门口的学校，把老百姓的孩子高高托起，让西岗镇老百姓的孩子在家门口享受和城市一样的优质教育！2015年中考，西岗中学学生学业合格率达到了97.09%。西岗中学教育教学综合量化连续三年位居滕州市同类学校第一名，所有毕业生均考入高一级学校，没有一位学生流向社会，短期内创造了枣庄农村学校教育的奇迹。

融合是双赢，以人促己，帮人强己。城乡学校"深度融合发展"不同于一般意义上的结对、协作、帮扶，而是实行"一套班子，一校两区，一体发展"的管理模式，确保真正、全面地融合。近年来，滕南中学因教育质量高、社会影响好而成为枣庄市初中教育的窗口学校，但近年来规模扩大，生源剧增，教师严重缺员。融合能使滕南中学缓解师资缺员压力，能使干部教师队伍通过轮岗交流得到锻炼，能让滕南中学拥有自我发展的驱动力。

2020年8月，滕南中学龙泉实验校区成立，该校是市委、市政府为化解城区大班额问题而新建的一所城区学校，滕南中学组建名师队伍开展教育教学工作，提高了该校区的知名度，圆满完成第一届学生的招生工作，有效化解了城区大班额的难题，实现了"当年建成，当年招生，当年成规模，当年成优质学校"的滕南中学速度。学校荣获"全市学校发展共同体工作先进单位"称号。

2020年9月，滕州市中小学联研共同体推进会暨专家报告会于滕南中学学术报告厅隆重举行。我校作为第三联研共同体牵头学校，采取"1＋2＋13＋N"的辐射形式，滕州市滕南中学、滕西中学、墨子中学、级索中学、滨湖中学、望重中学、柴里矿区学校、峄庄中学、姜屯中学、张汪中学、蒋庄中学、鲍沟中学、龙阳中学、龙泉实验学校等14所初中学校（其中有10所农村中学），共融、共研、共享、共进，共同推进联研共同体学校优质均衡发展。2020年12月10日，安排宋元滕、刘晋两位优秀教师到柴里矿区学校初中部开展送课联研活动。2021年1月7日，张潇月、张冬冬、马洪三位老师走进官桥中学开展送课下乡联合教研活动。2020年12月15日，滕南中学联研共同体（滕州市第三联研共同体）"赢在新课堂"专题研讨会暨教学管理论坛在滕南中学召开。联研共同体把各个学校的所思、所想、所盼变成工作的动力,把教育教学过程中的问题拿出来共同研究,再把研究成果付诸实施,促进共同体发展共赢。

城乡学校深度融合发展是新时代响应党和国家"县域振兴""精准扶贫"号召,落实党的教育方针、政策的一项重要举措。我们将体现素质教育的核心理念,遵循城乡不同学生身心发展和教育教学规律,从创新管理理念、优化育人制度、构建高效模式、提升课堂内涵、打造优质团队、促进专业提升、撬动家长资源、发挥家委会作用等方面,创造性地提出科学的思路、方法和措施,突破制约学校发展的瓶颈。通过整体输出滕南中学优质教育教学资源,实行部分管理干部、学科教师工作学校互换,教育教学管理、教师队伍培养,促进县域薄弱学校优质发展,开辟实践依托名校资源,实现教育均衡发展的有效路径。融合能有效地解决农村薄弱学校教学管理理念不新、师资不强、信息不畅等问题,进一步促进城乡学校同步发展,真正达到"1+1>2"的效果。通过先行先试,实现振兴县域教育,提升县域薄弱学校办学质量,推进城乡教育优质均衡发展。

同时进行多项研究,如:城乡干部教师队伍轮岗交流常态机制研究;县域学校管理的有效性研究;县域教师的工作生活状态、师德建设和专业发展研究;县域学校高效课堂建设研究;依托当地文化的校本及社团建设研究;家委会建设研究;特殊学生(留守、单亲、贫困、残疾、心理障碍等)的教育策略研究;等等。努力解决在城乡之间、校与校之间基础教育发展不平衡的问题,以及让孩子接受优质教育、努力解决教育公平性等社会焦点问题。深化学校发展共同体建设和城乡一体化发展,优化资源配置,提升教师队伍活力和创造力。深化教育体制机制改革,探索"县管校聘"人事改革新路径,提升滕州教育影响力。

不忘初心来时路,砥砺奋进新征程。办好老百姓家门口的学校,让老百姓的孩子在家门口享受公平而优质的教育。我将继续践行"国家把整个学校交给了我,我将用整个的心去做整个学校的校长"的信念。把滕南中学打造成"环境优雅,人文和谐,书香浓郁,特色鲜明"的新时代齐鲁名校,继续奋力奔跑,追逐教育梦想。